IAMAC

IAMAC

IAMAC
系列丛书

服务大局
推进保险资金支持实体经济

“新华资产杯·IAMAC 2017–2018 年度征文”论文集

曹德云　李　全　主编

上海财经大学出版社

图书在版编目(CIP)数据

服务大局,推进保险资金支持实体经济:"新华资产杯·IAMAC 2017～2018年度征文"论文集/曹德云,李全主编.—上海:上海财经大学出版社,2018.10

ISBN 978-7-5642-3120-0/F·3120

Ⅰ.①服… Ⅱ.①曹…②李… Ⅲ.①保险业-资产管理-中国-文集 Ⅳ.①F842.3-53

中国版本图书馆CIP数据核字(2018)第217986号

□ 责任编辑 刘 兵
□ 封面设计 张克瑶
□ 版式设计 朱静怡

服务大局,推进保险资金支持实体经济

"新华资产杯·IAMAC 2017—2018年度征文"论文集

曹德云 李 全 主编

上海财经大学出版社出版发行
(上海市中山北一路369号 邮编200083)
网 址:http://www.sufep.com
电子邮箱:webmaster @ sufep.com
全国新华书店经销
上海华业装璜印刷厂印刷装订
2018年10月第1版 2018年10月第1次印刷

787mm×1092mm 1/16 13.25印张(插页:1) 275千字
定价:61.00元

编 委 会

序 一

实体经济作为强国之本，既是国家核心竞争力之所在，也是保险业健康发展之保障。近些年随着保险资金累计规模快速增加，保险业紧贴国家战略、民生建设和行业需要，发挥长资金、大资金、稳资金的优势，积极参与和支持实体经济发展，特别是在基础设施建设领域，保险资金成为最主要的长期资金提供者，越来越受到政府和市场的高度重视。

统计数据显示，截至 2018 年 6 月末，保险业总资产 17.64 万亿元，较年初增长 5.35%；保险资金运用余额 15.69 万亿元，较年初增长 5.14%。从保险资金运用看，主要通过三种途径支持实体经济发展。一是通过银行存款转化为银行贷款对实体经济间接融资。截至 2018 年 6 月，保险机构在银行存款超过 2.14 万亿元，其中多为长期协议存款和定期存款，成为商业银行中长期贷款的重要资金来源；二是通过购买债券、股票等金融工具对实体经济直接融资。截至 2018 年 6 月，保险资金投资债券、股票和证券投资基金合计超过 7.42 万亿元；三是通过股权、债权、基金等方式对实体经济项目融资，特别是保险资金在支持国家战略实施上作出了积极贡献。截至 2018 年 7 月底，保险资金支持"一带一路"投资规模达9 612.15亿元；支持长江经济带和京津冀协同发展战略投资规模分别达4 248.07亿元和1 716.79亿元；支持清洁能源、资源节约与污染防治等绿色产业规模达6 941.55亿元。

党中央、国务院高度重视发挥保险资金支持实体经济的积极作用。为进一步贯彻落实党中央、国务院关于金融支持实体经济的战略部署和要求，2017 年 5 月 4 日，原中国保监会下发《关于保险业支持实体经济发展的指导意见》，明确提出拓宽保险资金支持实体经济的渠道，促进保险业持续向振兴实体经济发力、聚力，提升保险业服务实体经济的质量和效率。因此，保险资产管理业要在"紧贴国家战略需要，紧贴实体经济需要，紧贴行业发展需要"，"坚守长期投资、价值投资和稳健投资的理念，坚守风控至上、安全第一的准则，坚守市场导向、有效供给的主旨"的前提下，采取有效措施，深入学习领会文件精神，深刻体会文件主旨内涵，从中发现和获取更多新的投资机会，加快业务创新力度，注重风险控制。

在上述背景下，中国保险资产管理业协会（以下简称协会）主办、新华资产管理股份有限公司协办的"新华资产杯 · IAMAC2017－2018 年度征文——服务大局，推进保险资金支持实体经济”得到了保险资管行业及社会各界的积极参与，有效推动了全行业积极思考保险资金支持服务实体经济，取得了良好的舆论效果和广泛的社会影响。本次征文活动经过严格初审，共有近 30 篇征文进入最终评审，经过协会专家、高校学者和会员单位专家组成的评委会的严格匿名评审，共评选出优秀论文 14 篇。征文从多个领域探讨保险资金支持实体经济的路径选择和模式创新，既有关于保险资金支持实体经济、“一带一路”建设、普惠金融、绿色金融等宏观分析，也有保险资金参与 PPP、债转股、长租市场、军民融合等实务策略，还有养老健康产业发展、防范信用风险、另类投资管理等发展战略，充分展现了社会各界对保险资产管理支持实体经济发展的思想火花与真知灼见。

“IAMAC 年度征文”是由中国保险资产管理业协会创办的行业重要研究品牌之一。征文主题紧扣政策动向和行业热点，引导业内与社会各界对中国保险资产管理业进行重点关注和深入探讨。希望通过此次年度征文集的出版，激荡业界思想，凝聚行业智慧，为保险资产管理业服务实体经济做出积极贡献！

中国保险资产管理业协会
执行副会长兼秘书长 曹德云

2018 年 9 月 15 日

序 二

改革开放的春风已在神州大地吹拂40周年，中国特色社会主义新时代序幕徐徐拉开，我国金融业尤其是资管行业翻开新的篇章。这是我国发展新的历史方位，是资产管理更好地服务经济的全局方位，更是保险资产管理业迎来新发展契机的时代方位。同时，新时代也面临诸多挑战：国际局势云谲波诡、大国博弈升级、地缘政治危机以及金融市场动荡等，都促使我们资管从业人员必须更精准研判全球宏观趋势，更深入思考在当前复杂内外部形势下，保险资金的配置和发展战略如何服务好国家大局。

中国银保监会相关领导指出，为实体经济服务是金融的天职，也是防范金融风险的根本举措。保险业回归本源，才能不忘初心。保险资管不仅要以服务国家供给侧结构性改革为主线，提升资源配置效力，推动变革，更要不断增强全局意识和战略眼光，着力服务于国家重点战略、重点领域、重点工程和国民经济薄弱环节，做“一带一路”、雄安新区、小微、“三农”扶贫等国家重大战略的坚定支持者。近年来，国家大力支持发展普惠金融，促进产业升级，提升保险业支持高新技术产业发展的能力和农业、养老、健康等领域的高品质保险供给能力，也正在出台一系列新的降成本措施。资管新规的正式落地统一了同类资管产品的监管标准，明确了保险资管的公平竞争地位，更有利于保险资管公司作为专业长期稳健投资者发挥保险的经济减振器和社会稳定器作用，对此我们承担了市场寄予的厚望，只有更加努力才能不负众望。

“新华资产杯·IAMAC2017—2018”年度征文大赛的举办是中国保险资产管理业协会近几年传统倡议的美丽延续，旨在引导业内机构和社会智力资源参与研究保险资金如何服务国家大局、支持实体经济。征文启事公布后反响强烈，短时间收到来自保险资管公司、证券资管公司、会计事务所、高校等机构的众多投稿。文章主题鲜明、内容丰富，涵盖保险资金运用众多领域，有关于资金“脱实入虚”的成因与对策分析，也有关于险资助力“一带一路”倡议、军民融合、绿色金融、普惠金融、PPP、长租公寓、农村经济发展的思考，还有借鉴海外FOF发展经验浅谈保险资金助力养老、险资开展债转股业务的多维透视等，很多文章深刻剖析了我国现行经济社会发展与保险服务不平衡、不充分的矛盾，用专业的研究揭示保险资金服务实体经济中所存在的问题，并提出相应的政策建议和解决路径。字里行间流露出作者强烈的社会责任感，他们用自己的思想表达了保险回归保障本源的决心，体现了保险资金配置在满足人民群众日益增长的美好生活需要中起到的重要作用。

协会的同事们为征文大赛的筹备付出了很多心血和努力，在此我谨代表新华资产对大家的良苦用心表示诚挚感谢。我们从大量投稿中甄选出具有代表性的文章交由评审委员会进行匿名评审，从理论性、逻辑性、创新性、前瞻性、规范性等方面进行客观公正的评分。前几届征文活动的优秀论文已汇编成册并公开出版发行，这是大家深入学习、勇于思考的丰硕成果，也为我国保险资管行业发展提供了坚实的理论基础和强劲的创新驱动。祝愿本届“新华资产杯·IAMAC2017－2018 年度征文”同样取得圆满成功，也祝愿中国保险资产管理业协会今后的活动越办越好，让社会各界对保险资管产生更积极的反响和关注，进一步激发业内同行对学习和思考的热情，引导广大从业人员不断提高业务能力和综合素质，齐心协力为服务大局、推进保险资金支持实体经济贡献自己的力量。

新华资产管理股份有限公司
副董事长、总裁

2018 年 6 月 25 日

目 录

资管业务创新篇

服务实体经济篇

天气衍生品助力农业发展，接地气护航我国实体经济

祁　昊*

引言

亚洲开发银行《东亚区域气候变化经济分析》报告指出，东亚 23 个主要城市的近 1 200万人口面临着相应的灾难性天气的风险，可能造成超过8 640亿美元的经济损失[1]。我国由于国土面积辽阔且大部分地区（尤其是经济发达的东部）处于季风气候带[2]，诸如温度、降水（降雨、降雪）、风力等天气要素在时空上的分布不均，最终导致我国气候呈现出变化幅度宽、灾害类别多、发生概率大及影响强度高等不利特征。近 10 年以来，我国先后经历了 2008 年南方地区的雪灾、2010 年西南地区及 2011 年长江中下游地区的干旱、2016 年全国范围的洪涝灾害等重大自然灾害，总计造成超过 2 万亿元的经济损失，天气风险令我国各行业尤其是农业的健康发展面临严峻挑战。

自 20 世纪 90 年代以来，随着社会经济的发展，全球各国经济部门及相关行业对天气风险的管理需求愈发迫切。1999 年，芝加哥商业交易所（CME）引入以相关天气指数作为基础标的（Underlying Asset）的衍生产品，获得了全球各行业尤其是金融行业各子领域（保险业、基金业）的广泛参与。在我国自然环境的特殊性、国民经济面临天气风险的严峻性等因素下，发展天气衍生品市场具有内生性需求。鉴于天气衍生品尚未引入我国①、相关行业企业的天气风险管理意识尚待提升，本文首先对天气衍生品及其在国外成熟资本市场的发展历史进行简要介绍，继而结合实体经济规避天气风险的需求，对天气衍生品的基础标的、标的指数进行阐释，同时对交易的规则、内容加以论述，最后结合实际，对引入天气衍生品的必要性、可行性及可能面临的问题进行分析，并提出相关建议和合约设计框架。

---

* 祁昊，百年资管投资管理部。

① 2016 年 6 月成立的上海保险交易所在其保险衍生品交易平台设置巨灾债券、其他保险衍生品交易，对相关领域进行初步探索。

一、天气风险及天气衍生品发展历史

根据 Banks[3]《天气风险管理》及全球天气风险管理协会（Weather Risk Management Association，WRMA）[4]的定义，天气风险，是指由于发生气候灾害或常规天气因素（如温度、降水、湿度、风力等）产生较大幅度的变化，给社会发展、经济运转、企业经营带来影响的不确定性。依据美国商务部的论述，70%的美国企业受到天气因素影响（见表1）。

表1　　天气对经济各行业的影响

行业	天气风险及影响	主要天气因素
能源	暖冬或凉夏，导致产业需求降低	温度
农业	温度过低、过高，降水过少、过多，影响农作物收成	温度、降水量、霜冻、风力
基建	温度过低、过高，降水过少、过多，阻碍完工进度	温度、降水量
交运	浓雾、暴雨（雪）等，导致道路封闭、物流中断	温度、降水量、霜冻、雾
市政	暴雨（雪），增加公用设施建设及维护成本	降水量

1997年，随着厄尔尼诺现象的发生及能源供应配额在美国的取消，激发了美国安然公司及佛罗里达电力公司规避天气风险的需求，两者以1995年及1996年美国冬季日均温度历史数据作为依据，签订了首例天气衍生品交易合约，标志着天气衍生品的诞生。① 1999年，芝加哥商业交易所正式引入以天气指数（温度）作为基础标的的期货、期权等衍生品，标志着天气衍生品成为国际性交易所上线品种。

2014年8月，国务院《关于加快发展现代保险服务业的若干意见》提出“探索天气指数保险等新兴产品和服务”，从保障社会民生的战略高度确定了天气风险管理的地位。但是，目前天气风险并未被广泛列入我国保险公司农业险种的承保对象，主要原因是赔付概率较高、潜在的赔付对象较广、赔付金额较大以及相关的保费较低等。在引入天气衍生品之后，保险公司可以运用数学建模等手段量化天气风险造成的影响，通过天气衍生品交易对冲天气保险的风险敞口，这既可以为保险公司自身的保值避险活动提供可能，更能够促进天气保险的发展，从而实现助力农业发展、护航实体经济的目的。另一方面，虽然我国天气保险行业起步较晚且目前仍处试点阶段，但是，通过积极吸取国外先进经验，推进天气衍生品与天气保险协同发展，既可以推进我国天气风险管理行业发展，也将能使得保险业更好服务以农业为代表的实体经济。例如，在政

① 也有观点认为全球首例天气衍生品交易合约是安然公司与元素公司（Element Re Capital Products Inc.）之间签订（因该合约由于天气原因而早于预期激发）。值得一提的是，时任元素公司的首席风险官 Erik Banks 即为天气风险管理领域经典著作 *Weather Risk Management* 的作者。

策支持方面，可以鼓励保险公司借助天气衍生品有效开发天气保险产品，同时寻求地方政府支持，切实把握农业发展需求，扩大保险承保的内容覆盖；在机制保障方面，通过天气衍生品和天气保险保单的推广，进一步发挥了保险业务的协同优势，有效规避农业发展面临的天气风险，持续保障实体经济的长期平稳健康发展。下文对天气衍生品和将其引入我国的相关问题进行分析。

二、天气衍生品的基础标的

（一）基础标的特点

相对其他金融衍生品，天气衍生品的特殊性在于以各种天气因素相应的指标作为基础标的，如气温指数、降水（雨、雪）指数、风力指数和其他指数，具有两个主要特点：

（1）标的时段（组合）固定。即指在天气衍生品的交易过程中，需要先确定（未来的）某时段（通常以周、月或季为周期单位）或各时段之间的组合（通常更为常见）。

（2）标的地理位置固定。在天气衍生品基础标的数值的确定方面，需要根据合约涉及的不同地理位置，借助当地气象设施及服务获得。这是因为，各种天气风险可能涉及的地理范围存在较大差异。[①] 例如，基于降水量指数的天气衍生品在地理范围的选择上就小于基于风力指数的天气衍生品。不同标的指标的天气衍生品与各自标的地理位置之间的关系可参见表2。

表2　CME交易的天气衍生品标的指标与标的地理位置的关系

	标的地理范围较大	标的地理范围居中	标的地理范围较小
标的指标	风力（飓风）	温度、霜冻	降水量
地理位置	地域	城市	建筑物
差异原因	影响范围广	同城数值几无差异	地理敏感性较强

资料来源：CME（http://www.cmegroup.com/trading/weather）。

（二）基础标的分类及其与对冲天气保险保单风险敞口的联系

根据天气衍生品基础标的所涉及的天气风险的类别，可以将其分为温度指数、降水指数、风力指数和其他指数。

1. 温度指数

在诸多天气要素中，温度是最为常见且最易理解的指数。[②] 温度指数中最为常见的衡量指标是温值（Degree Day，DD），即日均气温（Average Day Temperature，ADT）

---

① 我国学者李永等曾通过构建空间基差风险的均方根误差（RMSE）模型实现华东地区降雨量看跌期权模拟交易的有效对冲。详见：李永，吴丹，崔习刚．反距离加权法天气衍生品空间基差风险对冲效果[J]．中国人口·资源与环境，2013，23(10)：160—168．

② 根据CME统计，以温度指数作为基础标的的天气衍生品在所有天气衍生品中占据超过80%以上的市场份额。详见：http://www.cmegroup.com/trading/weather/temperature-based-indexes.html。

与事先约定的基础气温（T_{ref}，常采用华氏 65 度[①]）的差值。亦即：

$$ADT=\frac{(T_{max}+T_{min})}{2}$$

$$DD=|ADT-T_{ref}|$$

其中，T_{max}和 T_{min}分别为某日最高气温及最低气温[②]。

由此作为基础，基于温值的温度指数主要包括：

(1)取暖量指数(HDD)和制冷量指数(CDD)。HDD 与 CDD 主要反映日均气温与基础气温(华氏 65 度，欧洲采用摄氏 18 度)的偏离度，多用于能源领域：

$$HDD=Max(65-ADT,0)$$

$$CDD=Max(ADT-65,0)$$

HDD 与 CDD 可用来推算某时段内所需消耗的能源。例如，当 HDDs 呈下降趋势时意味着天气寒冷可能难以为继，相应的因取暖引致的能源需求则可能降低，这既有助于农业或能源企业衡量面临暖冬时的经营风险，也有助于保险公司利用气温衍生品保护其针对农业或能源企业所开发的保险保单的风险敞口。

(2)生长温值指数(GDD)。GDD 主要衡量日均气温与生物生长临界气温的偏离度，多用于农业领域。通常，某种农作物的正常生长要求气温高于某一相对恒定的临界气温。

$$GDD=Max(0,ADT-T_{ref})$$

保险公司可以针对不同作物种植区域，开发对应的保险产品，并通过利用不同 T_{ref}参数的 GDD 衍生品作为对冲工具。

2. 降水指数

早在 2005 年 6 月，印度商品与衍生品交易所(NCDEX)便开发了以夏季季风降雨量为基础标的的季风雨指数(Monsoon Index)。经过超过 10 年的发展，与降水指数相关的衍生品发展已较为成熟。主要包括降雨量指数和降雪量指数，其计算依据为特定地区在某段时间区间内降雨量的累积值。与温度指数类似，保险公司可以在降雨(雪)量衍生品的基础上开发保险产品，帮助农业规避由降雨(雪)量极端变化导致的天气风险。

3. 风力指数

2005 年，卡特里娜飓风造成美国近2 000人丧生，经济损失近 800 亿美元。美国保险业在此次灾难中的赔付总额超过 260 亿美元。企业规避与风力相关的天气风险的需求，启发了 CME 与再保险公司卡维尔(R.K. Carvill & Co. Ltd.)在 2007 年 3 月

---

① 采用华氏 65 度(相当于摄氏 18.3 度)作为基础气温，因此温度值常出现于空气调节和采暖通风技术标准中，这也是工业熔炉的标准启动温度。

② 也见有采用算数平均法测算日均气温(ADT)。

联合推出 CME-Carvill 飓风指数衍生品[5]，其基础标的为 CHI 指数：

$$CHI=\left(\frac{V}{V_0}\right)^3+\frac{3}{2}\left(\frac{R}{R_0}\right)\left(\frac{V}{V_0}\right)^2$$

其中，V 为最大风速（其初值 V_0 为 74 英里/每小时），R 为飓风半径（其初值 R_0 为 60 英里），相关实测数据由 Carvill 提供。

2017 年 6 月，安信农险与慕尼黑再保险共同推出我国首个全面针对台风的保险并成功出具首张保单，填补了我国保险业在这一领域的空白，而如果能够借助风力衍生品对保单进行对冲，将有利于推进我国台风保险的发展进程，也将促进我国保险行业对农业发展的进一步扶持。

三、天气衍生品的合约种类

依据合约性质的不同，天气衍生品可以分为天气期货（Weather Future）、天气期权（Weather Option）和天气互换（Weather Swap）。

（一）天气期货

作为一种非实物期货，天气期货是以各类天气指数作为基础标的并以这些指数的货币价值进行交易且通过现金交割方式进行结算的金融衍生品。

表 3　　CME 交易的气温期货月度合约（以制冷量指数为基础标的）

基础标的	报价单位	合约乘数	合约月份	交易保证金	交割方式	持仓限制
各城市①制冷量指数	美元/指数点	20	8 月、9 月	动态调整	现金	10 000

资料来源：CME（http://www.cmegroup.com/trading/weather/temperature/us-monthly-weather-cooling.html）。

在气温期货合约标的地理位置的选取方面，CME 兼顾了城市的人口数量与密度、经济发达程度及相应的能源需求状况等因素，在城市的具体设置上以东北部较发达城市居多，且中部、南部与西部分布较为均匀。同时，CME 在美国本土共设置了 8 个温度实测城市（见图 1），数量上较为适中，这样既避免了因城市数量过多而分散合约的流动性，也避免了因城市数量过少而造成企业在规避天气风险时缺乏可选地理位置的困境。目前，气温期货的市场参与者已稳定为以具有对冲风险或套期保值诉求的保险公司和农业、能源业、旅游业等行业企业。

在气温期货合约时段的选定方面，CME 充分考虑到农业等行业受制于温度的影响具有较强的时间敏感性，因此在月度合约的基础上创新性地引入季度与周度合约。这有效满足了各交易主体在相异时间跨度上的天气风险规避需求。

① 共包括 10 个城市：纽约、芝加哥、亚特兰大、辛辛那提、达拉斯、萨克拉门托、拉斯维加斯、明尼阿波利斯、伦敦和阿姆斯特丹。其中伦敦和阿姆斯特丹的气温期货合约以累积平均气温指数（CAT）为基础标的。

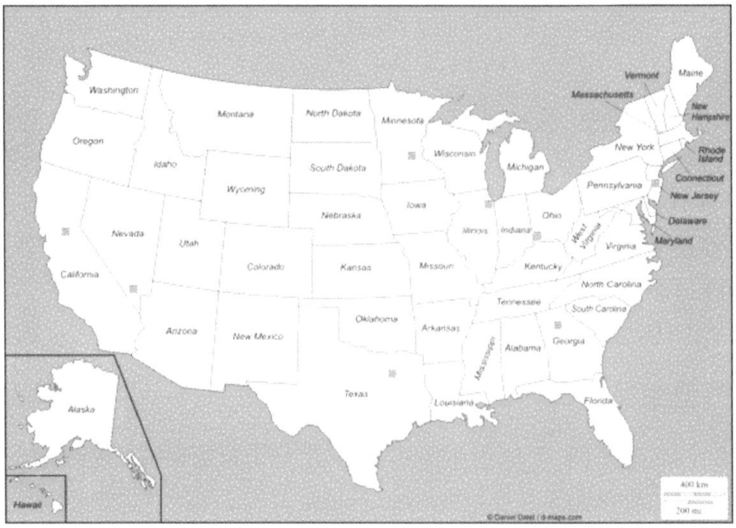

图 1　CDD 合约标的地理位置（以黑色正方形标记）

（二）天气期权

天气期权以各类天气指数期货合约作为基础标的。作为一种期货期权（Option on Future），天气期权多头在支付期权费用之后，有权利在合约约定的行权日期以约定的执行价格买入（或者卖出）合同约定的天气期货合约并无须承担其他义务，而作为多头交易对手（Counterparty）的天气期权空头则在承担相应义务的基础上获取多头支付的期权费用作为补偿。表 4 简要介绍了 CME 气温期权合约。

表 4　　CME 交易的气温期权合约（以制冷量指数为基础标的）

基础标的	报价单位	合约乘数	合约月份	行权方式	行权价格间距	行权价格范围	最后交割日
气温期货合约	美元/指数点	20	8 月、9 月	欧式	1	1～1 500	期货合约到期 2 个工作日后的首个交易日

资料来源：CME（http://www.cmegroup.com/trading/weather/temperature/us-monthly-weather-cooling.html）。

在天气期货合约中，交易群体的需求主要在于借助天气期货合约规避天气风险并在一定程度上锁定到期收益，但同时也失去了获取潜在收益的机会。而天气期权则可以不对称收益结构[①]帮助套保者或投机者获取更多潜在收益。根据天气期权合约多头拥有的具体权利的不同，天气期权可以分为看涨期权（Call Option）和看跌期权（Put

① 与其他期权相比，天气期权收益结构的不对称性并不太明显，其原因与自然规律有关，相关的天气指数（如温度、降水量等）数值通常具有窄幅的上、下限。

Option)。下面以制冷量看涨期权为例进行分析。

看涨天气期权，通常在多头预期某天气指数上升时选择购买，目的在于规避因某天气指数过度上升而造成的经营损失。其避险效用的原理在于，看涨期权赋予合约多头在执行日期以约定的执行价格买入相关的天气期货合约的权利。如果该看涨期权在执行日为实值期权，多头将会选择行权，空头有义务按约定向多头以执行价格卖出相关的期货合约；如果该期权在执行日为虚值期权，多头则可以放弃行权，而其损失则被锁定为看涨天气期权费用。以制冷量看涨期权为例，多头的收益曲线如图 2 所示。

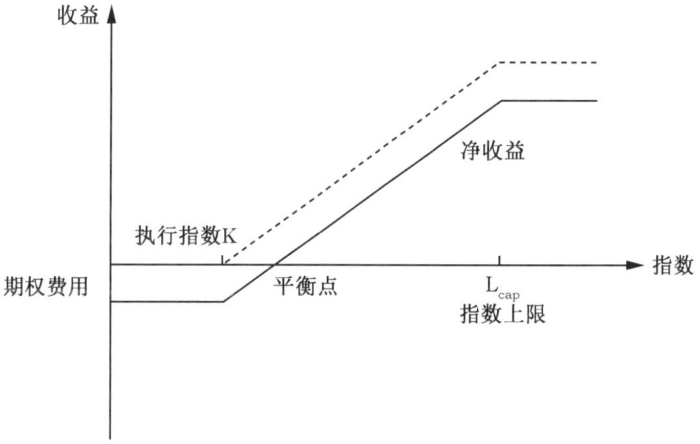

资料来源：笔者制作。

图 2　制冷量看涨期权多头收益曲线

制冷量看涨期权多头的收益函数为：

$$P(x)=Min\{Max[(x-K),0],(L_{cap}-K)\}\times 20-C_c$$

其中，x 为执行日的制冷量指数值，K 为执行指数，L_{cap} 为指数上限，20 为合约乘数，C_c 为该看涨期权的费用。

三、天气互换

在天气互换合约中，交易双方的交换基础是某种特定的天气指数，并在合约到期日由一方依据约定的天气指数值与当日实测指数值之间的差额向另一方进行赔付（或索赔）。互换合约的交易双方基于某种天气指数的风险敞口通常具有一定的反相关性，因此可以通过互换将企业的经营风险提前锁定。在这种交易原理及避险需求的引致下，交易双方通常没有通过互换获取超额收益的预期。

例如，在较为寒冷的冬季，低温（或霜冻）天气频率的快速增加可能会严重影响农作物的生长，最终导致保险公司的农业险种赔付额上升。此时，保险公司可以与能源企业签订天气互换合约，在天气持续寒冷时获得能源企业的赔付，此赔付可以帮助保险公司部分对冲天气保险保单风险敞口。而持续低温天气将增加市场对暖气的需求从而提高能源企业收入。最终，通过天气互换合约，保险公司与能源企业均提前锁定了各自的经营风险（或经营利润），达到避险目的。

四、对我国引入天气衍生品的分析

通过前文分析，我们可以得知，天气衍生品在天气风险管理领域具有非常重要的作用。但在我国，尚未出现专业性的天气风险管理公司，①也没有推出相关的天气衍生品。事实上，我国在天气衍生品市场并不乏探索。2012 年，上海期货交易所（Shanghai Futures Exchange，SHFE）与 CME 更新了双方在 2003 年签署的合作备忘录，并就共同推进天气衍生品市场研究与开发工作进行讨论。本章将就我国引入天气衍生品的相关问题进行分析。

（一）必要性

正如引言部分中所介绍的，我国因地域广度及所处气候带类型等因素，长期面临天气风险（见图 3）。根据 Dell 等[6]学者的研究，发展中国家的年均温度每上升 1 度，将导致其 GDP 增速下降 1.3 个百分点。根据美国天气保险公司 Weatherbill 的测算，我国天气敏感性行业经济总值约占 GDP 总量的 45%。② 其中农业部门受制于天气风险的程度最深；同时，能源、基建、交运等行业也受到相当程度的影响。由于这些基础性经济部门的产品或服务的需求弹性系数较小，因此当其风险通过市场传导到整体经济体系时，影响将更为严重。

2016 年，我国农业保险为 2.04 亿户次农户提供风险保障 2.16 万亿元，为4 575万户次农户支付赔款及给付金额总计 348 亿元，同比大幅增长（见图 4）。考虑到以保险费用占农业部门产值的比重所衡量的农业保险深度，我国的农业保险发展程度还有很大空间。因此，引入发展天气衍生品作为对冲天气保险保单风险敞口的有效工具，③将有利于保险公司提高在天气保险尤其是农业保险保单领域的市场化运作能力和主动风险管理水平。

---

① 深圳大学学者李国华于 2003 年申请成立我国首家天气风险管理公司失败后，将 Erik Banks 在天气风险管理领域的经典著作 *Weather Risk Management* 译成中文，为天气风险管理的理念在中国的普及做出贡献。

② Weatherbill 认为，某国经济的天气敏感性总价值为各行业产值以天气波动率为权重的和，而天气波动率又为各行业经济产值对天气指数（以温度及降雨量为主）的弹性与变异系数（Coefficient of Variation）之积的求和。详见其于 2008 年发表的报告 Global Weather Sensitivity：A Comparative Study。下载地址：http://www.climate.com/assets/LandingPageDocs/Global-Weather-Sensitivity.pdf。

③ 在天气保险与天气衍生品的区别方面，较好的学术参考为墨尔本大学的学者 Ali 就支付义务及交易结构进行的相关分析。详见：Ali P. The Legal Characterization of Weather Derivatives[J]. Journal of Alternative Investments，2004(7)：75—79.

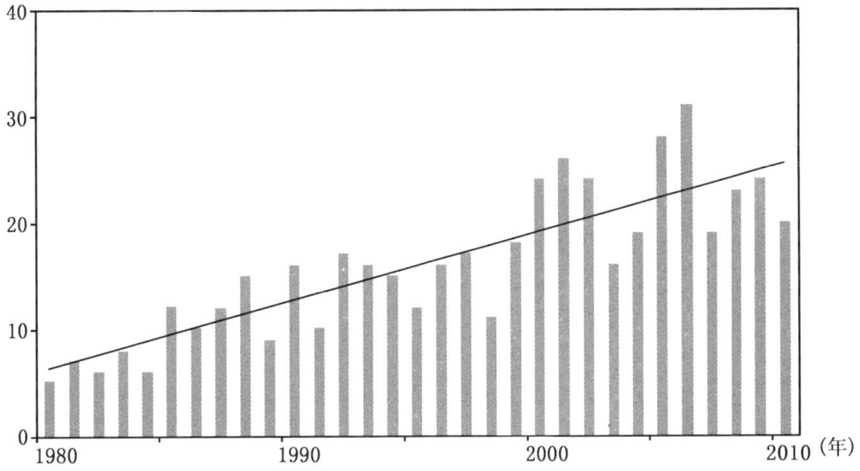

注：据笔者测算，回归直线的判定系数（R^2）约为0.75，拟合度较好。

资料来源：International Disaster Database（http://www.emdat.be/country_profile/index.html）。

图3　1980—2010年间我国灾难性天气事件频度统计

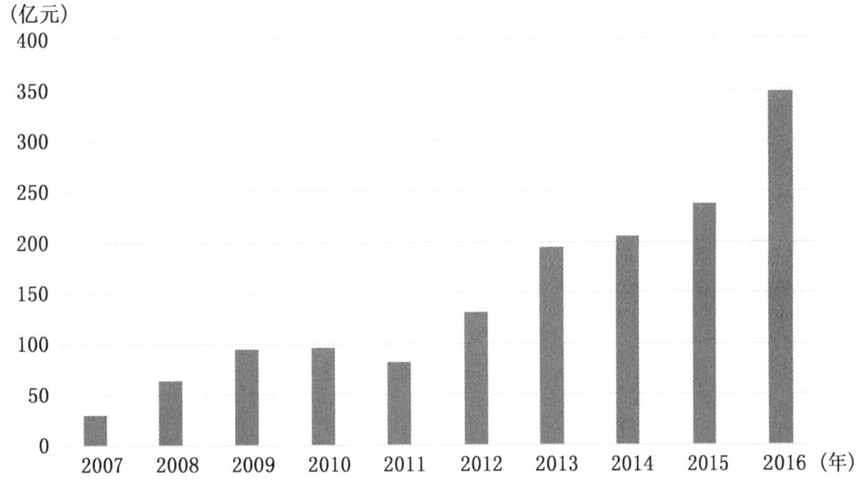

资料来源：Wind资讯.

图4　2007—2016年间我国农业保险赔付及给付金额

仍以农业部门为例。尽管在政府"新型城镇化"战略的促进下，部分农业人口向城乡转移，但我国农业人口仍占全国总人口的七成，提高农业生产力和农民收入，是我国的长期国策。而目前制约农业人口增收的主要“瓶颈”正是天气风险，其具体表现是，南方地区春夏汛期频现、北方地区山洪内涝多发且其他局部地区伏旱连旱、霜冻冰雹等现象突出。[①] 对此，天气衍生品可以辅助农业保险，拓宽农业生产者规避风险的范围。例如，如果农业生产者担心气温长期过低造成霜冻等现象危及农作物的生长，保险公司可以为其开发低温保险产品，同时建立气温期货的空头头寸或者是气温看跌期权的多头头寸，在气温连续下降时通过在合约头寸上的收益对保单损失进行一定的补偿。再如，如果农业生产者担心因降雨过多（或发生旱情）而出现洪涝灾害，保险公司可以为其开发降雨量保险产品，同时建立降雨量期货的多头（空头）头寸或者是降雨量看涨（看跌）期权的多头头寸，实现对冲保单风险敞口目的。对于能源、基建、交运等天气敏感性行业，也可以采取类似的分析思路。

根据以上分析，不难推论，天气衍生品的引入将有效加强保险业对天气敏感性行业（尤其是农业）规避天气风险的助力，在一定程度上降低潜在的风险损失并辅助资源的优化配置，从而落实国家关于“金融支持实体经济发展”的政策目标，最终护航我国实体经济的平稳健康发展。

（二）可行性

天气衍生品以其自身结构及所涉及交易群体的复杂性，对相关的产品设计及辅助措施提出了较高的要求。但笔者认为，目前我国已经具备引入天气衍生品的可行性，现从两个方面进行阐述。

1. 衍生品市场的快速发展

股指期货在上市后所积累的经验可以对同样是指数化衍生品的天气衍生品提供了全面、有效的借鉴。股指期货之后，我国指数化衍生品市场加快探索、相继推出上证50股指期货和中证500股指期货等指数化期货，提升了交易合约设计、规则设置及监管制度性安排的水平。另一方面，伴随着政府对衍生品市场的政策性引导，一系列相关法律法规相继出台，已形成较为全面的衍生品市场法制体系。

2. 气象技术的相对完善

可靠的天气历史数据与即时的气象信息系统，是开展天气衍生品市场的重要技术保障。我国气象学历史悠久，[②]现已形成布局合理、门类齐全的气象综合探测系统。根据国家气象局统计，我国现有各级气象局2 531个，国家、省、地级气象台及观测基站2 806个，气象服务的社会经济效益的投入产出比达到1∶40。气象数据的充分积累

① 瑞士再保险公司（Swiss Reinsurance Company）通过研究发现，我国的农业风险几乎可以等同为天气风险。详见：Re S. An Insurance Recipe for the Chinese Food and Agricultural Industry[R]. Swiss Re Technical Publishing, Zurich, Switzerland, 2008.此报告同时指出，我国农业保险深度（保险费用占经济部门产值的比重）仅为0.2%。

② 1872年，法国天主教会在上海徐家汇创建观象台（现为上海天文台），该台成功预测了1879年7月的上海台风，标志着我国近代天气预测科学的开端。

和气象系统的全面覆盖，为我国设计引入天气衍生品提供了可靠依据。另外，近年来我国逐渐开放的气象数据服务体系，将能够满足天气衍生品对天气指数的编制、测算及公布的权威性和准确性的要求。

（三）问题与建议

诚然，我国引入天气衍生品市场在理论上及现实层面具有包括上述内容在内的必要性和可行性，但从西方发达资本市场的天气衍生品发展进程来看，不乏失败案例。究其原因，主要是市场参与者认知不足、合约清算交割机制不完善等。因此，在引入天气衍生品的过程中，应当借鉴西方经验并充分考虑我国基本国情。以下就可能遇到的问题进行分析并给出相关的建议。

1. 市场参与度不足

目前，我国衍生品市场多数参与者对利用天气衍生品规避天气风险缺乏必要的了解。对此，应当通过保险公司等专业机构加强天气敏感性行业及企业规避天气风险的意识，同时借助相关交易所和保险公司推进市场的广度及深度。此外，还需要加大专业人员培育，提升整体业务水平，使得天气衍生品市场能够实现交易主体之间的风险分割、重组与转换，切实辅助保险行业保障实体经济。

2. 合约的具体设计存在难度

天气衍生品所涉及的基差风险（Basis Risk），不仅包括通常意义上的期、现货价格之差，还包括经营基差风险（Product Basis Risk）、位置基差风险（Geographical Basis Risk）两类。前者是指企业受制于天气因素的经营风险敞口与天气指数的波动难以精准匹配，后者则指企业的地理位置与合约标的所对应的实测位置可能存在差异。这将给市场参与者对冲风险的实际效果及相关合约的具体设计带来困难。因此，基础标的的选取是否合理，指数的编制是否贴近应用实际、能否通过研究模型较为准确的预测等，均是需要解决的问题。

对此，在引入路径上，应坚持循序渐进的原则。先推出交易结构相对简单的天气期货，试点成功后，再行推出期权、互换等产品；在基础标的选择上，可以优先考虑在国外市场发展已经相对成熟且我国经济影响程度深、范围广的天气指数；在标的地理位置的选取上，可以在科学划分天气衍生品交易"气候带"的基础上，选取一些具有地域代表性且金融体系相对发达的城市；在天气指数的编制上，需要在侧重其平稳化的基础上充分参考我国天气敏感性行业与经营受制于天气因素的"弹性"相关的数据以避免指数的应用缺乏实际价值。另外，需要在借鉴 CME 等关于天气衍生品合约设计的基础上探索有无进一步创新的空间，例如，在一些基准的拟定（例如温度指数中的基础气温）过程中，考查能否针对不同季节的合约或者不同的合约标的城市拟定不同的基准值。

3. 合约设计框架

根据以上分析，笔者以天气期货为例，讨论天气衍生品合约设计框架的可能构思。

（1）优先设计气温期货。理由在于相对于其他天气因素，温度的统计口径一致、测量相对容易、波动较为平稳且行业影响广泛，将具有相对最好的市场基础。

（2）在合约基础标的选取、标的指数具体编制及标的地理位置（城市）选择方面，可以借鉴 CME 在气温期货上的成功经验，并加以适当调整。例如，虽然我国夏季启动空调制冷的阈值通常在 25℃以上，冬季取暖则在 15℃以下，但若采用 25℃及 15℃作为气温期货夏季与冬季合约的基础气温，则不利于指数计算的连续性。鉴于 CDD 合约中标的城市的纬度分布及气候特点与我国某些主要城市较为接近，因此，仍可选择 18℃作为我国气温期货的基础气温。

（3）在城市的选择方面，经过综合考虑我国各主要城市的经济（金融）发达程度、人口密度、温度敏感性行业（农业、能源业等）发展水平以及气温分布的地域代表性强弱，选取上海、大连、郑州、北京、广州、成都 6 个城市作为我国气温期货发展初期的标的城市。

（4）在合约月份方面，可以在 CDD 期货的基础上结合我国具体情况进行选择。考虑到诸如我国的气候特点及主要农作物的生长周期（见表 5）等因素，通过对 CME 的气温期货合约进行调整，选择出我国气温期货的夏季合约月份（5—10 月）与冬季合约月份（11 月至次年 4 月）。

表 5　　我国主要农作物生长周期

作物品种	生长月份
北方春麦	3—7 月
北方大豆	4—9 月
北方水稻	5—10 月
北方冬麦	9 月至次年 6 月
江淮水稻	5—10 月
江淮冬麦	10 月至次年 5 月

资料来源：根据公开资料整理。

（5）在合约相关参数的设置方面，可以选取 18℃作为基础气温。由于 CDD 指数一般居于 0—500 之间，且考虑到合约设立初期的主要对象为具有避险需求的保险公司，因此合约乘数可以设置为 100（即 1 个指数点对应的货币价值为 100 元人民币）。每日结算价格以中央气象台所发布的温度数据为准，并采用现金结算交割的方式。持仓限制方面，为避免可能发生的强平、穿仓风险以保证引入初期的平稳运行，暂定为 1 000手。具体参见表 6。

表 6　　我国气温期货月度合约设计框架（以制冷量指数为基础标的）

合约城市	上海、郑州、大连、北京、广州、成都
基础标的	各城市制冷量指数
报价单位	人民币/指数点
合约乘数	100
合约月份	5—10 月
交易保证金	动态调整
交割方式	现金
持仓限制	1 000

资料来源：根据公开资料整理。

参考文献

[1]Michael W, Gordon H, Jörn B. Economics of Climate Change in East Asia[R]. Asian Development Bank, 2013.

[2]HUANG Ronghui, CHEN Jilong, HUANG Gang. Characteristics and Variations of the East Asian Monsoon System and Its Impacts on Climate Disasters in China[J]. Advances in Atmospheric Sciences, 2007(6): 993—1023.

[3]Banks E. Weather Risk Management: Markets, Products, and Applications[M]. Palgrave, 2002.

[4]Weather Risk Management Association. Weather Risk Management: Applications[R]. WRMA, 2012.

[5]XIE Shiqing. CME—Carvill Hurricane Index Futures and Options[J]. Securities Market Herald, 2009—06.

[6]Dell M, Jones B, Olken B. Temperature Shocks and Economic Growth: Evidence from the Last Half Century[J]. American Economic Journal: Macroeconomics, Vol.4, 2012: 66—95.

（本文获"新华资产杯·IAMAC 2017—2018 年度征文"优秀奖）

新常态下保险资金支持实体经济的思考

易志祺*

保险作为人类应对灾害事故的重要方法，是社会经济保障制度的关键组成部分，长期发挥着稳定社会生产和保障人民生活的重要作用。一直以来，海内外业界对保险本身促进经济社会发展有比较全面、深入的认识，但对于如何运用保险资金支持实体经济探讨不多。对保险公司而言，保险资金的投资运用主要为满足保单赔付和稳健盈利的需要，较少主动考虑服务实体经济。

笔者以为，随着中国经济进入新常态和保险资金规模的快速上升，[①]保险的重要性不断提高，保险行业应在思想上提升到服务实体经济的战略高度。在行动上，一方面继续加快发展现代保险服务业，不断拓宽保险服务领域、强化保险保障功能以服务经济增长；另一方面应积极思考实体经济的症结所在，并结合保险资金的属性和优势，探索如何合理运用保险资金有效支持实体经济，这也是本文所讨论的问题。

一、提升认识，调整预期，顺应经济新常态

随着中国经济步入新常态，经济从高速增长转为中高速增长、经济转型压力加大。在此过程中，与新常态相伴随的是深层次的问题、矛盾、挑战和风险渐渐浮出水面，关键集中在三方面：经济总的杠杆率快速上升且达到较高水平、人口老龄化严重以及生产效率下滑，这三方面问题彼此交织。

众所周知，生产函数包括三个关键变量：劳动力投入、资本形成和生产效率，它们根本上决定了经济增速。改革开放近40年，正是受益于巨大的人口红利、高储蓄率及外资流入带来的资本持续增长、技术进步和制度变革带来的生产效率飞跃，中国经济实现了奇迹般的飞速增长。展望未来，人口老龄化严重、高杠杆率以及生产效率下滑，

* 易志祺，泰康资产管理有限责任公司资产配置中心，资产配置研究总监。

① 2016年保险新增投资资金2.21万亿元，总投资规模13.4万亿元，增速19.78%。同期，全国财政一般公共预算支出18.8万亿元，增速6.7%，新增人民币贷款12.65万亿元，增速7.9%。

这三大问题已分别从劳动力投入、资本形成和劳动生产率①三方面制约了中国经济的长期增长潜力，并导致社会整体投资收益率下滑。

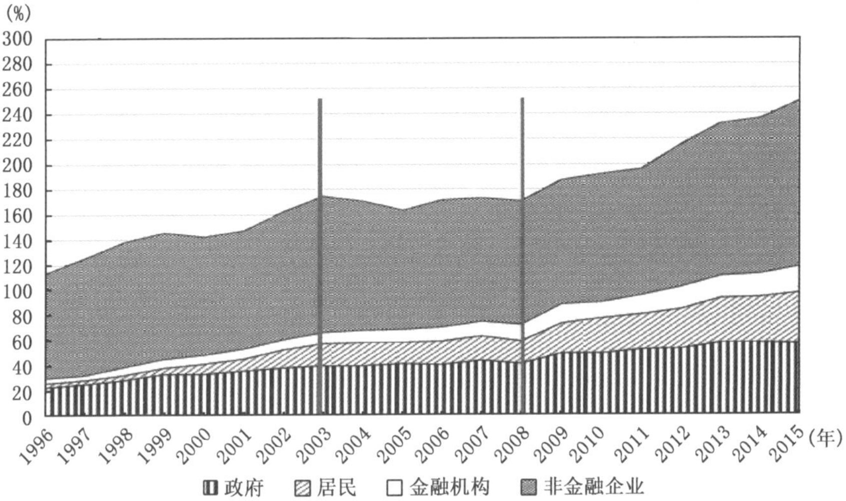

资料来源：李扬等，《中国资产负债表 2015》。

图 1　中国各部门杠杆率变化情况

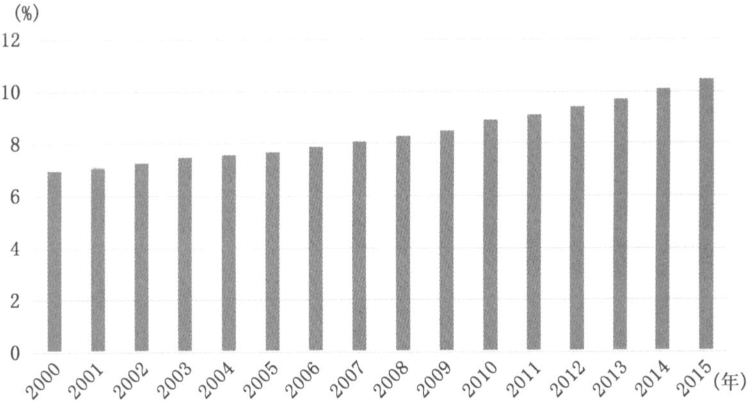

资料来源：《中国统计年鉴》。

图 2　65 岁及以上人口占比

---

① 中国劳动力投入增长率下降，2015 年为－0.9%；资本存量增长率 2015 年为 9.5%，远低于过去 30 余年的平均 26%；劳动生产率下降，2008－2015 年降到 8.16%，预计“十三五”期间可能进一步降至 6.9%。国家金融与发展实验室李扬：《我们面临严峻挑战》。

保险行业需要在思想上对中国经济新常态有深刻认识、对投资收益率下滑有心理准备，从而在资金运用时理性调整投资方向和预期回报。可以说，一方面实体经济的持续健康发展离不开保险资金的支持；另一方面，保险资金也有扩展自身投资领域、融入实体经济的现实需要。殷鉴不远，2016 年市场出现资产荒、债券市场收益率持续走低时，保险资金运用面临的窘境仍历历在目；现在虽然情况好转了，但吃一堑、长一智，应吸取教训，积极拓展投资领域，实现投资多元化。

只有思想上统一认识，行动上才能更积极主动和坚决。在中国经济增速放缓的新常态下，保险公司在资金运用方面，宜调整收益预期和投资方向，发挥保险资金期限长、规模大、成本低的优势，积极参与到实体经济当中去。

二、不忘初心，回归本源，把握行业大趋势

资金的来源和属性决定了资金的运用。要想科学合理的运用保险资金支持实体经济，得先了解清楚保险资金的属性。保险公司通过销售各种类型保险产品，在获得资金的同时承担未来发生损失时的赔偿责任。因此，保险资金运用最重要的一点就是通过投资实现资产的现金流、久期等满足负债（潜在的赔偿责任）的要求，即资产负债管理。可以说，销售什么类型的保险产品很大程度上决定了保险资金的运用。比如说，如果主要销售的是万能险产品，因为其期限偏短、资金进出波动性较高、理财属性较强、保障功能偏弱，这就决定了相应的资金运用需要投资那些预期收益率较高、风险偏大的资产，同时投资期限也会受到一定约束。[①] 前几年万能险等理财型保险产品大规模销售，使得保险行业规模迅速扩大，也相应衍生出保险资金在资本市场频频举牌以及海外大肆收购等扰乱市场正常秩序的行为。而对于传统保障型保险产品，则通常为长期资金、资金成本相对较低且资金的稳定性较高，追求的是长期、稳定、可持续回报，这类资金以购买低风险长期债券满足现金流和久期匹配需要为主。

随着金融监管趋严，保险姓保、监管姓监理念持续贯彻，保险业逐渐回归本位。可以预见，未来保险产品的销售将以传统保障型产品为主，保险资金的来源将以期限长、成本低、来源稳定的资金为主，保险资金的运用将更加坚持审慎稳健的原则，过去少数保险机构激进经营和投资的问题将一去不复返。这为保险资金支持实体经济创造了有利条件。

三、拓展运用，厘清边界，求解投资新课题

1995 年 10 月《保险法》正式实施，其中明确规定："保险公司的资金运用，限于银行存款、买卖政府债券、金融债券和国务院规定的其他资金运用形式。"1999 年保险资

---

① 当然，理论上也可以通过不断卖新产品来满足旧产品的偿付需要，但这种庞氏骗局的模式蕴藏着巨大的风险，难以持续。

金被允许“间接入市”[①]，2004年明确可“直接入市”[②]，到2006年的基础设施项目、非上市股权和境外投资[③]，再到2009年新《保险法》将保险资金运用渠道进一步放宽至直接投资不动产。可见，虽然我国保险资金运用的历史相对较短，但允许投资的领域在不断扩大、参与股权和项目等投资也早已在允许范围之内。这为保险资金支持实体经济打开了政策空间。

从具体投资看，银行存款和债券等固定收益类资产占比最高但呈下降趋势，从2013年的73%降至目前的约50%，其他投资占比则从17%快速上升至39%。股票和证券投资基金占比与二级市场波动关系较大，在2013年市场低迷时为10%，而2015年牛市时则快速升至15%，目前在13%左右。保险资金通过大量购买债券、股票、非标产品及参与股权计划等，一方面为实体经济直接提供了大量资金来源，[④]另一方面通过大量购买债券，客观上压低了利率水平，间接降低了实体经济的融资成本。如果说过去一段时间，保险资金在自主经营过程中、在无意识状态下为实体经济的发展贡献了重要力量，那在未来的较长时间里，保险资金如何在满足自身负债要求的前提下，结合中国经济发展的要求和自身优势，更加积极主动、有的放矢地发挥应有作用，是摆在保险人面前的重要课题。

四、发挥优势，对症下药，聚焦实体三痛点

理清了中国经济的症结和保险资金的属性，接下来探讨保险资金如何主动支持实体经济。笔者认为，虽然保险资金在实体经济中能够发挥作用的空间很大，但由于保险资金运用时面临的负债端约束较多，唯有结合自身优势、聚焦在人口老龄化、降杠杆和提高劳动生产率这三个关键领域才是最优选择。

一是积极推进医养行业发展，直面人口老龄化挑战。人口老龄化一方面反映了人类历史的进步，从根本上讲，这种人口转变是医疗进步、公共卫生事业和教育水平明显提高、经济发展的直接成就；但另一方面它也给我们带来了一系列挑战，它既是一个复杂的社会问题，同时也是一个难解的经济问题。具体而言，包括像最基本的老有所养问题、目前养老体系下养老金缺口问题，国内医疗养老设施缺乏，相关项目由于资金投入大、回报周期长、资金回笼慢，社会资金参与意愿低；此外，由于人口老龄化带来的劳动力下降、社会负担加重等导致的经济问题等。

---

① 1999年10月，证监会和原保监会宣布，经国务院批准，保险资金可以通过购买证券投资基金间接进入证券市场。

② 2004年2月1日，《国务院关于推进资本市场改革开放和稳定发展的若干意见》出台，提出要鼓励合规资金入市，支持保险资金以多种方式直接投资资本市场。

③ 2006年3月，《保险资金间接投资基础设施项目试点管理办法》出台；2006年10月，《关于保险机构投资商业银行股权的通知》出台；2006年12月，《保险资金境外投资管理办法(征求意见稿)》出台。

④ 据原保监会副主席陈文辉介绍，截至2017年6月末，保险资金通过债权计划、股权计划等方式，直接投资国家重大基础设施建设、养老社区和棚户区改造等民生工程，累计金额超过4万亿元。

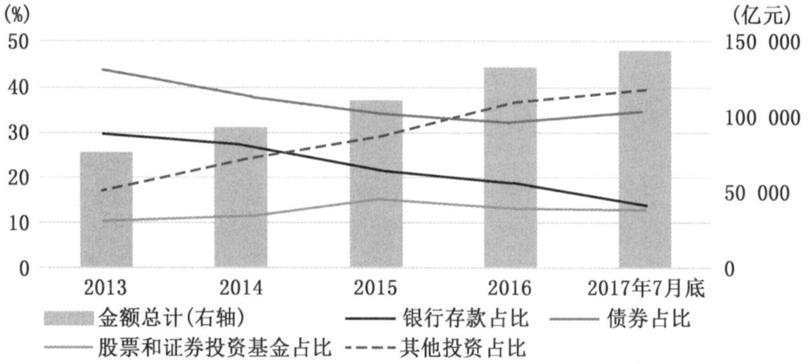

资料来源：原中国保险监督管理委员会网站。

图 3 保险资金运用情况

解决人口老龄化这一复杂而庞大的问题，需要全社会充分发挥智慧和勇气去不断探索。保险作为社会养老保障体系的重要支柱之一，应当在其中发挥重要作用，保险资金参与老龄化相关事业更是题中之义。通过延伸寿险产业链，积极投资运营医疗保健和养老护理业务，实现“从摇篮到坟墓”的全生命周期覆盖，保险资金可能为人口老龄化这个难题找到部分答案。

事实上，保险业界早已在探索和实践这种保险、医养结合的模式。早在 2007 年，泰康最早提出建设养老社区的构想；2009 年，国务院和原保监会批准泰康作为第一个用保险资金投资医疗养老的试点，泰康在北京启动全国首个养老社区项目；之后，中国人寿、平安、合众等寿险公司也都积极投入到养老事业中。展望未来，随着中国老龄化的加剧，医疗养老事业将面临更为严峻的挑战，需要政府财政加大配套资金投入、进一步出台税费减免优惠政策支持、完善监管引导等；保险行业将在提升认识的基础上，继续发挥自身的资金优势和专业优势，探索建立长期可持续的保险医养结合模式，更加主动地与政府和社会各界合作，为中国的养老医疗事业做出积极贡献。

二是增加股权投资比例，助力实体经济降杠杆和提高效率。金融危机之后，全球主要经济体为应对来势凶猛的危机，纷纷采取强力刺激政策。中国政府也推出了 4 万亿元的刺激方案，在避免经济大幅下滑的同时，也使得整个社会杠杆率尤其是国有企业和地方政府杠杆水平快速上升，引起党中央高度重视。虽然中国经济体量大、韧性强、储蓄率较高，爆发全面危机的可能性很低，但过高的债务给实体经济带来了沉重的负担，也导致全社会资源的低效率配置，从而制约了生产效率和经济增长。从根本上控制国企和地方政府举债冲动和负债水平，成为亟待解决的问题。

保险资金通过积极参与地方政府重大基础设施建设、轨道交通、保障房及安居工程、环保治理、重大民生支持工程、PPP 项目和国企混改项目等，一方面可以直接有效降低地方政府和国有企业的负债率，另一方面可以通过积极参与项目的运营管理改善和提高生产效率，同时还实现了自身资金的多渠道、分散化运用，可谓一举多得。比如，中国人寿参与的中国联通混改项目、中再资产参与北京地铁十六号线项目等都是保险资金参与实体经济的有益尝试。

当然，地方政府相关项目，大多属于投入较大、期限较长、外部性较强的基础设施项目；而国企的混合所有制改革，不只是简单的民营资本进入，还涉及复杂的公司治理机制的梳理和设计，都面临着诸多难题需要去探索和解决。保险资金需要发挥自身优势，不断提升投资能力以及投后管理和风险控制水平，灵活采取股权、债权、夹层投资等方式参与。

五、结束语

随着中国经济迈入新常态，各种积累的问题和面临的挑战制约着实体经济的发展。金融是实体经济的血脉，为实体经济服务是金融的天职，是金融的宗旨，也是防范金融风险的根本举措。作为现代金融三大支柱之一的保险，理应站在国家经济和社会发展的战略高度，服务大局，充分利用自身资金来源稳定、成本较低、期限较长等优势，集中力量运用在解决人口老龄化、降低实体经济杠杆和提高劳动生产率等制约中国经济长期增长的关键领域，有效助推实体经济持续稳健增长。

参考文献

[1]李扬.中国资产负债表2015：杠杆调整与风险管理[M]. 北京：中国社会科学出版社.

[2]王宇文.保险投资养老社区的优势、现状及挑战[N]. 中国保险报.

[3]李扬.我们面临严峻挑战[J]. 国家金融与发展实验室.

保险资金服务实体经济的路径选择与风险防范

闫　衍　袁海霞　王秋风　李路易　李小婧*

当前，保险行业资产规模已超16万亿元，并且仍然以每年超过两位数的速度增长。随着保险业资产总额的快速增长和保险资金投资渠道的拓宽，保险资金投资期限长、资金规模大等属性将对实体经济发挥更大的作用。2017年政府工作报告中，首次明确提出"要拓宽保险资金支持实体经济的渠道"。在此背景下，如何进一步完善和拓展保险资金服务实体经济的路径，并在投资规模扩大、渠道拓宽的基础上有效控制风险，将成为保险资金进一步支持实体经济发展的关键。

一、我国保险资金服务实体经济的现状及特征

（一）保险资金服务实体经济的规模快速增长

随着保险业的快速发展，保险资金运用规模近年来取得了快速增长，最近三年保险资金运用规模的增速更是保持在20%左右。截至2017年7月末，保险资金运用规模已经达到14.5万亿元。其中，银行存款规模总体较为稳定，投资规模则快速增长，截至2017年7月底，已经达到12.5万亿元，占保险资金运用总规模的85%以上。

（二）从服务实体经济方式看，以另类投资为主的其他占比迅速提升

在20世纪80年代我国保险业恢复营业初期，以银行存款的形式进行间接投资曾是保险资金服务实体经济的唯一渠道。但是，随着监管对保险资金投资渠道的逐步放开，特别是2004年原中国保监会发布《保险资产管理公司管理暂行规定》，在我国保险业进入规范化、专业化、健康化的发展阶段以来，保险资金对实体经济的投资进入了新的阶段，投资渠道不断拓宽，投资方式日趋多元化，包含股权计划、债权计划、不动产投资等另类投资在内的其他投资占比不断扩大，银行存款占比持续下滑。2016年6月，其他投资规模首次超过债券投资，达到4.3万亿元。2017年以来，其他投资占比继续扩大，截至2017年7月，其他投资占比已经接近40%，银行存款占比滑落至13.6%，比2016年底的18.55%回落4.95个百分点。

---

* 闫衍、袁海霞、王秋风、李路易、李小婧，中诚信国际信用评级有限责任公司研究员。

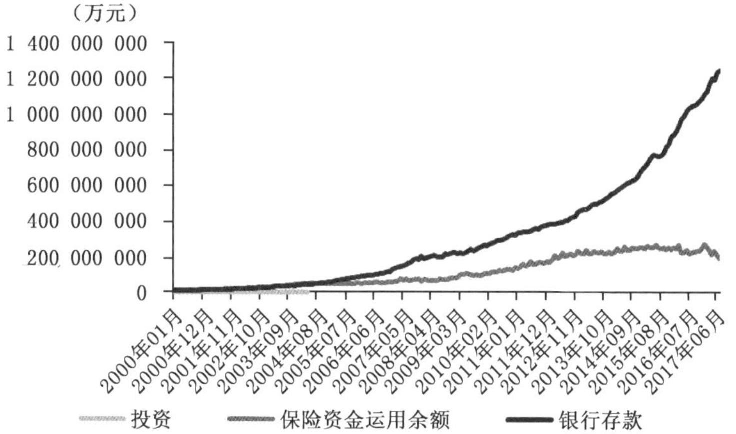

资料来源：原中国保监会。

图 1　保险资金运用规模快速增长

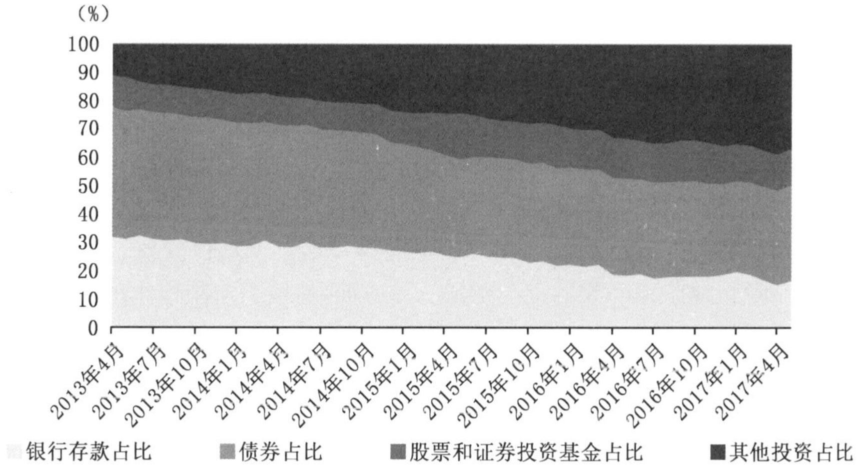

资料来源：原中国保监会。

图 2　其他投资占比不断扩大

（三）保险资金对实体经济多个领域的投资增长都十分显著

据中国保险资产管理业协会披露的数据，自 2013 年 9 月“一带一路”首次提出到 2017 年 3 月底，保险资金投入到“一带一路”相关项目的资金达到6 260.04亿元；自 2013 年 7 月国务院提出棚户区改造项目至 2017 年 3 月，保险资金债权投资计划共投资1 041.06亿元；2014 年 9 月长江经济带规划出台至 2017 年 3 月底，保险资金债权投资计划共投资1 844.08亿元；自 2015 年京津冀协同发展规划纲领通过到 2017 年底，保险资金债权投资计划共投入 903.42 亿元。

二、当前保险资金服务实体经济的风险与问题

(一)宏观经济底部运行，信用风险加剧

一方面，由于经济底部运行，优质资产稀缺，保险公司不得不提升风险偏好，投向高风险资产，比如增加低信用等级债券，增加股票投资，增加不动产、基础设施、信托等另类投资，导致风险敞口上升；另一方面，受经济周期影响，债券违约进入多发期且呈常态化趋势，而保险资金债券投资市场渗透率较高，债券违约频发导致保险资金信用风险明显上升。

(二)实体经济收益率较低，保险资金"脱实向虚"

随着我国潜在经济增长平台的下移，实体经济投资回报率低位徘徊。从行业来看，当前工业企业主营业务收入利润率仅为 5.92%左右；从项目来看，部分地方政府推出的 PPP 项目中，收益较高的项目也仅仅在 8%左右，收益率低的项目仅有 3%—5%。实体经济较低的投资收益率难以满足保险资金的投资需求，为了寻求高收益，一些保险资金通过多层嵌套、层层加杠杆，在金融体系内部滞留环节过长，有些保险资金甚至只是通过买卖金融产品在金融体系内部流转，并未流向实体经济。

(三)实体"资产荒"制约了险资投资积极性，且存在"期限错配"风险

对保险资金而言，"资产荒"包含两个方面：一是项目质量和吸引力不足。如一些基础设施项目、PPP 项目预期收益率偏低，部分高收益的地方项目存在地方政府过度干预等隐忧，创新创业型企业股权投资风险过高，多种因素导致保险资金在投资一些基础设施项目、PPP 项目或创投基金时"缩手缩脚"，难以调动保险资金的积极性。二是与保险资金负债期限相匹配的资产稀缺。一方面，能覆盖寿险成本的中长期投资项目和品种缺乏，导致寿险不得不投资于短期险的投资品种，存在"长期短配"现象。与此同时，财险品种负债成本较高，而短期高收益的产品较少，为了覆盖成本，一些保险公司将其投资于长期股权、不动产等收益较高的产品，导致"短期长配"。

(四)相关制度不健全进一步加大了保险资金服务实体经济的风险

首先，地方政府为了政绩导致对基建项目、PPP 项目和重大工程建设项目的评价不客观，国内目前对这类项目没有准确的评估措施，地方政府的政绩需求要大于实际项目需求。在项目招标的过程中，一旦地方政府存在贪污腐败、互相串谋等现象，将有可能使项目的实际收益大打折扣。二是在项目交接的阶段，由于一些保险公司属于国有企业，缺乏相关的第三方评估机构监督，不能有效防止利益输送等问题。

其次，在保障方面，国家层面上需要制定相关的保障措施，对保险资金合规合法和风险范围内对实体经济的投资进行相应保障。特别对于"一带一路"相关基建投资项目，在国内的政策方面，保险机构要给予相应的保险保障；对于创新创业型企业，国家

要针对不同类型的企业给予相应的优惠政策，支持这些企业在创新创业初期渡过难关，同时也能降低保险资金的投资风险。

最后，我国对保险机构的监管依然有不完备之处。当前监管机构对保险资金的运用仅仅停留在信息披露的准确性和真实性，对后续投资风险和经营管理问题并未进行有效的监督。

（五）保险公司投资能力、风险控制能力不足

长期以来，我国保险公司资金存在“重负债端轻资产端，重来源轻运用”的问题，导致保险公司忽视发展专业投资队伍和专业风控团队，缺乏具有较高专业性、技术性的投资管理人才储备，以至于在服务实体经济时面临投资和风控人才较为缺乏的窘境。同时，我国保险公司资产管理数据积累不足，风控模型构建尚不完善，风险处置手段较为单一，导致保险公司风险敞口大于银行、信托等金融机构。保险公司投资和风控能力的不足在很大程度上制约了其服务实体经济效果的显现。

三、保险资金服务实体经济的路径设计

（一）我国保险资金服务实体经济的投资原则

1. 坚持主业原则

保险资金服务实体经济仍必须坚持服务保险主业的根本方向，不能本末倒置。一方面要求险资投资时须将保障资金的安全性作为首要考虑，以确保能即时足量偿付；另一方面，保险资金投资产品需以固定收益类产品为主，在进行股权投资时，应以财务投资为主，不谋求控制权。

2. 资产负债匹配原则

一般来说，财产保险通常是短期的保险业务，对流动性的要求比较高，宜进行短期投资；而人身保险特别是寿险业务资金期限较长，可以开展股权等期限较长的投资，获取更高收益。

3. 营利性原则

保险资金投资的目的就是提高保险公司的偿付能力，降低费率，进一步扩张业务，实现保险经营的良性循环。但值得一提的是，坚持营利性原则必须在风险可控的前提下进行。

4. 风险分散原则

近年来，保险投资新规密集出台，保险资金投资渠道大幅拓宽，可投资范围不断扩大，大幅增加了险资的投资运作空间。在此背景下，保险资金服务实体经济，更应充分运用好现有政策，通过投资组合的多元化搭配分散风险，避免扎堆进入某一个“风口”领域。

（二）进一步探索我国保险资金服务实体经济的路径

1. 进一步推动保险资金从银行存款向其他多元化投资渠道分流

近年来，银行存款在保险资产配置中的比例已经逐步降低，截至 2017 年 7 月底，

银行存款在保险资金运用中的占比为13.6%，大体接近英国保险资金投资中银行存款占比，但与美国、日本等国相比，我国险资投资银行存款的比例依然偏高：日本保险资金投资银行存款的比例为10%左右；而根据 Insurance Informational Institute 数据，美国寿险投资银行存款的比例仅为1%左右。险资投资于银行存款的比例过高，本可以通过更为有效率的方式使流入实体经济的资金流入银行体系，再通过银行间接将资金提供给实体经济，这实际上降低了险资服务实体经济的效率。因此，未来我国仍需探索和拓宽保险资金服务实体经济的其他路径，将保险资金投资银行存款占比维持在更为合理的比例，实现更多保险资金向其他投资渠道的分流。监管部门也应根据实际情况，制定差异化的银行存款占比要求，如对流动性要求较低的寿险银行存款占比可以低于财险，公司治理较为完善、投资稳健的保险机构银行存款占比可以低于投资激进的保险机构。

2. 继续深耕债权投资计划、股权投资计划、ABS等各类投资计划

自2014年8月出台的《国务院关于加快发展现代保险服务业的若干意见》（简称"新国十条"）明确提出"积极培育另类投资市场"以来，作为另类投资的主要内容，各类投资计划取得了快速发展，为实体经济提供了有力的支撑。中国保险资产管理业协会统计数据显示，2017年1—7月，保险债权投资计划和股权投资计划合计注册规模2 210.62亿元，同比增长78.5%。从投资领域来看，这类资金主要投资于交通、能源和棚户区改造等民生类行业，具有良好的对接实体经济、服务国家重大战略的作用。同时，投资计划方式灵活，多针对融资主体的需求为其"量身定做"融资方案，有助于提高险资服务实体经济的针对性。此外，投资计划中的股权投资计划还可提高股本融资比例，有利于企业降低负债比例，优化股权结构，推动实体经济部门的去杠杆化。

鉴于各类投资计划对于支持实体经济的重要作用，未来仍有进一步拓展其路径的必要。这一方面需要企业加快产品创新，同时也需要进一步完善相关体制机制。例如：打破监管藩篱，允许保险资管公司获得"金融许可证"（银保监会颁发），以便于其在发行债权计划时能顺利办理与项目相关的土地、房产、在建工程等抵押；进一步细化和完善保险资金参与国企混改、债转股、PPP项目的政策措施；等等。此外，当前我国险资ABS虽然已经起步，但规模并不理想，这虽然与国内险资ABS起步晚、人才较为缺乏有关，但另一个重要原因是，在多头监管体制下外部企业发行保险系ABS受到其他监管部门制掣，要推动险资ABS发展，后续仍需加强监管协调，为其进一步发展构建有利政策环境。

3. 继续鼓励保险资金以直接股权投资方式支持经济转型发展

股权投资虽然风险较高，但投资期限较长，收益也相对较高，是较为理想的适合险资投资方式。对于实体经济来说，险资资金量大，可以接受较长的投资期限，通过与险资的合作，企业可以获得长期的发展资金，对降低企业负债水平具有重要意义。此外，

保险资金开展直接投资可以缩短资金链条，降低实体经济融资成本。虽然近年来我国保险机构直接股权投资取得了长足进展，截至2017年6月，直接股权投资规模已经达到1.3万亿元。但险资股权投资仍有不足，如一些公司治理不完善的保险公司大股东将其当作投资控股的工具，对新兴产业的支持力度不够等。未来仍需政策引导，推动保险资金通过直接股权投资支持创新企业发展，参与国企改革和PPP项目，让保险资金在支持经济转型发展方面发挥更大的作用。

四、防范保险资金服务实体经济风险的政策建议

（一）疏堵结合，引导保险资金"脱虚向实"

"脱实向虚"不仅影响保险资金服务实体经济的效果，在此过程中，资金的层层嵌套和层层加杠杆，还导致保险机构与其他金融机构更容易发生风险传导，加大了金融系统性风险。因此，我们对于保险资金的"脱实向虚"应保持高度警惕。2017年原保监会采取的一系列强监管措施对改善这一状况起到了积极效果，但后续来看，引导保险资金"脱虚向实"除了通过强化监管之外，更应加强政策引导，进一步疏通保险资金流向实体经济的政策渠道，如进一步完善相关保障制度机制，鼓励保险资金通过创投基金、产业基金等方式投资新产业、新动能，通过股权投资计划参与国有企业混改等。

（二）针对保险业跨行业经营的情况，进一步加强监管协调

当前，金融业混业经营的大趋势不断对现有金融监管体制形成挑战。就保险资金的运用而言，随着保险资金投资渠道的放宽和保险业创新的持续推进，各类保险资管产品持续出现，其中险资PE、保险资金举牌上市公司不仅涉及原保监会的监管领域，还与证监会的监管领域密切相关。在此情况下，需进一步加大监管机构之间的协调力度，通过金融稳定委员会统筹监管，避免由于监管口径不一、监管力度不协调而导致保险资金服务实体经济渠道不畅，或由于监管缺位加大了其中的风险。与此同时，随着投资渠道的放宽，监管机构需与时俱进构建新的监管规则和监管口径，确保监管政策与险资运用同步发展。

（三）强化偿付能力监管，防范保险资金服务实体经济过程中可能出现的流动性风险

当前，我国虽然对保险资产投资各类资产的比例进行了具体限制，但并没有根据各不同期限的保险资金进行差别化的监管。监管在此方面的缺失导致一些短期保险资金投资了基础设施、PPP项目等期限较长的资产，一旦遭遇巨大的赔付责任时，将有可能引爆保险机构甚至整个金融体系的流动性风险。建议我国可参照英国经验，适当弱化对保险资金的运用结构和比例的监管，转而加强对保险机构偿付能力的监管。这一方面改善了当前保险资金"期限错配"问题，另一方面也可以推动保险资金在服务实体经济时通过更为多元化的投资降低风险。

(四)适当支持保险资金参与金融衍生品交易,对冲投资风险

国际经验显示,金融衍生品的运用对险资的风险防范起着不可忽视的作用。在抽样调查中,96%的美国保险公司使用金融衍生品进行风险对冲。比如,保险公司会使用信用违约掉期(Credit Default Swap,CDS)来对冲信用风险。在我国,风险对冲工具的缺乏常导致保险资金在面对信用风险时"束手无策"。为改善这一状况,应进一步放宽对保险资金投资金融衍生品的限制,如放开对保险资金参与国债期货、CDs等风险对冲工具的交易的限制,进一步拓展险资投资的空间,通过对冲化解风险。值得一提的是,保险资金参与金融衍生品交易应在严格的监管之下进行,明确保险资金投资必须以服务实体经济为主,衍生品交易只能以对冲风险为目的,不能成为保险公司谋取超额利润的主要工具。

(五)推动保险公司完善公司治理,提高其服务实体经济的能力

需进一步完善现有对保险公司的监管体系和评价体系,完善信息披露制度,进一步推动保险公司完善公司治理,加强投资和风控人才的储备和培养,以提高其服务实体经济的能力。需推动保险公司根据自身负债的机构、风险和收益率,构建投资期限和成本收益合理配置的模型,设立相关的预警指标,促使其更为合理地配置保险资金的投资方向。

参考文献

[1]周海珍.保险资金参与 PPP 项目的风险及控制[J].中国保险,2017(2).

[2]肖静蕊. 新常态下保险资金参与基础设施投资的路径及风险管理探究[J].时代金融,2016(9).

[3]岳公正.英国养老保险基金投资运营模式与政府监管[J].社会科学家,2016(1).

[4]国家发展和改革委员会,中国保险监督管理委员会.保险业支持重大工程建设有关事项的指导意见.发改投资,2015:2176 号.

[5]张晓辉.国内保险资金管理的路径选择[J].时代金融,2015(14).

[6]陈志敏,张明,司丹. 中国的 PPP 实践:发展、模式、困境与出路[J].国际经济评论,2015(4).

[7]许亚平.美国保险市场发展对中国的启示[J].经济研究导刊,2013(7).

[8]郭林林.我国保险资金运用的历史追踪及现状分析[J].金融与经济,2012(11).

[9]张立男.发达国家保险资金运用主要做法中国化的思考[J].保险研究,2012(8).

[10]Yaisawarng,S. &Asavadachanukorn, P., Efficiency and Productivity in the Thai Non-life Insurance Industry[J]. Journal of Productivity Analysis,2014. Volume 41, Issue 2.

[11]Berry-Stolzle, T., Hoyt, R. E., Wende, S., Capital Market Development, Competition, Property Rights, and the Value of Insurer Product-Line Diversification: A Cross-Country Analysis [J]. Journal of Risk & Insurance,2013. Volume 80, Issue 2.

保险资金参与绿色金融、服务实体经济中存在的问题和对策

秦明益*

自从“十三五”规划正式将“发展绿色金融”上升为国家战略以来，绿色保险作为绿色金融体系的重要组成部分和服务实体经济、履行社会责任、创造社会价值的重要承载主体，在助推国家绿色金融战略中的地位和作用正在与日俱增、日渐凸显。保险资金在支持国家绿色金融战略实施上已取得初步成效，据统计，截至 2016 年年末，保险资金投资“绿色金融”项目5 258亿元。作为绿色金融体系重要组成部分的绿色保险，在国家绿色金融战略中的职责和功能主要体现在风险管理、绿色发展、绿色融资、绿色投资等方面。换言之，对于绿色保险助推国家绿色金融战略来说，这既是出发点和归宿，又是着力点和努力方向。

一、开展保险“绿色金融”投资面临的主要问题

目前，绿色金融和保险绿色投资面临着以下五大问题。

（一）“绿色金融”投资项目外部性的内生化问题

绿色金融项目的外部性往往没有被完全内生化，使得这类项目的收益率不是很高，很可能低于私营部门所要求的收益率。因此，金融保险机构不太愿意参与这种外部性没有被内生化的绿色项目。需要将绿色投资的外部性内生化。比如，直接给项目补贴等财政手段，或使用监管手段限制污染项目，倒逼金融机构把更多资源投入到绿色产业；也可以对一些绿色项目进行贴息来降低其融资成本，从而提高其收益率；为绿色项目提供担保，降低其风险溢价，从而降低其融资成本、提高收益率；或者通过实施政府和社会资本合作模式（Public-Private-Partnership，PPP 模式），把周边地区收益率较高的项目与收益率不高的绿色项目捆绑运作，提高保险等机构投资者的整体回报率。

* 秦明益，太平资产管理有限公司董事会办公室总经理兼战略发展部副总经理。

（二）绿色项目投资的期限错配问题

绿色行业中很多都是中长期项目，如污水、固废、新能源、地铁、铁路等，很多项目的还款期都是10年甚至20年。如果国家仅依赖银行体系为绿色项目提供融资，则银行系统会受到期限错配的制约。据统计，中国的银行系统平均负债期限只有6个月，所以其能够提供中长期贷款的能力非常有限，这就制约了中长期绿色项目的融资能力，或者说使得中长期绿色项目容易产生融资难、融资贵的问题。而保险资金的长期特性和绿色项目的要求有很大的匹配性。险资期限长、供应稳定、资金量大，以及收益要求合理，恰好对应绿色项目长周期、大规模、收益稳定等特征，如果在风险控制、交易结构设计、收益分配等方面做好平衡，保险资金将是绿色项目长期稳定的“绿色”资本和资金来源。如保险资金参与投资京沪高铁、南水北调工程，就是保险资金服务实体经济和绿色金融的经典成功案例。

（三）信息不对称、需强化环境信息披露问题

有些金融机构投资者想找到有明显环境效益的绿色企业进行投资，但问题在于缺少对相关企业和项目绿色程度的判断依据，因为这些企业往往不披露如二氧化碳、二氧化硫、污水等排放和能耗信息。如果有量化数据，资本市场就有能力识别哪些项目或者企业是深绿、哪些是浅绿、哪些是棕色、哪些是黑色的。另外，只有企业披露了这些数据，资本市场才能用各种方法对这些企业的环境效益或绿色表现进行评估、排序。所以，必须通过强化环境信息披露来应对信息不对称的难题。迄今全球已经有20多个证券交易所发布了关于上市公司环境信息披露的指引，但实行强制性披露的证交所还不多。我国可在资本市场和产权交易市场尝试绿色环境评估和绿色投资项目备案等创新机制。

（四）环境风险分析能力的缺失问题

比如，一些金融机构过低地估计对污染性行业的投资可能带来的对自身的风险，如对钢铁、水泥、化工、玻璃等行业的投资，由于没有估计到未来几年其不良率可能超出预期，从而导致一些金融机构为污染行业过度地提供贷款。另外，由于没有估计到《巴黎协议》所要求的全球碳减排目标将导致石油公司拥有的石油储备的价值大幅下降，一些机构投资者可能过度地投资于石油公司等碳强度很高的企业。再比如，一些机构投资者和银行没有充分估计到投资在绿色行业可能带来的长远的好处，反而高估了这些绿色项目面临的风险，因此对绿色项目有过度的风险厌恶，不愿意投资。面对这些问题，保险业有必要加强环境风险分析方法的研究和推广，加强对绿色项目的环境风险分析和绿色项目信用评估。

（五）绿色发展必须创新投融资体制机制问题

“十三五”期间，我国在可持续能源、环境基础设施建设、环境修复、工业污染治理、能源与能源节约五大领域，绿色融资需求为14.6万亿元。应通过创新性金融制度安

排，引导和激励更多社会资金投资环保、节能、清洁能源、清洁交通等绿色产业，引入和实施 PPP 模式，为绿色发展注入更多资本。在公共财政不足的情况下，引入 PPP 模式，不仅可以有效解决绿色投资的融资问题，而且能够将最新、最先进的生态环境治理理念和技术应用于绿色发展和生态文明建设中。2016 年 8 月，央行等七部委联合发布《关于构建绿色金融体系的指导意见》，首次提出了"长期资金（或长期资本）"的概念，并将养老基金、保险资金归类为长期资本，肯定了长期资本在绿色金融中的特殊、重要的地位。保险资金等长期资本具有长期、避险和公共属性，投资风格与绿色金融产品搭配最佳，应成为创新投融资体制机制的优质资金来源。

二、促进我国绿色保险投资发展的政策建议

目前，融资问题是制约绿色生态产业发展的主要"瓶颈"。据国务院发展研究中心金融研究所估计，中国绿色产业的年投资需求在 2 万亿元人民币以上，但是，国家财政只能满足 10%～15%的绿色投资需求。为此，按照市场经济的发展规律，国家财政投入必须从竞争性领域中退出来，让市场机制在其中发挥资源配置的作用。要大力推进制度创新，加强和完善相关法律法规、政策制度，为绿色保险和保险资金的创新运用创造良好的政策制度环境、市场舆论环境。同时，还要有与之配套的绿色金融创新产品，破除金融约束障碍，使生态经济及绿色发展能够按照市场机制高效运作。①

近年来，中国保险资产管理行业在投资中始终贯彻责任投资和绿色发展的理念，涉及绿色产业项目有 180 多个，投资规模突破5 000亿元，项目个数占比 33%，投资规模占比 40%。项目涵盖了清洁交通、清洁能源、资源节约与循环利用、污染防治等多领域。② 今后保险业在绿色产业和绿色项目投资中可从以下几方面大力推进。

（一）加强险资对环境基础设施建设和其他公共基础设施建设的投资

污水处理厂、垃圾焚烧厂、危险废物处理厂、园林绿化等环境基础设施建设以及水利建设、防灾减灾基础设施建设、供水、供电、供热、交通等公共基础设施建设，属于社会的公共产品，兼具生态价值、经济价值和社会价值。对其进行投资，可以获得多重效益。因此，保险资金必须将环境基础设施建设和其他公共基础设施建设作为绿色投资的重点，加大相关投入，并以此带动绿色产业、绿色就业和绿色发展。

据国家环保部有关人士测算，"十三五"期间，中国环保产业的全社会投资有望达到 17 万亿元，其中，落实《水污染防治行动计划》预计将拉动 4 万亿元至 5 万亿元社会投资，落实《土壤环境保护和污染治理行动计划》带动的投资预计远超 5.7 万亿元。为此，在第一产业领域，要加大向有机农业、生态农业以及特色经济林、林下经济、森林旅游等林副产业的投入。在第二产业领域，要加大生态工业的投入，大力发展生态工业

① 资料来源：http://news.163.com/16/0913/05/C0QO83OA00014SEH.html.

② 资料来源：http://jjckb.xinhuanet.com/2016－12/07/c_135885444.htm.

园。在第三产业领域，要加大向节能环保产业、生态文化旅游产业的投入。

总之，通过保险绿色投资，可以有效创造新的公共产品，切实维护公共利益，因此，我们必须将之作为实现绿色发展的重要环节，并纳入到供给侧结构改革中。这样，可以有效培育新的经济增长点，形成新的业态。从长远来看，绿色产业有望成为经济社会发展的新动能，也将成为保险资金运用的一大新增长点和亮点。

（二）提供专项政策支持

2016 年，中国人民银行和原保监会等七部委联合发布《关于构建绿色金融体系的指导意见》，释放了中国开展绿色投融资的重要政策信号。目前国际上最大的两个支持绿色投资的政策信号为 SDG（可持续发展目标）和《巴黎协议》及联合国可持续交易所倡议组织（UN SSE）。这些都是对可持续发展和应对气候变化各国的原则性承诺。但是，这些原则性承诺未来应该转化为各国具体行动方案。如果主要国家能公布 5 年、10 年甚至 15 年的《巴黎协议》实施行动方案的话，就会对绿色投资起到明显的提振信心的作用。中国可以考虑率先做这件事。一方面，加强金融政策创新。围绕着绿色发展，生态金融成为金融政策的重要工具和发展方向。它有两个方面的含义和要求：从引导资本流向的角度看，要求将与资源环境生态等相关的潜在成本、收益、风险、回报纳入到投融资决策中，由此规范和引导经济资源流向，促进绿色发展；从金融交易的角度看，它是金融产品与市场在生态文明建设领域中的具体体现，实现的是生态环境权的价值的跨时空交易，本质上是生态期权。另一方面，加强产业政策创新。绿色产业政策是促进绿色发展的重要政策工具。它有两个重点方向：在宏观上，应推动形成绿色化的产业结构；在微观上，应推动资本、劳动力等生产要素从传统产业向绿色产业转移。[①]

（三）推广绿色金融和绿色保险的原则

兴业银行是大陆唯一加入赤道原则的银行，今后我国更多金融（保险）机构将加入赤道原则。赤道原则的主要内容是指导金融业在项目融资方面如何管理环境风险。此外还有联合国责任投资原则，其中一个重要内容是，机构投资者在投资决策中必须考虑到其投资所产生的环境影响，要评估其投资是有利于环境保护还是加大了环境压力。另一方面，鼓励投资人发布绿色投资责任报告。同时，机构投资者作为很多上市公司的股东，有责任要求被投资的企业履行企业社会责任，企业的经济行为必须考虑对环境的影响。

（四）探索环境污染强制责任保险与财务保证或担保相结合的机制，即“绿色保险”＋“绿色投资”的模式来实现保险业务和投资业务的协同和联动

我国目前正积极试点“绿色保险”制度。所谓“绿色保险”制度即是环境污染责任

① 资料来源：http://www.sohu.com/a/70419487_123753.

保险制度，以被保险人因污染环境而应当承担的损害赔偿和治理责任为保险标的向保险公司进行投保，当发生环境污染事故被保险人依法应承担赔偿责任时，由保险公司按照保险合同约定的赔偿责任范围内代为赔偿的一种风险管理制度。我国目前应当推行以强制性责任保险为主的“绿色保险”制度，目前在我国只有依靠强制性责任保险才能促进“绿色保险”制度的发展。同时，根据绿色投资的需求，必须鼓励保险投资进入环保市场和绿色发展领域。凡是能由政府和社会资本合作开展的绿色发展项目，都应通过政策创新的方式吸引社会资本参与建设和运营。PPP 模式同样是实现保险绿色投资的一种重要选择。设立专项绿色发展区域，运用 PPP 模式实现区域的基础建设，为该模式在区域的推广积累经验。鼓励符合条件的民间资本设立绿色银行、绿色保险公司、绿色基金等，支持银行业开通绿色融资租赁项目，用于支撑地方绿色产业的发展和升级。

（五）强化绿色投资能力建设

很多绿色金融领域中的工作要求金融机构有比较强的环境风险分析和管理能力，以及开发相关新产品的能力。国际经验共享和强化能力建设会对全球绿色金融发展起到重要的推动作用。全球有一个能力建设网络，就是联合国责任投资原则（UN PRI）。PRI 提供了一个原则，但同时也是一个机构。该机构设在伦敦，目前已经有 1 000多家全球机构投资者成为其会员，这些会员管理着大约 60 万亿美元的资产。PRI 同时为这些会员提供进行责任投资的原则、方法和工具的培训。期待 PRI 未来能在我国扩大其能力建设的网络，为我国机构投资者绿色化做出更多的贡献。

（六）大力支持地区绿色基金发展

绿色基金是绿色金融体系中资金来源最广的融资方式，包括但不限于绿色产业基金、担保基金、碳基金、气候基金等。保险资金在地方政府财力有限的情况下，可以通过 PPP 模式的绿色引导基金来支持地方绿色发展，通过放宽市场准入、完善公共服务定价、实施特许经营模式、落实财税和土地政策等措施，完善收益和成本风险共担机制，支持绿色发展基金所投资的项目，保障社会资本进入的公平性；积极创立绿色私募股权和创业投资基金，加大对节能减排和生态环保产业的投资，为地区绿色产业的发展提供充足的融资手段支持。[①]

（七）大力加快绿色保险市场发展

一方面，绿色保险可以作为绿色发展的资金来源，保险资金一般具有资本存量大、现金流稳定、存续期长的特点，对于建设资金需求量大的轨道交通工程、绿色建筑、公共建筑节能改造、新能源汽车产业基地、绿色产业园区等重点绿色项目来说是优质的资金选择。另一方面，利用保险的产品创新对绿色项目进行绿色发债、绿色信贷的再担保，提高市场投资者的投资信心。采用强制保险的绿色责任保险制度，降低高污染、

① 资料来源：http://www.sohu.com/a/195039783_479794.

高环境风险企业的社会污染和金融风险，将企业是否投保环境污染责任保险情况，作为获得绿色信贷等金融服务的重要参考指标，以绿色保险保障地区绿色产业体系安全发展。①

今后，保险资金还将以长期投资者身份将绿色发展理念融入投资操作过程中，对被投资企业施加影响，间接达到助推绿色发展的目的。推动保险机构创新绿色保险产品和服务，在环境高风险领域建立强制污染防治保险责任制度，充分发挥保险机构防灾减灾功能，建立健全环境风险监控和预警机制，实时开展风险检测，提示风险隐患。同时强化对信息披露要求，强化对绿色保险资金运用的监督和评估，守住不发生系统性金融风险的底线。② 总之，通过绿色保险、绿色投资带动绿色发展是一项复杂的社会系统工程，需要从多方面进行努力。目前，必须将政策创新、机制创新、产品创新、工具创新、风险管理创新等作为实现绿色发展的重要举措。

① 资料来源：http://www.financialnews.com.cn/ll/ft/201710/t20171023_126384.html.
② 资料来源：http://www.ceh.com.cn/cjpd/2016/12/1020027.shtml.

发挥保险资金的金融资源特征，更好服务实体经济

杜长春*

一、金融资源的含义及构成层次

（一）金融资源的含义

金融资源的概念早在20世纪50年代由西方学者戈德史密斯在《资本形成与经济增长》中提出，但国内外尚未形成一致的定义，各国学者以及实业界也是根据各自需要进行不同的解释。崔满红认为，金融是一种社会资源，是由多层次要素构成的复合体，包括货币资源、资本资源、金融商品资源和制度资源四个层次。综合而言，从广义上讲，金融资源包括了服务于货币和货币资本交易的经济资源；从狭义上看，金融资源是由各经济部门或个人，以负债形式占有、支配和使用的货币或货币资本。

（二）金融资源的构成层次

国内学者白钦先对金融资源进行了系统性研究，他认为金融资源可概括和抽象为三个紧密相关的资源层次：一是基础性核心金融资源，即广义的货币资本或资金，也是金融资源的最基本层次，金融的可持续发展首先是基础性核心金融资源的合理利用。二是实体性中间金融资源，是金融资源的中间层次，包括金融组织体系和金融工具体系两大类。金融组织体系包括各种银行机构、非银行金融机构、各种金融市场以及相关的法律、法规等，金融工具体系包括所有传统和创新金融工具。三是整体功能性高层金融资源，是货币资金运动与金融体系、金融体系各组成部分之间相互作用、相互影响的结果。

随着金融市场的深化发展，金融资源的内涵也在不断延伸，依据蔡则祥与武学强对于金融资源的定义，将金融资源分为资金资源、工具资源、组织资源和保障资源四个部分，同时可以分为三个层次。

---

* 杜长春，太平资产管理有限公司战略发展部。

表 1　　金融资源构成及层次

	种类	内容	层次
金融资源	资金资源	货币与货币资本；广义资金，包括债权资金、股权资金、保险资金等	第一层次：基础性核心资源
	工具资源	资金融通的载体；金融工具，包括票据、债券、股票、保单、基金、期货、期权等，短、中、长期金融工具	第二层次：主体性融资工具、机构、市场等平台资源
	组织资源	资金融通的主体；金融机构和金融市场，包括各类银行、非银行金融机构，各类金融市场；货币市场、资本市场、保险市场、外汇市场等	
	保障资源	资金融通的基础保障；制度、技术、人才，包括金融制度、金融基础设施、金融技术、金融人才等	第三层次：保障性软、硬件资源

注：蔡则祥，武学强.《金融资源与实体经济优化配置研究》[J]. 经济问题，2016(5).

从金融资源的构成及层次看，资金资源包括保险资金等是基础性核心金融资源，也是服务实体经济发展的源头；金融工具是资金资源实现货币资金借贷和运转的载体；金融机构和金融市场是资金融通的平台。此外，金融制度、金融基础设施以及金融技术、金融人才等则是支撑金融机构和金融市场运行和发展的保障性资源。

二、保险资金的金融资源特征及其在服务实体经济中存在的不足

（一）保险资金的资金资源特征

1. 保险资金运用具有的自身优势和特征

一是规模大、久期长、来源稳定。从规模上看，截至 2016 年末，保险资金运用余额达 13.39 万亿元，叠加第三方受托管理资产，累计管理资产规模已超过 16 万亿元；从久期上看，传统寿险的期限通常在 15 年以上，分红险的期限一般也在 10 年以上；此外，保险资金与经济发展程度密切相关，保险资金来源较为稳定。正是保险资金所具有的资金资源优势，保险资金能够满足国家大型基础设施和重大项目建设对长期资金的需求，是经济社会发展进程中重要的资金保障。

二是保险资金追求绝对收益。这也是由保险资金的独特性所决定的，保险资金运用的根本目的是实现保险之于保障的价值，而不只是为了获利。这意味着在保证绝对收益的情况下，保险资金追求的是长期超越负债成本。2003 年以来，保险资金运用始终保持正收益，2015 年保险行业平均投资收益率（财务收益率）为 7.56%，为 2007 年以来新高。

三是保险资金坚持安全至上，注重风险管理。保险资金的负债属性决定了保险资金运用必须以资产负债匹配管理为起点，坚持安全至上。保险资金作为有偿运用的资金，需要追求绝对收益，因此其风险偏好较为稳健，坚持风险负债匹配管理，风险管理能力较强。尤其是在“偿二代”风险管理机制下，保险行业整体风险管理能力得到了进一步的提高。

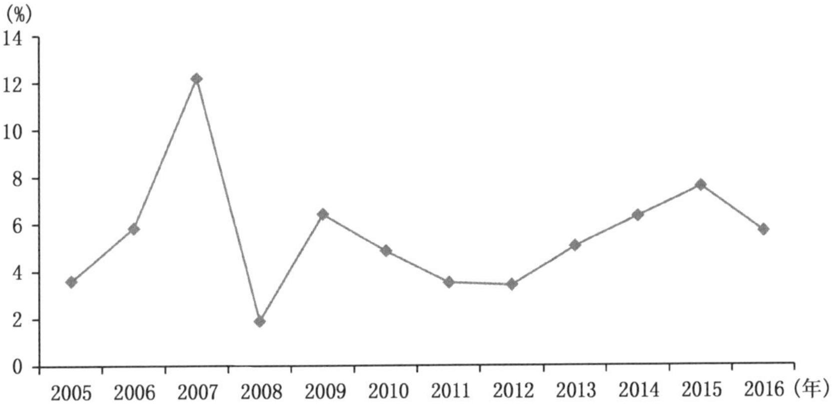

资料来源：笔者制作。

图 1　保险资金保持绝对投资收益

2. 保险资金在资金资源方面存在的不足

首先，保险资金虽然规模较大，但同时保险资金资产端的流动性较低，保险资金主要通过一些非标准化资产项目形式参与实体经济，而目前非标资产的交易机制和交易市场尚未建立，资产端的流动性因素在一定程度上制约了保险资金的资金资源特征，限制了保险资金在非标资产上的配置比重。其次，保险公司所持有的大量保单缺乏流动性，不能为保险公司提供更多的流动性支持，虽然目前已有保单质押贷款证券化业务，但该业务仍处于起步探索阶段，规模较小。此外，保险资金负债成本相对较高，利差损压力较大，导致部分险企为覆盖成本，提高风险偏好，过于追求投资收益。

（二）保险资金服务实体经济的工具资源有待进一步拓宽

1. 保险债权投资计划是险资服务实体经济的重要形式

工具资源作为资金融通的主体，对于资金资源的合理、高效使用具有重要意义，工具资源的丰富性能够有效促进保险资金多渠道进入实体经济。目前，保险资金投资实体经济主要通过另类产品参与为主，包括债权投资计划、股权投资计划、信贷资产支持证券、专项资产管理计划和集合资金信托计划等，其中债券投资计划是保险资金投资实体经济的主要途径。

自 2006 年国务院新规明确了保险资金可通过债权投资计划等方式间接投资于基础设施领域以来，我国保险债权投资计划业务得到快速发展。2007 年至 2012 年间，保险债权投资计划产品累计注册规模为2 941亿元；2015 年全年新增保险资管产品的注册规模为2 706.13亿元，其中债权投资计划的注册规模为2 047.13亿元；2016 年保险资产管理机构共注册各类资管产品 152 个，其中基础设施债权投资计划 57 个，注册规模1 477.53亿元，不动产债权投资计划 77 个，注册规模1 001.86亿元，债权投资计划合计注册规模2 479.39亿元，占全年整体注册产品规模的 78%。

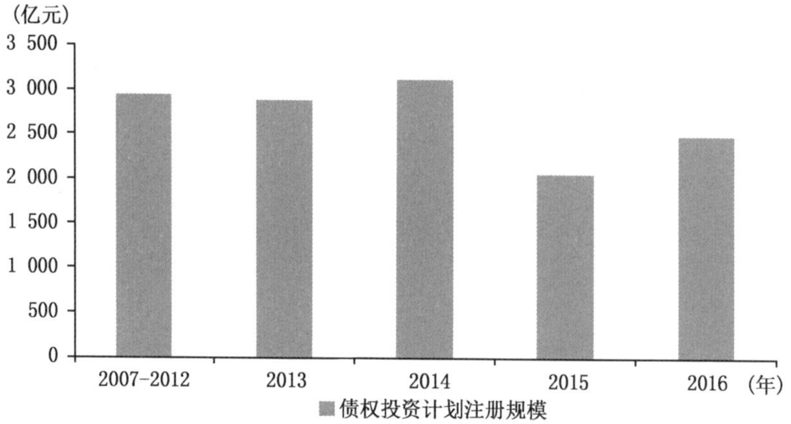

图 2　我国债权投资计划历年注册规模

2. 债权投资计划在实际操作中存在的问题

一方面保险债权投资计划基础资产行业受限。保险债权投资计划基础资产行业被限定在基础设施（集中在交通和能源行业）和不动产（包括商业不动产和土地储备）领域。与其他金融机构相比，可投资行业范围较小，这在很大程度上限制了保险债权投资计划基础资产的多样性，从而导致保险债权投资计划同质性较高。为了扩大投资范围，实现更高收益，保险资产管理公司在特定情况下会借助信托公司等间接完成产品发行，产品嵌套不仅使得资金使用成本上升，同时也增加了保险资产管理公司的合规风险。

另一方面，保险债权投资计划这一产品形式与银行开发贷、经营贷或项目融资等产品相类似。在项目运作中保险债权投资计划与银行形成了一定的竞争关系，尤其是在部分优质项目中银行常常直接提供贷款以获取息差，而不倾向于为保险债权投资计划提供融资担保以赚取担保费。由于银行在金融体系重要的相对优势明显，使得保险资金在产品开发、客户资源、渠道维护等方面处于劣势，竞争难度较大。

3. 股权投资相关政策有待优化

目前，原保监会对于保险资金股权投资在规模占比上具有明确要求，股权投资账面余额不高于本公司上季末总资产的 5%，而且对于股权投资计划等产品审批周期较长。在投资范围中，对于直接投资股权要求仅限于保险类企业、非保险类金融企业和与保险业务相关的养老、医疗、汽车服务等企业的股权，对于直接股权投资范围的限制也在一定程度上影响到保险资金参与 PPP 等项目的投资。

（三）保险资金服务实体经济缺乏组织资源的有力支撑

组织资源是资金融通的主体，主要包括各类金融机构和金融市场等平台型金融资源。我国在货币市场、证券市场以及外汇市场等方面的建设和发展较快，各类市场在参与主体、规模容量、交易制度等方面都具有较大的市场影响力，对于优化金融资源配置，提高资源配置效率等发挥了积极作用。

相对而言，我国保险市场的发展相对滞后，国内首家保险交易所——上海保交所于2016年5月挂牌成立，保交所为保险、再保险公司的资管产品以及衍生产品的交易提供场地设施和服务，并制定相关规则。保交所成立时间较短，各项功能发挥仍有待进一步完善。此外，非标资产是保险资金服务实体经济的主要途径，但是目前我国仍然缺乏保险非标资产交易平台，导致保险资管公司缺乏流动性对冲机制，非标资产流动性的缺失将在很大程度上抑制保险资金金融资源的优势。

（四）保险资金服务实体经济仍需完善各类保障资源建设

保障资源是资金融通的基础保障，保障资源建设不仅是金融资源发挥的硬件资源，同时也是金融资源功能发挥的软件资源。从保险资金服务实体经济的保障资源建设上看，制度层面建设取得明确成效，自党的十八大召开以来，国务院相继发布了《关于金融支持经济结构调整和转型升级的指导意见》《关于进一步促进资本市场健康发展的若干意见》《关于加快发展现代保险服务业的若干意见》等重要方针政策。2016年10月，原保监会会同国家发改委联合印发了《关于保险业支持重大工程建设有关事项的指导意见》，鼓励保险业进一步发挥保险长期投资和风险保障功能，助力实体经济发展。

从金融制度以及金融基础设施等层面看，我国保险市场仍需要进一步完善。虽然管理层已经出台多项引导政策支持保险资金服务实体经济发展，但从相关意见的落实情况看，仍存在一定差距。制度的落实仍需要相关配套政策的落实，包括从制度层面拓宽保险资金服务实体经济的范围，丰富保险资金运用创新产品，提高保险公司融资能力，通过完善制度等措施增强保险公司资产流动性等。

此外，保险市场基础设施建设仍有待加强，建立相关的要素交易市场，提高市场活跃度，增加市场参与主体，发挥各类交易市场的优势，挖掘潜能，延展要素交易市场功能等，仍有大量的工作亟须落实。保险市场的软、硬件建设仍有很大的发挥空间。

三、保险资金更好服务实体经济的政策建议

第一，建立系统性的制度体系，完善各项政策措施。保险资金服务实体经济是一项系统性的工程，需要各个环节的高效、协调运转，要具备系统性思维，建立系统性的制度保障体系，从市场参与主体，丰富保险资金服务实体经济的形式、路径，建立项目投资后所需要的交易、结算机制等，加快推进保险要素市场的发展，注重相关配置政策的落实等。要引导保险资金更好地服务实体经济最主要的就是具备系统性、立体式的制度体系和保证。

第二，拓宽保险资金投资范围，支持保险资金更广泛地服务实体经济，同时创新保险资金投资计划模式，丰富保险资金服务实体经济的途径。让保险资金能够高效、便捷地进入实体经济的各个领域，尤其是一些薄弱环节。支持保险资金参与 PPP 项目，通过 PPP 资产证券化业务发展提高保险资金利用效率；引导保险资金参与不良资产业务投资等；积极推动保险资金参与国企混改、央企公司化改制以及债转股等投资机会。

第三，进一步推动保险资金运用在不同领域的创新发展。一是保险资产的证券化。推动保单质押贷款资产证券化的发展，一方面，通过资产证券化有效应对保险退保问题；另一方面，将“被动”的保单质押贷款资产转换为“主动”投资资产，盘活保险存量资产，提高保险公司的资产流动性和风险防御能力。二是保险资产的交易化。加快推进保险非标资产的交易平台建设，打造非标资产可交易机制，提高保险资金运用效率，进一步提升保险资金服务实体经济的能力。

第四，持续完善相关制度建设。根据保险资金市场化投资需求，不断优化完善相关的监管政策和资金使用监管制度，在风险可控的条件下，为保险资金运用提供可靠的制度保障，消除因监管壁垒导致的投资困境。

第五，加大保险市场基础设施投入。注重保险科技的投入和使用，提高保险市场金融技术水平和科技含量，提高保险市场中资管产品的流动性，为非标产品交易机制提供有效的制度和技术保障等，增强硬件资源建设，同时加强保险市场对金融人才引进力度，从根本上完善保障资源建设。

开创保险资金另类投资，支持实体经济的新时代

姜顺其*

保险资金支持实体经济的方式主要有三种：一是通过银行存款转化为银行贷款对实体经济间接融资；二是通过购买债券、股票等金融工具对实体经济直接融资；三是通过债权、股权、基金等方式对实体经济项目融资。以债权、股权等为主的另类投资，是保险资金支持实体经济最重要的形式和最直接的体现。截至2017年10月底，保险行业以另类投资为主的其他投资达到5.7万亿元，占保险业资金运用余额的38.5%（见图1）。

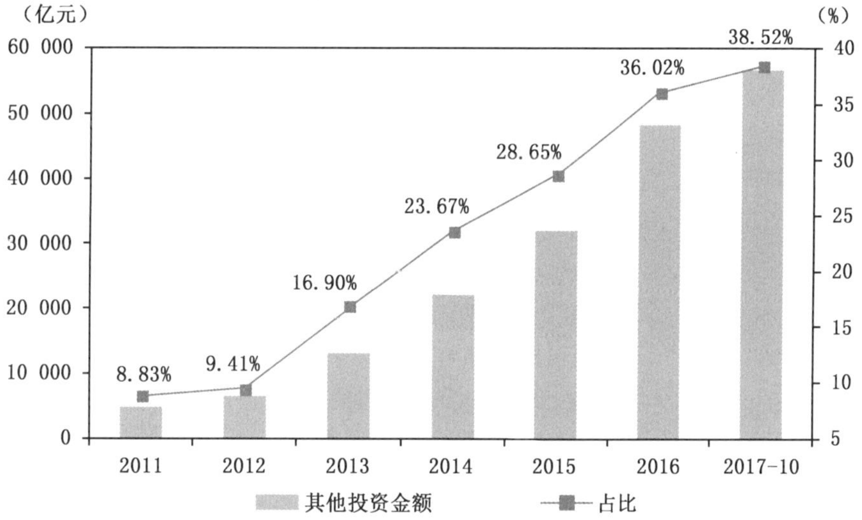

资料来源：笔者根据公开资料制作。

图1　保险业其他投资金额及占比

* 姜顺其，中国人保资本投资管理有限公司投资发展部。

另类投资对保险资金方和项目方都具有一定的优势。对项目方而言，保险资金期限长、规模大、来源稳定，可配合项目进度用款；对资金方而言，在支持实体经济的同时，另类投资可满足资金长久期配置，可穿越经济周期、熨平短期波动风险，收益稳定。党的十八大以来，保险资金另类投资为促进实体经济发展做出了重要贡献。

一、服务大局，保险资金解决发展不平衡不充分问题

党的十九大报告指出，中国特色社会主义进入新时代，我国社会主要矛盾已经转化为人民日益增长的美好生活需要和不平衡不充分的发展之间的矛盾。过去5年，人保资本开发的粤东西北振兴基金项目，解决的就是十九大报告中提出的不平衡不充分的问题。基金以省市联动的创新办法来解决粤东西北欠发达地区资本金匮乏以及融资难、融资贵的问题，充分体现了保险资金的社会责任与历史担当。

在广东省的经济版图中，珠三角一直以优异的成绩令人瞩目，而占广东全省土地面积70%、人口50%的粤东西北地区12市，2012年的国内生产总值却仅占全省的21%，城镇居民人均可支配收入均达不到全国平均水平，人均GDP均未达到全国平均水平，最低的还不到全国平均水平的50%，区域发展不平衡一直是广东省的一大主要问题。广东当排头兵的难点和关键点，都在于粤东西北地区要弥补经济发展的短板。

2013年，广东省政府与中国人民保险高层领导就探索实现投融资体制改革的具体举措开展了交流和探讨。2013年7月25日，中共广东省委广东省人民政府《关于进一步促进粤东西北地区振兴发展的决定》（粤发〔2013〕9号）正式提出推动建立粤东西北地区振兴发展股权基金，重点支持产业园区、中心城区及新区的基础设施建设。各方经过多轮谈判和沟通，基金设立方案最终形成。广东（人保）粤东西北振兴发展产业投资基金项目股权投资计划于2014年6月获得监管注册批复；7月，基金完成全部登记注册手续正式设立。

基金首期规模121亿元，广东省财政以增资粤财控股40亿元的方式出资，中国人保方面出资60亿元，中国建设银行广东省分行出资20亿元，中银粤财作为基金管理人跟投1亿元。基金主要投资于省政府批准规划的粤东西北地级市（含肇庆）的新区起步区（核心区）一级土地开发及基础设施建设项目。基金设立遵循政府引导、市场化运作、试点先行、风险可控的原则，紧紧围绕省委、省政府战略，以交通基础设施建设、产业园区扩能增效、中心城区扩容提质为“三大抓手”，为粤东西北地区振兴发展提供了实实在在的资金支持，是粤东西北新区建设的“及时雨”，有力提振了粤东西北地市加快发展的信心。广东省发改委作为基金工作的牵头部门，制定了投资指引和工作规范，在基金投资运作全过程发挥了组织协调、督促落实和监督管理的作用。基金已基本完成全部121亿元投放，基金投资为启动粤东西北新区起步区建设、迅速拉开城市框架、推动中心城区扩容提质发挥了基础性作用。在基金投资的支持下，潮州大桥顺

利合拢、韶关芙蓉隧道即将通车、汕尾高铁站已投入使用，湛江棚改回迁房、梅州新区地下综合管廊等许多重点项目陆续建成，粤东西北新区建设取得了实质成效。借助基金的辐射带动效应，各市协议落实项目配套资金 291 亿元，吸引超过1 500亿元资金投入新区起步区建设，一批社会资本也对粤东西北新区建设给予更多关注，加大了投入力度。

粤东西北振兴发展股权基金是全国第一只由省级平台与金融央企合作设立的股权基金，也是广东省第一也是唯一一只实现全面投资的政策性基金，具有十分深远的影响和意义。

第一，脱贫攻坚，支撑广东省振兴粤东西北重大战略。振兴基金把高等级的省级平台信用转化为粤东西北地区的市场信用，拓宽了落后地区的融资渠道，树立"金融扶贫"的品牌。基金为粤东西北新区起步区建设提供了启动资金，组建了项目公司作为融资平台，后续又带动了社会资金投入新区建设，发挥了交通基础设施的先导作用、产业建设的支撑作用、城市建设的承载作用，支持了粤东西北地区振兴发展。2013－2016 年，粤东西北地区 12 市地区生产总值实现年均 8.8％的增长，比全省高 0.9 个百分点，人均 GDP 达35 516元，年均增速达 8.2％，高出全省 1.2 个百分点。

第二，服务大局，积极参与国家新型城镇化建设。中共中央国务院《关于印发〈国家新型城镇化规划（2014－2020 年）〉的通知》（中发〔2014〕4 号）、国务院《关于深入推进新型城镇化建设的若干意见》（国发〔2016〕8 号）、原中国保监会《关于印发〈保险业服务新型城镇化发展的指导意见〉的通知》（保监发〔2014〕25 号）等都提出鼓励保险资金参与项目自身具有稳定收益的城市基础设施项目建设和运营，提高城市综合承载能力。扎实有序推进新型城镇化，是保险业的历史使命和重要的战略机遇。振兴基金的成功运作，解决了项目建设资本金问题，有力地促进了广东省新型城镇化的建设。

第三，树立品牌，取得显著的社会效益。基金得到了原保监会、广东省政府的高度评价，成为保险行业与地方政府合作设立城市发展基金的范本，全国共有 18 个省市政府到广东省学习基金模式。央视一套《新闻联播》、人民网、新华网等国内主流媒体也进行了多层次、多角度的宣传报道。基金还荣获了中国保险资产管理业协会首届保险资管产品创新大赛最高奖项一等奖。

二、坚持改革，突破保险资金服务实体经济的困境

过去五年，保险资金服务实体经济取得了不错的成绩，但反思现在严峻的市场环境，保险资金另类投资的困境越来越突出。

（一）随着政策与监管对地方政府债务、融资平台的管理规范化，保险另类投资的渠道也在逐渐收缩

过去，地方政府债务的过度膨胀，使得风险也在积聚。近年来，法律法规与政策逐

步完善，但同时也使得另类投资的渠道不断变窄。例如，《预算法》等地方政府债务管理规定地方政府及其所属部门不得以任何方式举借债务，导致有关项目已不能再开发，且存续项目面临提前还款压力；《规范土地储备和资金管理等相关问题的通知》《地方政府土地储备专项债券管理办法（试行）》等的出台，土储机构不能再做偿债主体，专项债券成为融资的唯一来源；《财政部关于坚决制止地方以政府购买服务名义违法违规融资的通知》使得地方政府不能再以政府购买服务的名义购买工程；《地方政府收费公路专项债券管理办法（试行）》规定地方政府收费公路只能通过发行债券融资。

（二）保险资金同其他渠道资金相比，优势还没有真正发挥出来

众所周知，保险资金具有规模大、期限长、资金提供稳定等优势，但是，大多数保险机构提供 10 年、15 年以上期限的资金仍较为困难。更重要的是，成本问题始终是无法回避的。与期限和规模相比，融资人更关心的是资金价格。保险资金具有负债属性，资金运用要高于资金成本才能避免利差损。保险资金近几年的成本水平与地方政府、实体企业对保险资金的原始印象难以匹配，负债端较高的资金成本与资产端资金运用较高的风控要求也难以匹配。虽然负债端一系列监管文件出台并生效，保险公司都在积极调结构，但负债端成本的下降仍需要一个过程。

（三）另类投资的风控手段、增信方式有待多样化

在参与大资管时代的竞争中，保险资管机构还没有获得公平的市场地位，土地等资产抵质押问题还得不到有效解决，未接入人民银行征信系统对接，不便于保险资管机构准确识别交易对手的风险状况。目前大多数另类投资项目要依赖 AAA 主体担保，这就导致交易对手选择较为有限，尤其是在经济欠发达但需要融资的地区。这同时又会导致另外两个问题，一是强主体虽然风险可控，但其融资渠道畅通，可接受的资金价格较低，与保险资金成本匹配度不高；二是依赖担保的传统做法不利于保险资管机构提高主动管理能力。

（四）支持实体经济的灵活度有待提高

党的十九大报告指出："深化金融体制改革，增强金融服务实体经济能力，提高直接融资比重，促进多层次资本市场健康发展。"保险资金另类投资作为实体经济直接融资的重要渠道，应该得到鼓励和支持。但是，在要求资产穿透、去通道、会计对称处理的趋势和环境下，原有的创新类产品已很难再复制，而强主体担保形式的债权投资也面临着两方面问题：一是增加了实体经济负担，不利于企业降杠杆、降负债；二是债权投资难以与银行形成差异化竞争，导致生存空间狭窄。未来，保险资金要在股权投资、混合类资管产品等领域有所突破。

坚持市场化改革的思路不动摇，将改革进行到底。一方面，改革要引导保险资金端响应中央号召，适应国家发展的战略需要，转变固有的投资思维，真正提高优质项目的识别力和判断力。保险资金运用在合理管控风险的前提下，也要有大局意识，转变

思维方式，创新机制体制，资金要更多地投向国家发展需要以及薄弱环节。另一方面，党的十九大报告对“培育新增长点、形成新动能”重点提出了三个产业（互联网、大数据、人工智能）和六个领域（中高端消费、创新引领、绿色低碳、共享经济、现代供应链、人力资本服务），还提出要“加快建设制造强国，加快发展先进制造业”，保险资金运用不能仅局限于基础设施、不动产等领域，还要思考如何深化改革和创新，参与到新兴产业和领域、服务大局的同时分享行业发展的成果。不下水，永远学不会游泳。唯有坚持市场化改革思路，将改革进行到底，才能提高保险资金投资管理的水平和主动管理的能力，增强资金运用的灵活性，从而提高服务实体经济和保险主业的能力。

三、迎接挑战，保险资产管理的新时代就要来临

2017年，是我国金融业具有转折意义的一年。从全国金融工作会议的召开，到国务院金融稳定发展委员会的正式成立，再到《关于规范金融机构资产管理业务的指导意见（征求意见稿）》（简称《指导意见》）的发布，几件大事都具有划时代意义，都将对保险另类投资产生重大影响。

《中国金融稳定报告2017》指出，资产管理业务需要关注的主要问题有资金池操作存在流动性风险隐患、产品多层嵌套导致风险传递、影子银行面临监管不足、刚性兑付使风险仍停留在金融体系、部分非金融机构无序开展资产管理业务，这些问题在未来都将得到逐步解决。从金融业发展趋势以及《指导意见》看，可以部分预见未来保险资管的发展方向。

（一）非标转标将成为趋势

《指导意见》定义非标准化债权类资产是指在银行间市场、证券交易所市场等国务院和金融监督管理部门批准的交易市场交易的具有合理公允价值和较高流动性的债权性资产，简而言之，不在公开市场交易的债权类资产皆为非标。《指导意见》对于资管产品投资非标资产持限制的态度，而现实是保险资管产品绝大多数都是债权投资计划。债权投资计划从本质上来讲是类银行贷款，具有影子银行特征，这也是监管部门着力规范的领域。由此可见，债权投资计划非标转标是必然趋势。《指导意见》要求上海保交所、中保保险资产登记交易系统有限公司于每月10日前向人民银行和原保监会同时报送资管产品信息。目前，保交所和中保登在原保监会的领导下，正在积极推进保险资管产品集中登记，未来还会进一步实现资管产品在保险资产登记交易平台的信息披露和流通转让，更加阳光化和透明化。

（二）保险资管机构管理将规范化、差异化

新“国十条”鼓励设立专业保险资管机构，服务实体经济。随着保险投资工作的专业化和投资领域的多样化发展，专业保险资管机构将更多涌现并获得平等的市场地位，管理更加规范。此外，伴随资产负债管理等监管工作的推进，投资能力强且合规经

营、风格稳健的保险资管机构将获得更多的政策支持和创新试点，保险资管机构的差异化竞争与分化也将逐渐形成。

(三)资产证券化业务将更加市场化

不管是从国家政策(促进企业盘活存量资产)还是金融监管部门政策，不管是从国际趋势还是国内市场需求，资产证券化业务都是受到鼓励和支持的，是未来的方向。保险资管机构的资产证券化业务与信托、券商等相比，仍存在较多限制。参照大资管发展趋势，建议资产支持计划的发行由核准制改为注册制，改由交易所或保险资管协会出具无异议函，并增加二级市场流动性。

(四)刚性兑付逐步打破，主动管理能力需不断加强

今后，保险另类投资的交易对手选择会更加多样化，风险与收益的光谱系也会更宽，受托人在切实尽职履责的前提下会打破刚性兑付，这就更加考验投资机构的主动管理能力和风险识别、防控能力。保险资管机构投资风格能否顺利从重主体、强担保转向抓资产的主动管理？在同一起跑线上，保险资管机构能否不掉队并脱颖而出？这都是一项巨大的挑战。

沧海横流，方显英雄本色。大规模规范和整顿，就是为了更好地发展。谋发展仍然是未来保险资管的主流和方向。新时代要有新气象，更要有新作为。我国保险业仍处于也将长期处于发展的黄金期，相应地，保险资金投资有压力，更有动力。坚持资金运用改革与创新的大趋势，在宏观经济持续向好的环境下，保险资金运用也必将大有用武之地，助力国家战略和奋斗目标的实现。

(本文获“新华资产杯·IAMAC 2017—2018 年度征文”优秀奖)

资金“脱实向虚”风险防范与国际经验借鉴研究

凌秀丽　马俊炯　尹　力　姜春曦*

2014 年以来，货币宽松环境催生了股市、债市、房地产等资产价格轮番上涨，却没有带来实体经济的显著改善，说明流动性宽裕环境下资金并没有进入实体经济。“脱实向虚”不仅提高了要素成本，扭曲了社会激励，并将最终威胁到经济稳定。本课题研究立足国情，描述资金“脱实向虚”的表现和影响，剖析背后的深层次原因，并通过总结主要国家相似问题的演变历程以及应对措施等，得出国际经验对中国防范“脱实向虚”风险的启示，最后提出相应的政策措施建议。

一、中国“脱实向虚”的表现、影响及原因分析

（一）“脱实向虚”的表现

近年来，我国货币超发问题严重，M2/GDP 由 2008 年的 1.58 上升至 2016 年末的 2.08；图 1 显示，与其他经济体相比，这一比值也处于偏高的水平，仅次于日本和我国台湾地区，远高于欧美等发达地区以及印度、巴西等新兴市场国家。从纵向、横向对比的情况来看，我国 M2/GDP 偏高的事实不容否认，表明货币信贷的快速扩张并没有带来同步的经济增长。

“超发”的货币流向了哪里？从货币资金传导的链条来看，资金“脱实向虚”主要表现在以下几方面，如图 2 所示：第一，过多的资金流入房地产领域；粗略估算，若将扣除股权融资的社会融资额作为企业和居民从金融体系获得的信贷资源，则房地产占据的信贷比重由 2010 年的 20%左右大幅提高至 45%左右。第二，过剩产能、地方融资平台等“低效”部门占用着大量资金用于债务循环；“借新还旧”并不创造新增就业和生产能力，实质上是对资金的无效占用。第三，资金向实体经济传导链条加长，部分资金淤积在金融部门；从商业银行资产端来看，银行对实体经济部门（非金融机构）债权占比由 2005 年的 50%下降至 2016 年的 36%，对其他金融机构债权的占比由 2%提高到 11%，反映出更多资金继续留在金融体系内部循环。

---

* 凌秀丽、马俊炯、尹力、姜春曦，中国人保资产管理有限公司研究员。

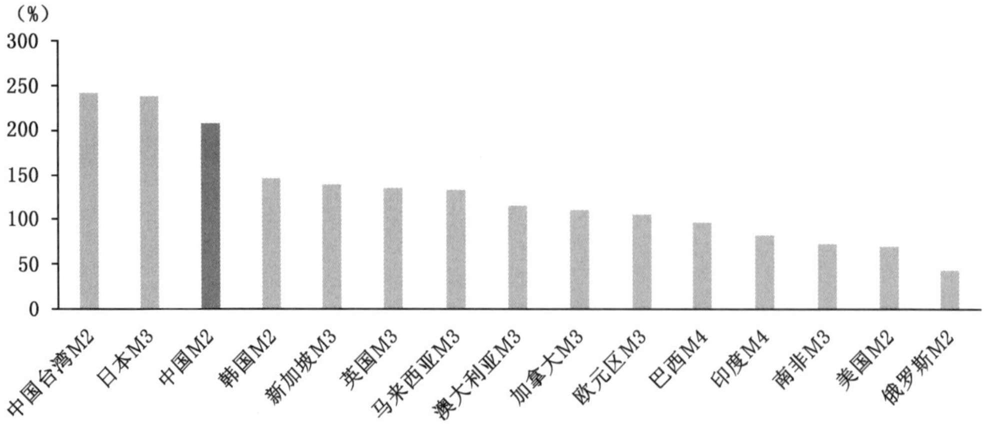

资料来源：Wind，中国人保资产宏观与战略研究所。

图 1　主要经济体广义货币/GDP（2016 年）

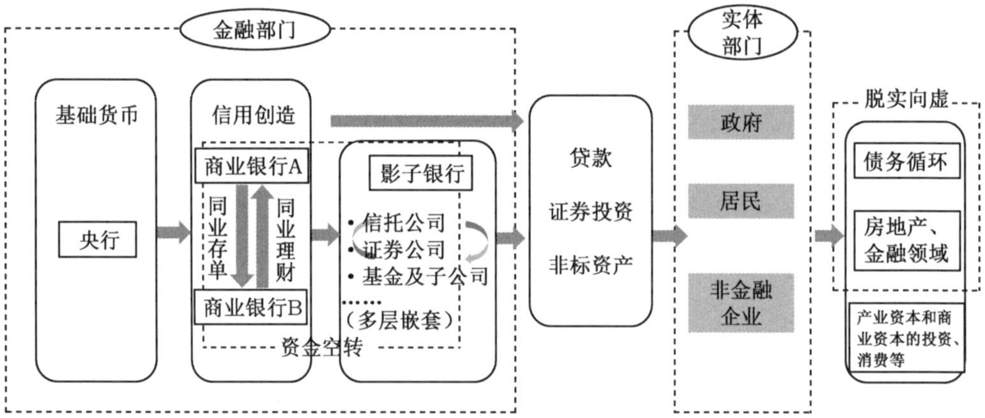

资料来源：中国人保资产宏观与战略研究所。

图 2　中国"脱实向虚"的主要表现

（二）"脱实向虚"的影响

第一，催生了资产价格泡沫，金融风险加大。2014 年底以来，宽松的金融环境叠加"去库存"政策，房地产价格经历了一轮快速上涨。截至 2016 年 10 月调控政策密集出台以前，一线城市新建住宅价格较 2014 年年底上涨 47.9%，二线城市上涨 16.4%，一线楼市泡沫化倾向明显。

第二，抑制实体经济发展，造成产业空心化。在信贷资源有限的情况下，"脱实向虚"无疑对其他实体部门产生"挤出效应"；房价上涨提升了企业的运营成本；而融资链条的加长推升了融资成本,进一步放大了挤出效应。在“脱实向虚”背景下,我国金融业增加值占GDP的比重由2008年的5.7%上升至2016年的8.3%,不仅高于美国与日本的同期水平,也明显高于美国与日本在历史上的最高点。

第三,影响货币政策效果。当资金倾向追逐房地产等金融属性较强的资产,实体融资难、融资贵的问题得不到缓解,反而由于信贷资源更加稀缺导致融资成本上升。货币政策刺激实体经济增长的效果明显减弱,反而成为加剧资金“脱实向虚”的源头力量。

(三)“脱实向虚”的成因探析

从资金传导的三个主要环节来看,宽松的货币环境、金融创新加速而监管相对滞后、实体经济投资回报率下降是造成资金“脱实向虚”的表层原因。

第一,2014年年初开始央行货币政策由紧转松,开启了长达两年的货币宽松时期;同时伴随着降首付等地产政策松绑,共同营造了金融条件较为宽松的环境。

第二,各种金融创新层出不穷,但金融监管相对滞后,特别是随着金融混业经营的深化,分业监管与混业经营的矛盾日趋突出,为监管套利提供了空间。

第三,金融危机后我国实体经济的投资回报率显著下降,是导致“脱实向虚”的直接原因。图3显示,我国制造业资本回报率(ROE)从2006年的近20%下降至2016年的7.9%;相比之下,房地产和金融业的投资回报率较高,企业更倾向于将资金投入到地产、金融等领域获取增值收益。

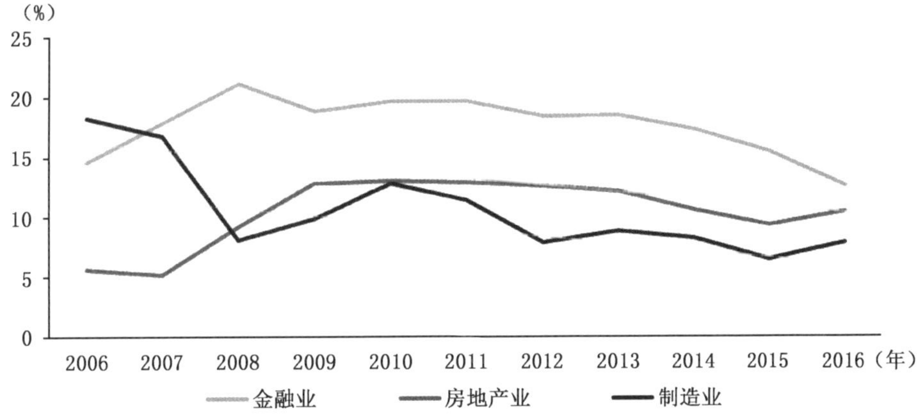

资料来源:Wind,中国人保资产宏观与战略研究所。

图3 上市公司ROE变化

透过表层现象,传统的经济增长方式、非市场化体制机制是导致资金“脱实向虚”的根源:

一方面,长期以来形成的强刺激、高投资的惯性增长模式容易导致“脱实向虚”。

改革开放以来，我国投资率常年保持较高水平；高投资意味着高负债，背后自然也少不了宽松货币政策的支持；中国经济形成了“增速下行—政策刺激—货币宽松—信贷增长—投资扩大”的惯性模式。图 4 显示，贷款增速与资本形成对 GDP 贡献率的变化基本吻合。从“量”上看，资金流向房地产、政府融资平台等领域，对其他实体经济部门产生挤出效应；从“效率”来看，投资率大幅攀升和政府投资规模持续扩大导致中国经济宏观资本回报率大幅下降。强刺激、高投资最终容易导致的结果就是资产泡沫的积聚和资金配置效率的下降。

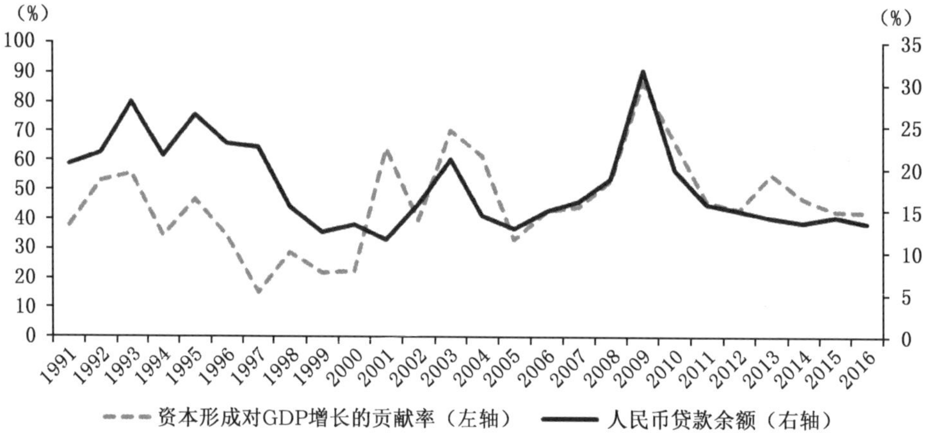

资料来源：Wind，中国人保资产宏观与战略研究所

图 4 贷款增速与资本形成贡献率

另一方面，土地财政、政府隐性担保、预算软约束、刚性兑付等非市场化体制机制因素的存在，加剧了资源配置失衡。在“土地财政”激励下，城市化和房地产的发展成为拉动经济增长的重要力量，对资金的“虹吸”效应自然较大。又如在预算软约束下，国有企业不必承担决策失误所应承担的风险，对资金成本的敏感度较低，容易导致过度投资。最终，以地方融资平台、房地产以及产能过剩行业为代表的“扭曲”部门，其投资和资金需求往往过度扩张，不仅对实体部门产生了明显的挤出效应，而且推升了市场利率水平，降低了资金配置效率，加剧了资金“脱实向虚”。

二、引导资金“脱虚向实”的国际经验

（一）引导资金“脱虚向实”之美国做法

从 20 世纪七八十年代开始，美国逐步把大量的实体制造业转移到拉美、东南亚等成本较低的海外，经济结构通过国际产业转移实现了“去工业化”，以 FIRE 产业（Finance，Insurance，Real Estate，即银行业、保险业和房地产）为代表的金融服务行业繁

荣发展。2000 年，美国互联网泡沫破灭后经济陷入衰退，为刺激经济美联储开始实行宽松的货币政策。低利率政策的刺激，加上政府力推的宽松住房政策，最终造成流动性过度泛滥，大量资金流向房地产业。同时，金融过度创新以及监管缺位，次级抵押债券市场快速增长，住房贷款机构放贷积极性空前高涨，刺激房价泡沫进一步膨胀。由于通胀不断上升、经济出现过热迹象，2004 年美联储开始加息。由于绝大部分的次级贷款是浮动利率，利率走高激发了次贷市场的大规模违约和抛售；同时房价也开始下跌，反向刺激了次贷市场风险的加速爆发。2007 年，美国金融危机爆发。

危机爆发后，美国政府迅速反应，通过货币、财政政策等多种方式及时救助金融市场及金融机构，并放任部分金融机构破产，使得风险及时出清。同时，美国政府反思危机成因，采取了一系列中长期措施引导资金“脱虚入实”。

第一，完善金融监管体系，《多德—弗兰克华尔街改革与消费者保护法案》的签署实施，标志着美国金融体系“去监管化”的结束。

第二，实施减税等财政刺激政策并制定了长远的产业政策规划；2009 年 2 月，时任美国总统奥巴马签署《2009 年美国复苏和再投资法案》，推出了总额为7 870亿美元的经济刺激方案；同时美国政府还提出了“再工业化”战略，奥巴马签署《制造业促进法案》明确了振兴制造业、向实体经济回归的战略方向。

第三，坚持鼓励科技创新，积极发展高端产业，为提升全要素生产率奠定了坚实基础；2012 年，奥巴马政府推出“美国国家制造业创新网络(NNMI)”计划，旨在建立全国性的制造业领域政产学研协同创新网络；政府通过“领投”的方式引导和鼓励民间资本进入风险较高的前沿科技领域，并利用税收杠杆、利益分担机制、严格的产权保护等鼓励企业积极创新。

经过调整，美国逐渐摆脱金融危机的困扰，经济稳步走向复苏。

(二)引导资金“脱虚向实”之欧洲做法

2009 年 10 月，希腊新任首相乔治·帕潘德里欧承认上一任希腊政府为了加入欧盟隐瞒低报了财政赤字，引发市场恐慌；之后三大评级机构下调希腊评级，投资者恐慌性抛售希腊国债，并引发西班牙、葡萄牙、爱尔兰等国的连锁反应，最终酿成欧洲主权债务危机。从成因来看，欧债危机是在人口老龄化和刚性福利制度背景下，实体经济“空心化”、产业结构不平衡导致的“入不敷出”。南欧五国(PIIGS)多以依靠外需的旅游等服务产业为支柱，为了发展旅游相关产业，PIIGS 各国对房地产投资的力度较大，而欧元区相对宽松的货币环境也进一步刺激了资产泡沫膨胀，如 1999—2007 年欧洲新屋建设的 60%都发生在西班牙，同期西班牙的房价翻了一番；2008 年爱尔兰房价已经超过所有经合组织(OECD)国家。最终受到金融危机冲击，PIIGS 依靠旅游和房地产拉动经济增长的模式遭到全球贸易削减、投资下降等打击而不可持续，财政收入锐减而财政支出刚性，入不敷出进而引发危机爆发。此外，欧元区财政、货币政策的二元结构、财政纪律松散等也是引发危机的重要原因。

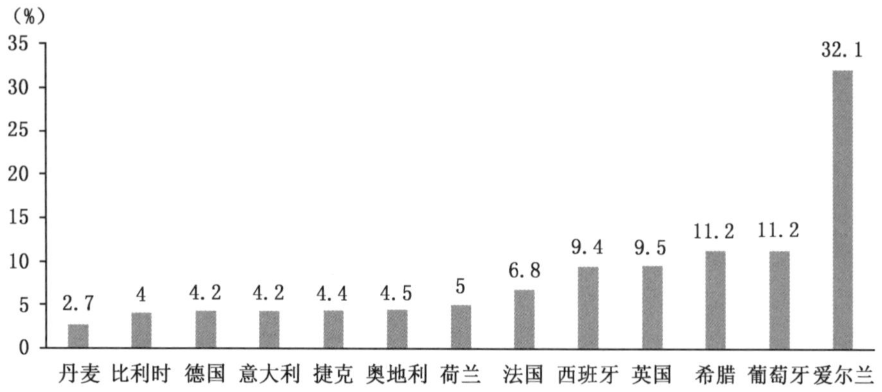

资料来源：Wind，中国人保资产宏观与战略研究所。

图5　2010年欧洲主要国家财政赤字率

危机爆发后，欧盟采取了如下措施：

第一，欧盟、欧央行和国际货币基金组织通过建立欧洲金融稳定基金、提供流动性支持和贷款援助等多种措施缓解债务压力。

第二，欧盟各国加强财政整顿，2011年9月，欧盟财长会议决定修改欧盟《稳定与增长公约》(简称《公约》)部分条款，增加金融稳定基金FESF的灵活性，并对不遵守《公约》的国家作出严厉惩罚。

第三，欧盟持续推动金融监管体系改革，2010年9月通过《泛欧金融监管法案》，2011年以“防止发生大规模金融危机”的欧洲金融监管系统(ESFS)建立。

第四，各国普遍反思“去工业化”的发展思路，开始以“再工业化”为导向实施增强经济活力的结构性改革。得益于竞争力较强的制造业，德国在危机中一直保持着较好的经济表现，图6显示危机后德国制造业增加值占欧盟的比重呈现上升态势；其制造业立国的发展思路、鼓励创新和支持中小企业的政策导向，以及完善的职业技术教育体系等具有较高的借鉴意义。

(三)引导资金“脱虚向实”之日本做法

第二次世界大战以后，日本采取了具有政府主导色彩的“追赶战略”，促进经济高速发展的同时，也导致了过度依赖外需、产业竞争力下滑、企业股权结构不合理等结构性问题凸显，扭曲了资源的有效配置。1985年“广场协议”后日元迅速升值，大量资金为了躲避汇率风险而流入日本国内市场；同时日元升值打击了出口导向型经济，日本政府开始实行“财政货币双松”的政策组合。在这个过程中还伴随着金融自由化进程加速，包括取消利率管制、废除金融机构混业经营的限制以及开放资本账户等。多重

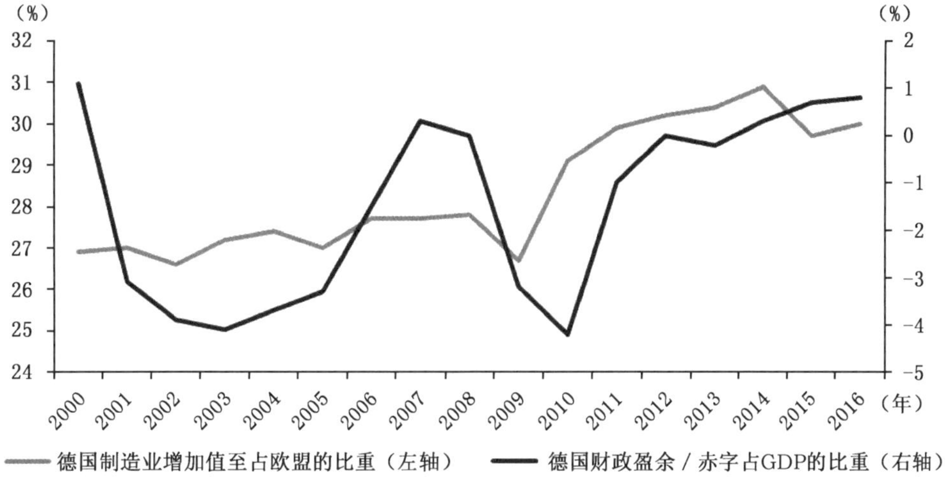

资料来源：Wind，中国人保资产宏观与战略研究所。

图6　德国制造业增加值占欧盟的比重及赤字率变化

因素刺激下，企业、机构、居民纷纷通过贷款等加杠杆的方式进入地产和股票市场，资产价格泡沫迅速膨胀，图7、图8显示1983～1989年日本房价、股价指数涨幅均超过了5倍。

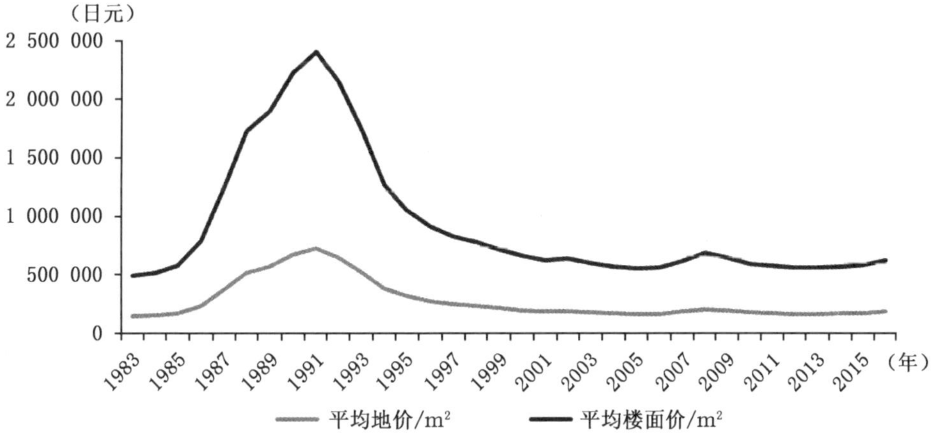

图7　日本地价变化

面对不断上涨的资产价格，日本金融监管机构大藏省主动出手收紧货币政策，严格限制资金流向股市和地产市场。日本央行快速加息，1989年5月－1990年8月连续5次上调利率，其中1990年3月20日单次加息1%，造成了资金成本的快速上升。

资料来源：Bloomberg，中国人保资产宏观与战略研究所.

图8　日经225指数变化

在1990年4月—1991年12月期间实施土地交易总量管制。股市方面，大藏证券局打破特定资金信托产品的刚性兑付，切断委托资金流入股市的通道。政策急速收紧，楼市和股市泡沫相继破灭。泡沫经济的破灭不仅造成了资产急剧缩水和金融机构的不良债权迅猛增加，而且重创了日本实体经济，随后陷入长达10年的萧条。图9显示20世纪90年代日本经济增速明显下滑，通胀极其低迷。

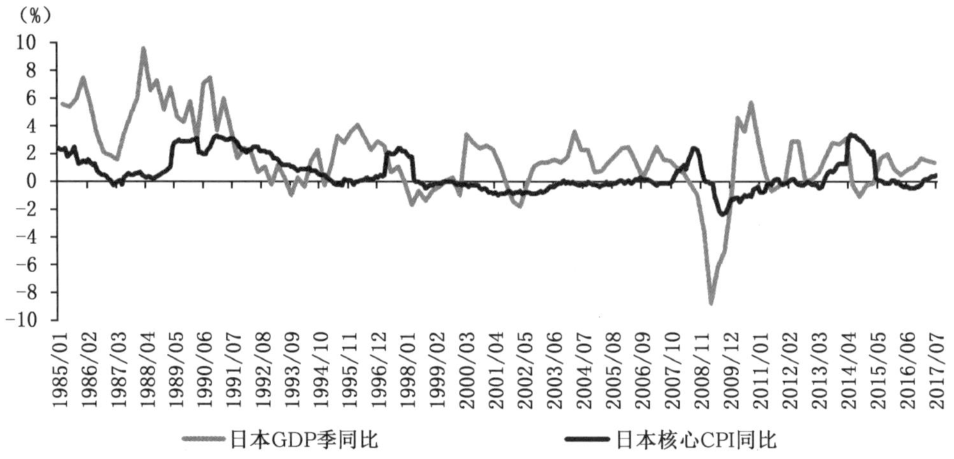

资料来源：Wind，中国人保资产宏观与战略研究所。

图9　日本经济增长和通胀变化

为了扩大内需、恢复经济，日本央行大幅降息，同时不断加大财政政策力度，政府部门的债务率(政府债务/GDP)从不到90％上升至200％以上。但由于银行、居民、企业资产负债状况极度恶化，投资和消费并未出现明显改善，同时也存在一定体制约束：首先，20世纪90年代政局动荡、政策失误使得日本经济欲振乏力。其次，“利益集团”构成了改革的阻力，日本政府缺乏从体制上采取根本性措施的魄力。例如，在银行不良资产处置问题上，片面地要求银行放弃对企业的债权，却保护着某些效益低下的企业利益。再次，长期以来政府干预经济的程度很深，结构调整的方向与经济发展的方向不对路。此外，日本还面临着人口老龄化、技术创新放缓等长期问题，最终日本经济没有真正步入复苏轨道。

尽管存在诸多失误，日本政府在推动经济结构调整方面也有一些有益的尝试，比如：采取横向、纵向和混合的合并重组方式，企业竞争力有所改善；加快了金融体制改革，逐步改变对银行的“护送舰队”体制，并加强金融协调监管，1998年6月，日本国会通过《金融监督厅设置法》，金融监督厅作为金融监管专门机构正式成立；2002年1月，金融监督厅成为内阁府的直属机构，实现了金融监管的协调统一。

三、国际经验对我国的启示

（一）宏观经济政策，特别是货币政策必须保持松紧适度和稳健

国际经验和我国的情况均说明，过度宽松的货币政策容易导致资金“脱实向虚”，抬升金融机构的风险偏好，助长金融机构加杠杆，最终推升资产泡沫；由于泡沫规模难以预测，政策的迅速转向容易诱发资产泡沫破灭，进而导致系统性危机爆发。在应对危机的过程中，美联储和欧央行迅速做出反应，下调利率并采取非常规货币政策对抗危机以稳定投资者信心，避免了危机的进一步蔓延。由此可见货币政策保持松紧适度的重要性，既要避免货币政策过度宽松加剧“脱实向虚”的结构性问题，也要避免在经济已经出现结构性失衡、资产泡沫聚集到一定程度时，货币政策迅速转向触发系统性风险爆发的可能；而在泡沫破灭、资产价格暴跌时，及时注入流动性、稳定市场信心也是必要的措施。

（二）需保持相对均衡的产业结构，振兴实体经济发展，抑制虚拟部门的过度膨胀

国际经验表明，金融危机爆发背后都存在实体经济和虚拟经济失衡、产业空心化的问题；各国在应对危机时，也纷纷推行“再工业化”战略，强调制造业在国民经济中的重要性。当实体企业不通过技术创新和产业升级来提高盈利水平，仅仅靠虚拟资本投资或投机进行增值时，将破坏一国经济发展的基础并影响国民经济的核心竞争力。以美国为例，对科研投入的长期高度重视使其全要素生产率提升水平一直领先全球，产业结构持续优化，帮助美国在实体经济占比没有发生较大变化的情况下提升了其投资回报率，从而吸引资金“脱虚入实”。

（三）正确认识金融创新的作用与风险，不断完善金融监管体系，确保金融体系的安全与稳定运行

从国际经验和我国的情况来看，金融自由化的推进，使得金融创新和金融衍生品大量涌现，而过度的创新使得金融业务发展与金融监管制度的建立完善之间存在时间差，助推“脱实向虚”，为金融稳定埋下了安全隐患。在反思危机的过程中，各国也普遍将完善金融监管体系作为必要的应对措施。因此，应该审慎推动金融改革，并加快金融监管制度的创新和完善，使金融市场运行效率提高的同时，保持金融市场的安全和稳定。

（四）要尊重市场规律，更多依靠市场机制提高资源配置效率

从危机产生的原因来看，与欧美相比，日本经济中政府的干预成分更多，政治更迭、宏观政策和产业政策的选择失误，以及缺乏彻底改革的魄力，最终导致泡沫经济破灭并最终陷入萧条的10年。在应对危机的过程中，美国政府对金融机构选择性实施救助，容忍了部分金融机构的破产；欧洲要求股东和债权人首先承担风险，而政府不轻易救助；日本政府对市场进行干预而不进行实质性改革，未能及时、果断地处理银行业不良贷款，导致日本银行深陷过剩产能与僵尸企业的包围，最终风险未能有效出清，拖累了实体经济的复苏。国际经验表明，从危机的产生到应对，充分尊重市场发展规律，更多地依靠市场机制是引导资金“脱虚向实”的有效途径。

四、中国破解“脱虚入实”的思路和对策

（一）破解“脱虚入实”的治标之策

扭转“脱实向虚”的趋势需要实体经济、房地产、金融“三管齐下”，尊重市场规律，依靠商业化手段引导资金从虚拟经济回流实体经济。

1. 提高实体经济活力和实体投资回报率

一是加快推进国企改革、土地改革、户籍改革等涉及资源和要素配置的改革，充分发挥市场在资源配置中的决定性作用；二是加大对实体企业的减税降费力度，鼓励实业发展，并通过税收改革和社保改革调节收入分配，增加中低收入人群的消费能力和消费需求；三是通过市场化债转股降低企业债务负担，并通过PPP等途径发挥政府投资的带动作用，引导民间资本进入实体经济；四是加强对产品质量、环境保护和安全生产的监管，通过严格执法倒逼落后产能和低效产能退出，创造公平竞争的市场环境，让优秀企业和先进产能在市场竞争中胜出，提升产业集中度和企业效益。

2. 建立长效机制，坚决抑制房地产泡沫

中央经济工作会议明确提出，要坚持“房子是用来住的、不是用来炒的”的定位，建立符合国情、适应市场规律的基础性制度和长效机制。以往房地产政策多为短期调控，出台的措施随房地产周期性摆动，政策往往滞后于市场发展，总体上治标不治本。

因此,建立长效机制至关重要。首先,要完善房地产持有环节的税收政策。决策部门应着眼长远发展,排除利益群体阻挠,做好承受短期调整的准备。应当设计合理可行的房地产税率,既能覆盖征收成本,又不影响房地产行业可持续发展,长期能达到取代地方政府土地出让金收入的目的。其次,需要从供给侧着手解决问题。以往房地产调控多以限购、限贷的需求侧管理办法为主,但对热点地区而言,供需不平衡的根源还是供给不足。为此,需要建立因地制宜的土地供应机制,一二线城市土地红线应适当放宽,三四线库存压力大的地区应适当收紧。从长远看,应当改革集体用地管理机制,加强土地流转,扩大利用效率。再次,要加大自住型商品房供应,为中低收入群体提供保障房。要扩大和规范租赁市场,使租赁住房满足相当比例的居住需求。最后,要对房地产企业融资加强监管,严格限制信贷流向投资投机性购房。

3. 打破资金在金融市场的体内自我循环,降低金融机构杠杆率和投机回报率

一是坚持稳健中性的货币政策。宽松的货币政策未必有利于推动资金进入实体经济领域。要彻底解决问题,关键还在于改善整体的经济金融运行状况。当然,在经济运行异常情况下,央行放松货币政策,及时提供流动性支持,是完全有必要的。但需要彻底抛弃通过宽松货币加码来加快经济增长的做法。只有流动性保持稳健适度,金融泡沫才能得到有效抑制。二是合理控制杠杆率水平。从历次的全球金融危机中也可以看出,高负债、高杠杆带来了很大的风险。2008 年金融危机后,新一轮的国际监管改革最重要的内容之一就是加资本、降杠杆,不仅提高最低资本要求,还加储备资本、反周期资本、系统重要性的附加资本,以及提高全球系统性重要金融机构总的资本水平。有效控制金融杠杆的水平,以防止金融泡沫的形成,防止金融危机的发展。三是监管法律框架和监管体系,杜绝监管套利与过度金融投机,防范系统性风险。四是进一步加强差别化的信贷政策,对在实体经济融资方面力度较大的银行金融机构提供利率优惠,从而降低银行放贷成本、减少资金在金融业内空转的情况。五是建立一批产业发展基金、科技创新基金和中小企业投资基金,加大发挥政策性银行的作用,保证金融机构对实体经济提供点对点的支持。

(二)破解“脱虚入实”的治本之道

2016 年以来一系列政策措施的实施,在遏制资金“脱实向虚”方面已取得一定成效:一是 2016 年下半年开始货币政策由偏宽松转向稳健中性,从源头上收紧了流动性。二是 2016 年 10 月以来,热点城市房地产调控层层加码,房企融资收紧,房价涨幅稳中趋降;同时“发展租赁市场”等地产长效机制建设有所加快。三是金融监管加强,资金在金融体系内部空转的现象有所减轻,表外融资压缩明显。四是去产能、去杠杆持续推进,煤炭、钢铁行业利润明显好转,信用风险局部释放;五是减税降费等“降成本”的措施也陆续推出。在政策综合作用下,制造业投资以及民间投资均出现反弹迹象。

应当看到，这些对策对“脱实向虚”可以起到一定的抑制作用，在一定程度上使问题得到了缓解，但这些对策大都治标不治本。就好比一个体弱多病的人，通过药物可以治标——缓解病情，但要切除病灶，彻底摆脱疾病困扰，还需要通过强身健体达到治本的效果。同样，要从根本上解决“脱实向虚”的“病灶”问题，需要从以下两个方面入手。

1. 加快经济增长方式由规模数量型向质量效率型转变

正如前文所述，导致“脱实向虚”的经济条件——企业陷入经营困境、房地产成为投机炒作的对象、资金在金融体系内部空转等，都是在以速度为中心的非科学的经济发展方式下形成的。因此，要彻底根除“脱实向虚”问题，取决于经济增长方式的根本性转变。受凯恩斯理论影响，长期以来，中国一直很注重经济增长速度，导致经济在低水平上扩张——资源过度消耗、生态严重破坏、部分行业产能过剩等，这种数量型发展方式不仅本身不具可持续性，而且其后遗症会持久地存在。

中国经济发展已进入新常态，迫切需要打破对旧发展方式的路径依赖，加快从规模数量型发展方式向质量效率型发展方式转变。当前，转变经济发展方式具体化为供给侧结构性改革，既要优化产业结构，又要去产能、去库存、去杠杆、降成本、补短板。通过采取这些措施，扩大有效供给，提高供给结构适应性和灵活性，使供给体系更好地适应需求结构变化，发展方式的彻底转变就有了切实的希望和目标。

2. 以更大的力度深入推进体制机制市场化改革

市场是资源配置的最重要方式。对于“脱实向虚”问题的彻底解决，最终将取决于深层次的市场化改革，消除实体经济的扭曲因素。党的十八届三中全会指出，经济体制改革的核心问题是处理好政府和市场的关系，使市场在资源配置中起决定性作用和更好发挥政府作用。近年来，我国利率市场化、人民币国际化、国有企业改革等持续推进，并取得了显著进展，虽然在这个过程中存在诸如过度创新、监管缺位等问题，但市场化的改革方向是不可动摇的。以下几个重点改革领域的持续推进和突破将成为遏制资金“脱实向虚”的关键因素：一是推进国有企业改革，加快破除软预算约束机制；二是加快政府职能转变和财税体制改革，逐步改变以经营土地作为支撑的大规模投资增长模式，推进房地产长效机制建设，同时结合财税体制改革，建立规范透明的地方融资机制；三是把握“回归本源、优化结构、强化监管、市场导向”的原则推进金融体制改革，为实体经济发展营造出有利的融资环境。

参考文献

[1]李斌、伍戈．信用创造、货币供应与经济结构[M]．北京：中国金融出版社，2014.

[2]董适平．战后日本金融体制及其改革[M]. 上海：上海财经大学出版社，1998.

[3]姚余栋，金海年. 中国债务——如何走出高杠杆陷阱[M]. 北京：中信出版社，2016.

[4]白重恩，张琼. 如何保持如何保持经济中高速增长[J]. 中国经济报告，2017(3).

[5]赵儒煜，阎国来，关越佳. 去工业化与再工业化[J]. 欧洲主要国家的经验和教训，当代经济研究，2015(4).

[6]周长富，张莅，冒建忠. “脱实向虚”的表现、成因及机制分析[J]. 区域金融研究，2016(3).

[7]李彬，田玉鹏.实体经济与虚拟经济发展的思考——金融危机后看美国、德国经济的发展经验[J]. 现代产业经济，2013(8).

[8]陈凯.试析美国经济从“虚拟”到“实体”的调整与协同发展[J]. 财经问题研究，2011(8).

[9]王永钦，高鑫，袁志刚，杜巨澜.金融发展、资产泡沫与实体经济：一个文献综述[J]. 金融研究，2016(5).

[10]Reinhart，C.and Rofoff K. Financial and Sovereign Debt Crises：Some Lessons Learned and Those Forgotten[J]. Journal of Banking and Financial Economics，2015(4).

资金“脱实入虚”的成因与对策

徐 高*

自2014年以来，资金的“脱实入虚”现象成为各方关注的一个焦点。所谓资金“脱实入虚”，简言之，就是央行宽松的货币政策总量并未有效带动社会融资总量增长和实体经济的各项活动，反而导致了金融市场流动性的泛滥，形成金融资产泡沫。资金“脱实入虚”对中国经济的稳定健康运行构成了威胁。在其影响下，一方面，实体经济增长因为“融资难”而面临沉重下行压力；另一方面，资产价格泡沫降低了金融和经济运行的稳定性。为了遏制资金“脱实入虚”的现象，宏观和金融政策已经进行了调整。这些调控政策虽有成效，但远远谈不上根除问题。

本文将对资金“脱实入虚”的现象进行分析，发掘其产生的深层次原因，探讨应对之策，并分析保险资金在推进资金“脱虚回实”中所能发挥的重要作用。

一、资金虚与实的定义

资金“脱实入虚”是一个许多人都在讨论的话题。但在进入对这个问题的严肃分析之前，必须先弄清什么是“虚”？什么是“实”？在经济分析中，虚实是两个模糊的概念。比如，资金进入房地产市场买房，究竟该算是入了虚还是入了实，存在不同看法。有人认为，资金买房只是推高了房价，催生了房地产泡沫，因而算是入了虚。又有人认为，资金进入地产市场带动了实体经济交易活动（地产交易）的活跃，应该算是入了实。显然，在这样对虚实的不同理解之下，讨论是低效且难以深入的。

笔者在货币政策传导路径的框架下来定义资金的虚与实。在现代的纸币体系中，货币政策传导路径指的是从中央银行的基础货币创造到实体经济活动这一个完整过程。这个过程包含三个主要环节：第一，中央银行向银行间市场投放基础货币；第二，银行体系通过发放信贷等方式派生广义货币；第三，经济中的居民企业等主体用广义货币为支付工具完成经济活动。央行可以通过公开市场操作等手段精确调控基础货币数量，进而影响银行体系的广义货币派生行为。在我国，央行还可通过窗口指导干

* 徐高，光大证券资产管理有限公司首席经济学家。

预银行的放贷行为。尽管如此，央行对广义货币派生的影响力仍然是间接而不精确的。至于广义货币派生出来之后，经济中的各类主体是否会将这些货币运用到实体经济的交易活动中去，央行的影响力就更弱了。

所谓货币政策操作，就是央行运用货币政策工具（公开市场操作、存准调整等）来调控基础货币，进而通过影响广义货币的派生行为来调控中间目标（如信贷量、M2 增长率等），最终调控央行所关注的与实体经济相关的最终目标（如通胀、经济增长率等）的全过程。央行基础货币的投放是纸币体系中货币创造的源头。

在探讨资金“脱实入虚”时，笔者将“资金”界定为基础货币。“入实”是指基础货币的增长带动了相应程度的广义货币的派生。相应地，“入虚”指的就是基础货币未带动广义货币派生。不宜用资金是否带动了实体经济中的经济活动来判断资金是否入实。这是因为实体经济中的经济活动千差万别，很难定义哪些活动是虚的、哪些活动是实的。比如，居民用存款（属于广义货币）购买房屋和股票债券等行为就很难说是虚是实。因此，如果要严格定义资金的虚和实，应该以基础货币向广义货币的传导是否顺畅为标准。央行基础货币的投放如果带来了相应程度的广义货币的派生，就应该说央行投放的资金（基础货币）最终入了实；而如果基础货币的扩张并未带动广义货币的派生，则可以说资金未入实而留在了虚。

以基础货币向广义货币的传导是否顺畅来定义资金的虚实有两个好处。第一，用这样的标准来判断，界限是清晰的。只要认同这个定义，那么虚实的划分就一目了然。相反，如果用实体经济中不同种类的经济活动来界定虚实，则不同的人可能会画出不同的界限。第二，探讨资金“脱实入虚”或是“脱虚回实”，着眼点是放在货币政策上。由于央行对前述的货币政策传导路径的第三环节（居民和企业运用广义货币进行经济活动）掌控力较弱，所以将视线聚焦在央行掌控力较强的第一和第二环节，以广义货币是否派生来界定虚实更能得出对货币政策操作有实际意义的结论。在这样的定义下，资金“脱实入虚”其实就是货币政策传导路径在基础货币扩张到广义货币派生之间出现了阻塞。

二、中国经济存在资金“脱实入虚”的现象

近年来，中国经济中存在资金“脱实入虚”的现象，并在 2014 年与 2015 年表现得尤为严重，威胁了经济和金融的稳定。

在这两年中，一方面实体经济“融资难”浮现。社会融资总量（简称社融）衡量了实体经济从各个渠道获得的金融体系的融资支持，近似等于广义货币（M2）的增量。社融增长的高低刻画了广义货币的派生情况。在 2014－2015 年，我国社融月均同比少增约2 000亿元人民币。换言之，在这两年里，我国每月的社会融资总量的增量都比上年同期少大概2 000亿元。这导致了实体经济中流动性的匮乏，“融资难”随之而生。

实体经济增长则因融资“瓶颈”的收紧而出现明显下滑。对实体经济活动状况有较好跟踪力的“克强指数”（发电量、铁路货运量与信贷三个指标增速的平均值）在2015年更是下滑到了20年来的新低，跌破了1998年亚洲金融危机和2008年次贷危机时的低点。

另一方面，这两年中我国金融体系中流动性过于泛滥，催生了金融资产价格泡沫。银行间市场是央行基础货币投放的场所，也是各个金融市场流动性的源头。超额存款准备金率（等于基础货币总量除以存款的比率再减去法定存款准备金率）衡量了银行间市场中可为金融机构自由动用的基础货币的数量。不过，从过去经验来看，这一指标对银行间市场流动性状况的指示性并不强。银行间市场交易量是更好地刻画银行间市场流动性状况的指标，也更能精确反映央行的基础货币收放行为在银行间市场产生的效果。

在2014年、2015年两年，银行间市场交易量大幅攀升。2015年，银行间日均交易量同比增量达到了2万亿元，是之前峰值的4倍。很显然，这段时间银行间市场流动性非常宽裕。相应的，银行间市场代表性的短期利率7天回购利率也从5%以上下降到2%附近。银行间市场泛滥的流动性推高了金融资产价格，助长了资产价格泡沫。2015年，我国A股市场的大牛市以及随之而来的“股灾”即是其结果。而我国债市也在这段时间明显泡沫化。

可见，在2014年到2015这两年里，我国的确有资金“脱实入虚”的状况存在。具体表现为实体经济融资匮乏所形成的“融资难”，与金融市场泛滥流动性推升的资产价格泡沫并存。究其原因，是央行的基础货币投放并未相应带动广义货币的派生，货币政策传导路径在广义货币派生这一环节出现了阻塞。因此，央行的投放基础货币所营造的宽松环境只能局限在金融市场，而无法传导到实体经济，从而给人实体没钱、金融钱多的感受，引发各界对资金“脱实入虚”现象的关注。

2014年与2015年资金的“脱实入虚”缘于同期我国宏观政策对地产和基建信贷的挤压。地产投资和基建投资各占我国总投资的约1/4，是我国次贷危机后最重要的两个投资引擎。相应地，地产和基建是我国实体经济最大的两个融资需求来源。在始于2013年的一轮地产调控中，政府严厉收紧了对地产的融资投放。而2014年下半年出台的国务院43号文又大幅收紧了对基建投资的融资投放。当把地产和基建的融资需求行政性地压缩了之后，实体经济整体融资需求就呈疲弱态势，导致金融体系难以向实体经济投放融资，社融增速因而大幅下滑，货币政策传导路径因而阻塞，资金“脱实入虚”随之浮现。

三、资金“脱实入虚”的产生原因及对策

2014年、2015年我国资金“脱实入虚”现象之所以会产生，从表象上来看是对地产

和基建融资的挤压，而更深层次的原因则是对实体经济杠杆上升的不当应对。

近年来，我国资金“脱实入虚”现象的产生主要缘于实体经济去杠杆的政策。目前，我国总债务占 GDP 的比重已经在 250%附近，且上升速度很快。相应地，控制杠杆率（也就是债务率）上升，预防债务危机成为宏观政策的一个重要目标。由于我国社会融资总量中超过 90%是债权型融资，因此社融的增长必然伴随实体经济债务规模的上升。所以，实体经济要去杠杆，抑制债务的增加，就得压缩社会融资总量的增长，因而也就相应会带来广义货币派生速度的下降（因为社融是广义货币增量的来源）。2014 年、2015 年两年对地产和基建的融资挤压就很大程度上是这种认知所导致的结果。换言之，由于社融的增量基本对应实体经济债务的增量，实体经济去杠杆自然演变为对社融的压缩，因而导致实体经济获得的融资支持减少，“融资难”浮现。

在实体经济去杠杆的政策导向下，社融的投放受到抑制。而金融机构（比如银行）在获得了央行投放的基础货币后，必须要将基础货币运用出去、获取高于基础货币成本的收益率，才能获得利润。当资金向实体经济投放的路径受到阻塞时（社融受到挤压），金融机构只能将基础货币运用到金融市场，投资到金融资产上。这样，就导致了资金在金融市场的“空转”，令金融资产价格的表现与实体经济明显背离。2014 年、2015 年两年，我国金融资产价格大幅泡沫化与实体经济融资难并存现象的产生，就是出于这个原因。

要化解资金“脱实入虚”的现象，关键是打通货币政策传导路径，让基础货币的扩张带动广义货币的派生。这就要求对实体经济债务的上升有充分的容忍度。事实上，在当前中国这样的经济结构之下，实体经济杠杆率上升有其合理性和必要性。宏观政策不应以实体去杠杆为目标。

必须认识到，我国实体经济之所以会产生规模庞大的债务，是缘于我国储蓄过剩的现实。这归根结底，又根植于造成了我国高储蓄的收入分配格局。我国国民总储蓄率（总储蓄占 GDP 比重）常年维持在接近 40%的水平，而世界其他所有经济体的储蓄率均值大概只有 20%。从国民经济核算来看，储蓄要么转化为国内投资，要么转化为经常账户的盈余。对中国这么一个大国来说，国内投资是其中绝对的大头。考虑到我国债权型融资主导的金融结构还会维持相当长时间，国内高储蓄向国内投资的转化必然带来国内债务的持续快速增加。除非能够将国内的高储蓄率给降下来，否则国内债务的增加不可避免。

我国高储蓄率的根本原因在于我国不利于居民部门的收入分配格局。国民总收入减去国民总消费就是国民总储蓄。要降低储蓄，就需要增加消费，而消费主要由消费者（也就是居民）做出。政府虽然也会有一些消费，但其规模远小于居民消费，且波动幅度也不大。居民要消费，先得有收入。在国民收入的初次分配中，劳动力和资本两种生产要素瓜分了总产出。劳动力的回报（工资）自然流向居民，但资本的回报则会流向资本的所有者。在我国当前的所有制下，国家而非居民是全国资本的主要拥有者。根据我国第三次全国经济普查的数据，我国二三产业企业总资产中，接近一半为国有。而土地作为最重要的不动产，也基本尽归国家。于是，资本的回报大部分转化为国有部门的收入。而国有部门（比如政府和国有企业）会刚性地将其收入转化为储蓄和投资，而极少消费。这种收入分配格局决定了我国居民收入及消费占整个经济比重难以明显抬升，储蓄率会持续居高不下。在这种收入分配格局改变之前，我国的高储蓄率和高债务增长格局会长期存在，必须对其加以容忍。

当然，高储蓄向投资的不断转化必然会带来投资过剩，导致投资回报率的持续下降。不少人正是因为观察到了我国投资回报率的持续下滑，才认为我国目前这种建立在债务上升之上的增长模式不可持续，因而要求压低债务率。这种观点是一种对投资回报率的片面狭隘认识，只知其一，不知其二。

一般来说，投资回报率如果持续下滑，终究会降到资金成本之下。这样，投资的回报将不足以支付借债的成本，从而导致债务违约甚至债务危机。但这只是从资金借入方的角度来思考问题。在这一逻辑中有一个重要前提假设：资金的借出方（储蓄者）在乎储蓄回报率，在储蓄回报率太低时会不愿意借出自己的储蓄。如果储蓄者是消费者，这一假设显然是成立的。如果储蓄回报率下降，那么消费者会倾向于更多地消费、更少地储蓄，自然导致储蓄的降低。但是，当储蓄者换成国有部门时，情况就大不一样了。对国有部门来说，即使储蓄的回报率很低，也很少有再减少储蓄增加消费的可能。换言之，国有部门是一个并不在乎储蓄回报率的刚性储蓄者。这是我国储蓄和投资持续过剩的根本原因。把这样的储蓄行为考虑进来，我国下滑的投资回报率就不再是一个严重的问题，更不会导致债务危机的爆发。

所以，资金“脱实入虚”看上去是一个金融问题，实则是一个如何正确理解中国经济的问题。在我国收入分配没有明显向有利于消费者的方向改变之前，高储蓄的状况会长期持续。在债权型融资主导的金融体系下，储蓄向投资的转化必然带来国内债务规模的持续上升。这种债务的上升是必要而合理的，不会导致债务危机的发生。宏观政策应该顺应这种经济结构，容忍实体经济债务的上升，而不应将实体去杠杆作为政策目标。如果实体经济要抑制债务的上升，资金向实体经济的传导就会阻塞，资金“脱实入虚”的状况就会发生。所以，应对资金“脱实入虚”的对策并不复杂，只要宏观政策找对目标，给实体经济融资增长留出合理空间，不对实体经济融资施加不合理的约束即可。

四、保险资金应在推动资金“脱虚回实”中发挥重要作用

从前面的论述可以看出，我国近些年之所以会有资金“脱实入虚”的现象，主要原因在于宏观政策调控失当，不恰当的实体去杠杆政策挤压了社会融资总量增长，阻塞

了货币政策传导路径。解铃还须系铃人，化解资金“脱实入虚”主要得靠宏观政策导向的调整。但在这个过程中，保险资金可以发挥自己的优势，促进资金的“脱虚回实”。保险资金期限较长、着眼长期的特点比较鲜明。因此，尽管保险资金在我国金融市场中总的比重不算太大，但它能发挥的作用却不小。

保险资金可以发挥自己期限较长的优势，支持实体经济中的长期项目。我国经济中有不少投资项目（尤其是基础设施投资）回报期较长。虽然从长远来看，这些项目回报率不算低，但在短期内确实盈利能力不强。如果用短期资金来为这些项目提供融资，期限错配问题将相当严重。而保险资金投资期限较长，也更加着眼于长期。用保险资金来支持这些长周期的项目，既能降低期限错配问题，也能让保险资金获取不错的收益率，并在宏观上推进资金的“脱虚回实”。

在资金运用时，保险资金需要注重审慎性，避免过度加杠杆而带来风险。保险终究还是要姓“保”，要注重保费运用的安全和稳健。运用监管的漏洞，层层杠杆放大资金规模，进而在资本市场炒作，会带来杠杆风险、期限错配风险，并推升资产价格泡沫，与保险行业的性质不符，也与推动资金“脱虚回实”的政策导向不符。对于这些行为，监管者需要有所作为，行业本身也需强化自律，以更好地发挥保险资金在推动资金“脱虚回实”方面的正面作用。

（本文获“新华资产杯·IAMAC 2017—2018 年度征文”优秀奖）

支持国家战略篇

"一带一路"倡议与保险资产管理新思路

秦 谊*

一、"一带一路"倡议的政治经济意义

21 世纪以来，世界经济仍旧面对着诸多挑战：地区纷争不断加深；2008 年全球金融危机给世界经济带来的影响余波犹存；美国、欧盟、日本等主要发达经济体的经济复苏计划陷入停滞；许多新兴发展中国家的经济发展也面临"瓶颈"。

中国坚持走改革开放道路，在复杂的环境中，依然保持着高速的经济发展，取得了举世瞩目的成绩。越来越多的国家希望借鉴中国的发展模式、聆听中国的声音，并希望中国作为带动世界经济发展的新引擎，在国际经济复苏等难题上发挥更有建设性的作用。

在这样的时代背景下，2013 年 9 月 7 日，习近平主席在哈萨克斯坦纳扎尔巴耶夫大学发表了题为"弘扬人民友谊，共创美好未来"的重要演讲。演讲中，习近平主席首次提出了共同建设"丝绸之路经济带"。同年 10 月 3 日，习近平主席在印度尼西亚访问时提出了建设"21 世纪海上丝绸之路"的重大倡议。2015 年 3 月 28 日，经国务院授权，国家发改委、外交部、商务部联合发布了《推动共建丝绸之路经济带和 21 世纪海上丝绸之路的愿景与行动》，建设"一带一路"的伟大构想也随之全面开启。

"一带一路"倡议一经提出，立即成为国内外各界关注的焦点。日本野村证券的研究报告在评价"一带一路"时指出，"一带一路"可以帮助中国构建以中国为核心，横跨亚欧非三大洲的巨大经济圈，通过丝路基金以及亚洲基础设施投资银行（AIIB），对沿线国家进行基础设施投资，最终建成中国版的"马歇尔计划"。

然而，与马歇尔计划这一冷战产物不同，"一带一路"倡议源自中国古代的古丝绸之路，包含着中国"以和为贵、互利共赢"的传统思想，是古丝绸之路的现代复兴。"一带一路"秉承着"和平合作、开放包容、互学互鉴、互利共赢"的丝路精神与世界各国构建政治互信、经济融合、文化包容的责任共同体、利益共同体、命运共同体。作为世界

* 秦谊，德勤华永会计师事务所（特殊普通合伙）亚太地区投资管理行业领导合伙人。

经济增长重要推动力量的中国，推进全方位改革开放，将自身的产能优势、技术与资金优势、发展经验转化为市场与合作优势，为全世界带来许多新的机遇。

进入2017年，3年的时间足以证明"一带一路"倡议已经为中国、沿线国家、全世界的经济发展做出了不可磨灭的贡献，成了沿线国家重要的战略发展机遇。援引商务部的数据显示：2016年中国与沿线国家贸易总额为9 535.9亿美元，占中国与全球贸易额的25.7%；中国与沿线国家进出口总额为6.3万亿元人民币；对沿线国家直接投资额达到145亿美元；累计投资超过185亿美元；中国已经成为沿线主要贸易伙伴国的第一进口市场。①

值得关注的是，"一带一路"倡议同样为保险业带来了许多机遇和政策保障。其中，原中国保监会在2015年设立了3 000亿元的中国保险投资基金，资料显示投资"一带一路"沿线国家的基础设施建设是中国保险投资基金的一项重要投资方向②，不仅推动了保险资金运用方式的创新，提高了资金的运作效率，也更好地推动了保险资金有序集中服务"一带一路"的建设。

另一方面，"一带一路"也为中国保险业带来了巨大的市场。"一带一路"沿线国家人口约为44亿人，沿线国家经济总量为21万亿美元（约为全球经济总量的29%），如此大的人口与经济体量所代表的市场潜力不容小觑。据中国出口信用保险公司披露的数据显示，2015年我国面向"一带一路"沿线国家的出口、投资、承包工程金额达到1 163.9亿美元，其中承保"一带一路"战略清单项目38个，承保金额232.2亿美元。而2016年，我国面向沿线国家的基础设施建设，新签对外承包工程业务合同额更是达到1 260.3亿美元，可以预见留给保险资金的空间也将会更加广阔。③

二、"一带一路"倡议为保险资金配置带来的机遇

"一带一路"倡议沿线国家众多，总人口约为44亿，约占全球总人口63%；经济总量约为21万亿美元，占全球总量的29%。巨大的人口总量和总体上相对欠发达的经济，意味着巨大的基础设施建设市场潜力，也意味着巨大的投资需求。

（一）为开拓海外市场带来机遇

1."一带一路"倡议开拓出巨大的国际基建市场空间

"一带一路"倡议的关键词是"互联互通"，即交通、电力和通信等领域的网络化，实现跨国、跨区域的充分联通，以此为基础，带动区域经济快速发展。

基础设施建设项目具有投资规模巨大、运作周期长等特点。以亚洲为例，根据亚洲开发银行的数据，2010—2020年，亚洲基础设施建设需要投入8万亿美元。"一带

① http://www.china.com.cn/cppcc/2017-02/21/content_40330449.htm.
② http://politics.people.com.cn/n/2015/0703/c70731-27251442.html.
③ http://www.boc.cn/aboutboc/ab8/201704/t20170418_9282282.html.

一路”沿线国家多为发展中国家，经济欠发达，单个国家经济体量小，财政收入不高，需要大量的外来投资来建设大型基础设施项目。

保险资金具有规模大、期限长等特点，与“一带一路”倡议中的基础设施建设项目的资金需求契合度较高。

2.“一带一路”倡议本身更注重长期性的投资方式

“一带一路”倡议作为跨国家、跨区域的合作战略，具有高度的前瞻性和持久性，长期性的投资是实施该倡议的题中之义。保险资金具有较强的稳定性，有条件进行长期投资。

3. 国内已有保险资金开拓海外市场的相关规定

2014 年 8 月 10 日，国务院以国发〔2014〕29 号印发《关于加快发展现代保险服务业的若干意见》，助力现代保险服务发展；2015 年 3 月 27 日，原保监会发布了《关于调整保险资金境外投资有关政策的通知》，拓宽了险资境外投资范围，将保险资管机构受托集团内保险资金投资境外的市场，由中国香港扩展至 45 个国家或地区的金融市场。上述规定为保险资金管理机构开拓海外市场提供了法律依据。

（二）为深耕国内市场带来机遇

“一带一路”倡议在国内重点圈定了 18 个省（直辖市），将借“一带一路”被打造成为国内新的经济增长点。相关数据显示，目前我国各地方的“一带一路”拟建、在建基础设施规模已经达到 1.04 万亿元，跨国投资规模约 524 亿美元。但是，由于各省（直辖市）经济发展程度不同，可投入到“一带一路”基础设施建设项目中的财政资金有限，与金融机构合作意愿较高。例如，福州市政府与国家开发银行福州分行、中非发展基金合作，设立总规模 100 亿元人民币基金，将福州市打造成为“21 世纪海上丝绸之路”重要的战略枢纽城市。[①] 可以预见，一带一路重点圈定的 18 个省市地区也将为保险资产带来战略性投资机遇。

三、保险资产参与“一带一路”面临的风险和挑战

（一）外部因素：投资环境参差不齐

1. 地缘政治情况复杂

“一带一路”沿线国家的政治、经济、文化差异较大，而且大多数为发展中国家，其法律和贸易投资保障体系不够完善，并且缺乏成熟的优质不动产项目，这会使得我国保险公司在寻找海外投资房地产项目或是海外保险公司收购方面存在地域局限性。在基础设施建设投资方面，相较于国内大型国有基建能源公司，国内的险资企业更难获得投资渠道，目前更多地是以保险产品保障的方式来辅助这些项目的投资，而不是

① 凌秀丽.“一带一路”战略与保险资产管理行业发展[J]. 中国保险，2015(11)：30－35.

作为投资资金的参与主体。①

2. 经济发展程度低

部分"一带一路"沿线国家政局不稳、经济发展状况不佳，同时存在法律制度不健全、不具备相对完善的金融体系等问题，投资环境较差。中国出口信用保险公司通过对 600 多位企业风险管理者的问卷调查，列出了对中国企业影响最大的海外十大主要风险。分区域和国别看，"一带一路"国家风险评级多为 5—9 级，其中国家风险水平处于中等及以上的国家有 48 个，占比为 76%，区域绝对风险水平处于相对高位。在 21 个关键国别中，国家风险水平在中等及以上的国家有 14 个，占比为 66.7%。②

综上所述，在这些国家进行长期投资，将面临较大的战争、内乱、国有化、汇兑管制、国际制裁和汇率大幅波动等风险。

（二）内部因素：缺乏国际投资运作经验

1. 市场开拓较为滞后，调研不够充分

海外基建领域投资并非保险资金管理机构传统的业务，保险资金管理机构对"一带一路"沿线国家的开拓较为滞后，对这些国家的人文地理、基本国情、投资环境等信息的掌握不够充分。

2. 缺乏优良的专业管理团队

保险资金参与"一带一路"战略，需要专业的管理团队进行运作。一方面，管理团队需处理好与国内相关主管机构的关系；另一方面，管理团队要对投资目的地的情况充分了解，并且具有与当地相关机构、人员进行沟通的能力以及相应的风险预测、评估、管控能力。

目前，国内的保险资金管理机构尚缺乏这方面的专业人才和团队。

四、保险资产参与"一带一路"倡议的新思路和建议

（一）加强与"一带一路"相关机构的沟通

1. 增强与金融同业的合作，多层次参与"一带一路"建设

由于"一带一路"所涉及的很多项目预计将会采用公共私营合作模式（Public-private Partnership，PPP）推进，因此保险资管机构需要进一步加强与地方政府的战略合作，对相关领域提前布局。

此外，"一带一路"作为国家性战略，国家开发银行、中国进出口银行等政策性银行及相关机构在实施过程中扮演重要角色，加强与这些机构的交流和沟通，探讨政策性资金与市场化的保险资金协作的可能性显得尤为重要。

除与政策性金融机构的合作外，保险资金投资途径的不断放开和监管完善，也为

---

① 傅妍珂. "一带一路"下的保险海外投资新构想[J]. 社会观察，2015(9)：47—49.

② 凌秀丽. "一带一路"战略与保险资产管理行业发展[J]. 中国保险，2015(11)：30—35.

保险资管与信托等其他金融同业深化合作、多层次参与到“一带一路”建设提供了重要保障。如近年来一系列保险资金运用新政策的陆续发布，保险资管公司的陆续成立，建立了保险业和相关金融行业及实体经济的联系，通过策略配置多样化的投资品种以及科学合理的资产组合，可以有效降低风险、提高收益。

2. 争取重点项目的增信支持

保险资金既具有规模大、期限长等特点，也对投资安全性具有较高的需求。为使保险资金快速、顺利、稳定地参与到“一带一路”建设中来，可建议相关部门协调国内金融机构对重点项目进行担保增信。

3. 加强与对外承包工程企业的沟通

对外承包工程企业是实施跨国基础设施建设项目的一线机构，具备丰富的海外运营经验，对项目所在国情况掌握得更为充分。加强同这些企业的沟通，一方面可以掌握更多投资目的地的信息，另一方面可以通过沟通发现商机。

4.加强与相关国际组织的沟通

世界银行、亚洲投资银行等国际组织在国际投资领域具有无可比拟的经验和竞争优势，加强同这些机构的合作，可以为保险资金管理机构参与实施“一带一路”提供多方面的帮助。

（二）保险资产管理机构自身建设

1. 创新投资模式

跨国企业和对外承包工程企业是进行“一带一路”建设的主角。保险资金除了直接投入到“一带一路”沿线国家的具体项目中，还可以通过股权投资的方式，对“一带一路”建设相关企业进行支持，进而参与到“一带一路”建设中来。在对相关企业投资时，要注意与企业的中长期战略有机结合。

2. 培养国际化团队

保险资金管理机构要着力建立招聘、培养、激励和约束国际化人才的体系。一方面，需要引进国际化专业投资人才。海外投资业务专业性较强，对人员素质要求较高。保险资管机构要根据境外投资业务需要，制定引进专业人才的激励政策，从市场中吸纳具有境外投资经验的专业人才。另一方面，需要加大内部人才的培养力度。推进专业化、国际化人才队伍建设，提高保险资金管理机构从业人员的素质和能力。① 在引进外部人才与培养内部人才的有机结合下，逐步完善涵盖招聘、培养、激励、约束的完整的人才建设体系。

3. 打造重点国别、重点领域、重点项目信息库

“一带一路”战略涉及国别和大型项目较多，如何进行甄别、筛选对投资的安全性至关重要。因此，保险资金管理机构应在与相关国际组织和对外承包工程企业建立联

① 凌秀丽. “一带一路”战略与保险资产管理行业发展[J]. 中国保险，2015(1)：30－35.

系机制后，在充分掌握市场信息的基础上，筛选出重点国别、重点领域和重点项目，进行持续跟踪与开发。

4. 制定新的投资流程

在充分掌握投资目的国机遇和风险的基础上，制定严密的投资流程，做到业务开拓与尽调审批的职责分离，不断提升风险管控能力。从业务设计上分散投资风险，从流程制定上做好风险把控与合规建设。在参与"一带一路"项目投资的过程中要重视尽职调查和风险管理，既不夸大风险、裹足不前，也不盲目冒进、视而不见。动态的识别风险，主动管理风险，并规划好应对机制和措施。

五、总结

"一带一路"倡议具有深广的政治经济意义，为保险资产管理机构开拓海外市场、深耕内地市场带来了新的巨大的机遇；但资产管理机构同时也面临着投资环境参差不齐、缺乏国际投资运作经验等来自内外两方面的挑战。在这一历史机遇面前，保险资产管理机构应当加强与"一带一路"相关机构的沟通，同时做好机构自身建设，以期在"一带一路"的大舞台上发挥所长，满载而归。

我国保险资金服务“一带一路”建设的策略选择

郑亚苏　严丽君*

一、“一带一路”发展现状

亚洲开发银行发布的《满足亚洲基础设施建设需求》报告指出，亚洲及太平洋地区若保持现有增长势头，到2030年其基础设施建设需求总计将超过22.6万亿美元（每年1.5万亿美元）。若将气候变化减缓及适应成本考虑在内，此预测数据将提高到26万亿美元（每年1.7万亿美元）。“一带一路”倡议落地以来已取得重要阶段性成果，实现了从理论设想到创新实践的重大跨越，进入到了全面推进务实合作的新阶段。中国的“一带一路”倡议对中国经济和世界经济增长的助推作用正在慢慢彰显出来。

二、“一带一路”对我国金融业的机遇分析

（一）“一带一路”建设带领金融业“走出去”

以经济建设为运作重心的“一带一路”倡议需要建立积极稳妥的金融支撑机制。这是因为现代社会经济的运行，日益离不开金融业的支持，而大规模、长时间的经济建设，更不能缺少强有力的投融资机制。随着“一带一路”倡议的推进，金融业一直在思量如何借力于此。“一带一路”背景下，保险、券商、银行等金融机构一直在探索“走出去”的途径。为了对“一带一路”建设给予全方位的支持，我国金融业积极参与了基础设施建设投资、贸易融资和企业对外投资等多个方面。而不同的金融机构有其自身的特性，因此不同的金融机构也正结合自身特点寻求适宜的投资模式。

志在“共赢”的“一带一路”规划需要结合沿线各国各地的实际情况。沿线国家发展水平不尽相同，大部分国家的基础设施建设不足，但其物资都较丰饶，如果想要得到经济发展，不仅需要工业技术力量的支持，更需要大量资金的投入。在工业技术方面，我国正好有已发展成熟的、适合发展中国家的基础设施建设技术；在资金投入方面，“一带一路”的两大金融支撑支柱并不能完全支撑起整个战略规划，这时就需要金融业内各种金融设

---

* 郑亚苏，季开资本投资总监；严丽君，华东师范大学2014级金融学博士研究生。

施相互协调、共同助力，这也能为我国的金融机构提供宝贵的境外实战经验。

因此，“一带一路”倡议为金融业提升自身的跨境金融服务能力、实现行业跨越式的发展提供了契机，金融机制的顺畅运作也在为“一带一路”各项目的落地保驾护航。

（二）险资政策给予保险机构更多自主配置空间

保险资金有长期资金的金融支持和风险保障功能，被建议纳入“一带一路”顶层计划。被纳入联合国文件的“一带一路”倡议为我国保险企业“走出去”提供了契机。自2013年提出以来，“一带一路”一直秉持着共商、共建、共享的基本原则，目前已进入了全面推进与沿线国家务实合作的阶段。保险资产走上了全球化配置的道路，我国保险企业可以寻找境外成熟市场，通过合理配置保险资产来分散投资风险、提高投资收益率。

相关法律法规文件的相继出台，为我国保险企业进行保险资金境外投资解除了限制。自2004年8月《保险外汇资金境外运用管理暂行办法》在国务院的批准下，由原中国保监会和央行共同颁布开始，我国保险资金海外投资相关的法律法规相继出台，主要有2007年7月的《保险资金境外投资管理暂行办法》、2012年10月的《保险资金境外投资管理暂行办法实施细则》。这些政策使我国保险资金境外投资逐渐放开，投资产品范围也逐步扩大，从最开始的只放开活期存款、债券、货币市场工具及其他国务院规定形式的金融产品，到现在货币市场类、固定收益类、权益类、不动产均有涉足。2014年8月，国务院又发布了保险业“新国十条”，其发展目标是努力由保险大国向保险强国转变，鼓励保险资金进入不动产、基础设施、养老设施等领域。在投资比例方面，原保监会规定保险机构境外投资余额不得超过上年末总资产的15%。2015年3月，原保监会又发布了《关于调整保险资金境外投资有关政策通知》，给予保险机构更多的自主配置空间。

（三）地域经济发展为保险资金提供全方位施展机会

“一带一路”沿线国家城市化程度比较低，经济发展水平不高，金融体系相对落后，基础设施融资缺口大，这为保险企业境外发展提供了很大的空间。在地域经济发展的不同阶段，保险资金可以有不同的运用方式。如在地域经济发展初期，该地正需要良好的发展氛围，我国保险企业可以从为其发展提供风险保障入手；在其起步期间，创新项目呈井喷式出现，我国保险企业可以利用自身的资金优势和判断力投资有较大成功概率企业的创新项目；在其发展阶段，保险资金可用于投资战略性资产；在该地经济一体化的阶段，保险企业则可通过资金组合优化达到调整产业结构的目的。

三、我国保险资金服务于“一带一路”的发展路径及策略选择

（一）发展路径与策略选择一：保险在境外开设分公司或是采取并购等方式吸收当地资金

保险公司在境外设立保险类机构或是采取并购等方式开展各种业务吸收当地资

金，例如：太平保险、中再保险等在"一带一路"经济带境外项目较为集中的地区设立营业性机构，中国人寿通过并购等方式，在西欧、东亚、俄罗斯等区域和国家收购当地的保险机构，中国人民财产保险等采用"代出单"等方式，建立保险市场网络。

（二）发展路径与策略选择二：因地制宜，加强产品创新

"一带一路"的不断推进，必将带动各国各区域间的贸易发展，保险在跨境投资和贸易合作中保驾护航。除了最基本的运输险和航运险，保险机构也将因地制宜，加强产品创新，例如：平安保险、中国人寿等推动"走出去"企业建立共保业务模式，平安保险、中华联合等面向"一带一路"经济区开展综合性保险服务，中国人民财产保险、中国出口信用保险等在基础设施、生产制造等方面提供保险和再保险支持。

（三）发展路径与策略选择三：直接投资重大项目，利用债权、股权等工具间接投资

充分发挥资本融通功能，为"一带一路"建设提供多元化的资金支持，直接投资重大项目或优质的固定资产；面向金融机构，利用债权、股权等工具，进行间接投资。

按照我国监管规定，允许保险机构用于投资的权益类资产，投资比例上线为15%。数据显示，我国目前保险资金海外投资额占可运用保险资金总额的比例低于1.1%。保险投资面临着风险和挑战，需要抓住机遇不断发展。

（四）发展路径与策略选择四：充分借力人民币国际化

在与"一带一路"沿线国家的合作中，原中国保监会签署了一系列合作协议，例如：与俄罗斯签署《中俄保险监管合作谅解备忘录》《中俄保险业合作发展行动计划》等。原中国保监会的支持也有利于保险业在"一带一路"建设中建立中国的品牌，创立良好的国际环境。

2008年国际金融危机爆发以来，周边国家为了减少对美元的过度依赖，对人民币的使用需求正在逐渐增加，我国还设立了跨境贸易人民币结算试点和境外直接投资人民币结算点。而"一带一路"战略不仅推动了我国对外经济和金融合作，还有利于扩大人民币的跨境使用需求和国际市场。在与沿线国家的国际合作中，双方进行的贸易和投资，"一带一路"建设可以发挥桥梁和纽带作用，为人民币国际化提供了新的契机：它为人民币国际化提供新的路径，为金融改革提供了新的动力，是推动人民币国际化进程的重要载体。在这个过程中，也有利于互利共赢，进一步提高中国的经济发展水平、综合国力和国际地位。

（五）发展路径与策略选择五：风险规避

由于保险企业海外投资专业性人才缺乏、东道国汇率变动和政治变动的风险，"一带一路"战略下的保险资金境外投资仍面临着不小的挑战。中国平安投资富通集团在短短几年时间内宣告破产这一案例，也能给我们提供保险企业在海外市场投资和信息获取上的能力及经验尚浅、专业人才不足的警示。境外市场所在国可能发生的战争、

暴动和内乱等一些不确定政治因素为我国保险企业的境外投资带来了风险和挑战。除了政治变动的风险，汇率变动也是限制保险企业在境外投资上大展拳脚的主要原因之一。

对此，保险企业需要去判断“一带一路”沿线国家的发展趋势，收集民族、宗教、领土、资源、政策、政权等重要信息，积极规避“一带一路”中的潜在风险。

四、结束语

“一带一路”倡议是未来很长一段时间我国对外开放的总体战略，战略提出以交通基础设施为突破口，以实现重大基础设施的互联互通，通过我国与中亚、东南亚乃至欧洲、非洲在交通基础设施的深度联动，促进中国与沿线国家在经贸、服务、技术、人文等层面的广泛交流。

“一带一路”为保险业带来了前所未有的契机，保险业除了发挥风险管理的功能，也要顺应发展的潮流，促进自身在境外的快速发展。首先，确立正确的目标和实现路径；其次，整合多方资源，创新保险品种，扩展服务空间，增强投资保护，积极推动企业“走出去”；最后，深化国际合作，争取有利的外部环境，加强业务宣传，建立自身品牌。

此外，政府也发挥着不容忽视的作用。保险业需要被纳入国家发展的方案设计，这是大型保险集团在全球布局发展的内在需求。在发展的过程中，保险业也需要依托政府给予的政策支持及优惠。

总之，在“一带一路”倡议不断发展的情况下，保险业也必将不断前进和发展。

参考文献

[1]杨建垒，马琳.“一带一路”的保险保障[J].中国金融，2016(21)：34－35.

[2]张冀，郭雪剑.“一带一路”战略背景下的出口信用保险服务保障[J].国际贸易，2016(08)：35－40.

[3]王忠强.“一带一路”战略下我国海外投资保险发展研究[D].首都经济贸易大学，2016.

[4]栗亮，张辉.海外投资保险理论和实践新发展[J].西南金融，2017(2)：64－70.

金融服务实体经济，险资助推军民深度融合发展

黄伊涵*

一、军民融合深度发展的重要意义

2015 年 3 月，习近平总书记指出，要把军民融合发展上升为国家战略。2016 年 7 月，中共中央、国务院、中央军委明确了新形势下军民融合发展的总体思路、重点任务、政策措施，军工企事业单位改制、国企改革相关配套政策陆续落地。2017 年 1 月 22 日，中央军民融合发展委员会成立，习近平总书记任主任。习近平总书记明确指出，军民融合发展是国家战略，关乎国家安全和发展全局，既是兴国之举，又是强军之策。军民融合发展是实现发展和安全兼顾、富国和强军统一的必由之路。推动军民深度融合发展，既能以经济社会发展的整体实力支撑国防和军队建设，又能最大限度地发挥国防和军队建设对经济社会发展尤其是高新产业发展的带动作用，依靠军民融合产生的强大“效益合力”，加快构建依托国家整体实力的信息化战争体系，不断提升综合国力，成就民族复兴大业（见表 1）。

表 1　军民融合逐步上升为国家战略

会议名称	相关政策
十八大	做出“坚持走中国特色军民融合式发展路子，坚持富国与强军相统一”的战略部署
十八届三中全会	进一步把推动军民融合深度发展作为深化国防和军队改革的三大任务之一，把健全国防工业体系作为军民融合深度发展的重要内容
十二届全国人大三次会议	把军民融合发展上升为国家战略，是我们长期探索经济建设和国防建设协调发展规律的重大成果，是从国家安全和发展战略全局出发做出的重大决策。强国必须强国防，强军必须强军工，推进国防科技工业军民融合深度发展，对于实现强国梦、强军梦具有十分重要而深远的意义

资料来源：《人民日报》2015 年 3 月 13 日。

* 黄伊涵，中国人保资产管理有限公司金融市场部业务董事。

二、军民融合深度发展的投资价值

（一）国家投入持续加大，军民融合进程加快，相关产业增长空间巨大

2013年，我国国防预算7 202亿元，2014年为8 082亿元，同比增长12.2%，2001—2014年的复合增速13.1%。2015年国防预算增速维持在10%左右。照此增速，2017年我国国防预算有望首次突破万亿元大关。2014年12月，习近平总书记出席全军装备会议，一方面肯定了装备建设的地位，强调“必须把装备建设放在国际战略格局和国家安全形势深刻变化的大背景下来认识和筹划，放在实现‘两个一百年’奋斗目标、实现中华民族伟大复兴中国梦的历史进程中来认识和筹划，放在国防和军队现代化建设优先发展的战略位置来抓”；另一方面强调装备的跨越式发展，“把装备建设搞得更好一些、更快一些”。

自2001年至今，我国军费保持了稳定的增长，预计我国未来国防投入仍会保持稳健增长态势。随着我国经济实力的快速提升、战略利益的全球拓展，国家安全与国防建设的需求将不断提高，对导弹、卫星、航母、潜艇、舰船、飞机等军工装备需求将保持强劲增长。

国防军工行业基于其战略地位，持续获得国家数十年的投入。各军工集团通过承担国家重大科技专项、重要型号研制任务等，形成了一批对产业竞争力整体提升具有全局性影响、带动性强的关键共性技术，为军民融合项目的发展带来巨大的市场空间。随着军民深度融合的推进，通过军技民用将促进卫星通信、卫星导航、民航、半导体和新一代信息技术等产业的繁荣。

目前我国的军民融合程度在30%上下，正处于军民融合发展从初期向中期迈进、由初步融合向深度融合推进的阶段。参考美国军民融合产业发展现状，专业机构预测，假设中国军费以每年10%的比例增长，军民融合比例提升至50%，则2020年我国军民融合新增市场规模将超过8 000亿元。

（二）军工事业单位改制将释放军工核心资产和人才资源，为军民融合注入新动力

按照中共中央国务院《关于分类推进事业单位改革的指导意见》要求，2020年我国将完成包括军工院所在内的全部事业单位改制。2014年11月，各军工集团已向国防科工局上报了下属事业单位分类方案，后续事业单位改制工作将有序快速推进。

我国最尖端的军工技术蕴藏在广大军工科研院所中。得益于国家数十年的巨大投入，军工科研院所具备强大的科技实力，生产产品附加值最高，盈利能力也最强，集聚了各军工集团最核心的资产和人才资源。国防科工局已经明确军工集团大部分事业单位将划为生产经营类，同步进行转企改制。科研院所改制带来巨大想象空间。通过事业单位改制，打通产权链条，盘活沉淀资产，引入市场化的资本运作手段和人才激

励机制，将使军工核心资产发挥更大的经济效用。

（三）军工集团证券化水平总体偏低，未来资本运作空间巨大

“十三五”期间，各军工集团都面临着规模翻番、加大资本运作力度、提高资产证券化水平的共同任务，在军品增长稳定存在天花板效应约束情况下，做强做优做大军民融合产业已成为各军工集团发展的现实选择。就中国航天科技集团公司（简称“航天科技集团”）而言，其《十三五发展综合规划纲要》明确了“十三五”期间“实现营业收入4 000亿～4 500亿元”“资产证券化率达到45%”的目标（2014年年底，航天科技集团资产证券化率为14.4%左右，总收入1 627亿元）。航天科技集团《全面深化改革指导意见》更提出了“有序实施混合所有制改革”“加快推进资产证券化”“推进事业单位分类改革”“完成企业公司制改革”等举措。通过军工科研院所改制以及军工资产证券化，可以提高军工企业的“自我造血”能力，加速军工技术科技成果转化，搭建科技人员市场化激励机制，体现军技民用社会价值和商业价值，最终实现提高企业效率、技术水平和综合竞争力的目标。

在美国防务新闻网公布的2015年全球最大的100家军工企业中，80%为上市公司，资产证券化率大多在70%－80%的水平。相比之下，中国十一大军工集团截至2014年年底的总和资产证券化率仅为41.1%。以美国36家军工企业为标杆，A股军工集团上市公司未来优质资产注入后的备考市值总和将达到3.7万亿元（见图1）。

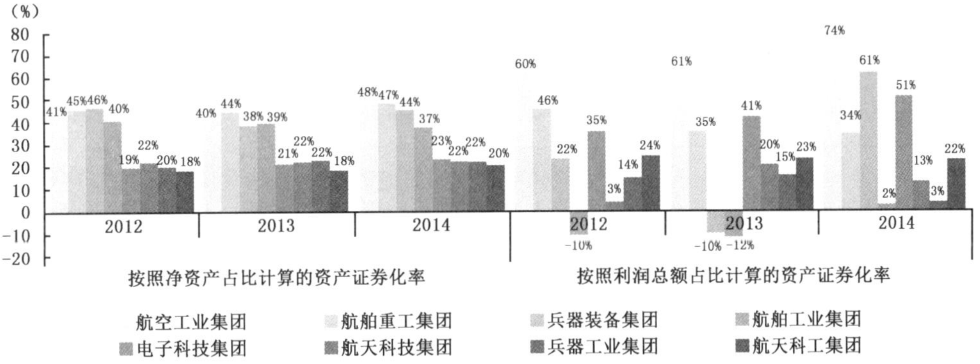

资料来源：Wind，中信证券研究部。

图1　主要军工集团资产证券化率比较

三、险资参与军民融合深度发展的政策支持与探索实践

（一）保险新国十条等政策的出台为险资参与军民深度融合发展提供了制度保障

国务院《关于加快发展现代保险服务业的若干意见》、国务院《关于创新重点领域

投融资机制鼓励社会投资的指导意见》《关于保险业支持重大工程建设有关事项的指导意见》以及原保监会《保险资金投资股权暂行办法》和《关于保险资金投资股权和不动产有关问题的通知》的相继出台，进一步丰富了保险资金投资渠道，并明确了保险资金股权投资标的及方式。2017 年 5 月，原保监会发布《关于保险业支持实体经济发展的指导意见》（保监发〔2017〕42 号），指出要大力引导保险资金服务国家发展战略，支持军民融合发展和《中国制造 2025》。鼓励保险资金服务军民融合发展，积极探索保险资金参与军工产融合作模式，支持保险机构和军工企业共同发起设立保险军民融合发展基金（见表 2）。

表 2　保险资金支持军民融合发展政策依据

政策名称	主要内容
《关于保险业支持实体经济发展的指导意见》（保监发〔2017〕42 号）	支持军民融合发展和《中国制造 2025》。鼓励保险资金服务军民融合发展，积极探索保险资金参与军工产融合作模式，支持保险机构和军工企业共同发起设立保险军民融合发展基金
国务院《关于加快发展现代保险服务业的若干意见》（国发〔2014〕29 号）	充分发挥保险资金长期投资的独特优势。在保证安全性、收益性前提下，创新保险资金运用方式，提高保险资金配置效率 鼓励保险资金利用债权投资计划、股权投资计划等方式，支持重大基础设施、棚户区改造、城镇化建设等民生工程和国家重大工程 鼓励保险公司通过投资企业股权、债权、基金、资产支持计划等多种形式，在合理管控风险的前提下，为科技型企业、小微企业、战略性新兴产业等发展提供资金支持
国务院《关于创新重点领域投融资机制鼓励社会投资的指导意见》（国发〔2014〕60 号）	支持重点领域建设项目开展股权和债权融资。大力发展债权投资计划、股权投资计划、资产支持计划等融资工具，延长投资期限，引导社保资金、保险资金等用于收益稳定、回收期长的基础设施和基础产业项目
《关于保险业支持重大工程建设有关事项的指导意见》（发改投资〔2015〕2179 号）	在风险可控和依法合规的前提下，进一步拓宽保险资金投资基础设施项目和非重大股权的行业范围，丰富投资计划增信措施，创新交易结构
《保险资金投资股权暂行办法》（保监发〔2010〕79 号）	保险资金直接或者间接投资股权，该股权所指向的企业，应当符合：……产业处于成长期、成熟期或者是战略新型产业，或者具有明确的上市意向及较高的并购价值，具有市场、技术、资源、竞争优势和价值提升空间，预期能够产生良好的现金回报，并有确定的分红制度…… 保险资金投资的投资基金，应当具有确定的投资目标、投资方案、投资策略、投资标准、投资流程、后续管理、收益分配和基金清算安排
《关于保险资金投资股权和不动产有关问题的通知》（保监发〔2012〕59 号）	保险资金投资的股权投资基金，包括成长基金、并购基金、新兴战略产业基金和以上股权投资基金为投资标的的母基金

资料来源：根据中国人保资产信息整理。

（二）中国人保率先发起设立国华军民融合发展基金，是险资参与军民融合发展的有益探索

在实际操作中，由于纯股权投资具有期限长、投资前期现金流难以保障、投资标的未来成长性和收益性判断难以达成一致等特点，加上保险公司缺乏长期股权投资专业团队等现实制约，前期保险资金股权投资更多采用名股实债的方式进行类固定收益的投资，或者少量建立了专业团队的保险公司寻找市场化程度较高的股权投资管理机构进行相关探索。

中国人民保险集团股份有限公司（以下简称中国人保）是保险资金支持军民融合发展的先行者。2013 年，中国人保财产保险股份有限公司参与了中国航天科技集团的投资管理平台航天投资控股公司（以下简称航天投资）的增资扩股，出资 20 亿元（占股比 16.84％）成为航天投资第三大股东。针对军民深度融合发展这一历史机遇，以及对航天投资产融结合能力的认可，并结合保险资金等在股权投资方式上的偏好，中国人保联合航天科技集团等 7 家央企军工集团以及中信银行、兴业银行等大型金融机构等共同发起了“国华军民融合产业发展基金（有限合伙）”（以下简称国华军民融合基金），并由人保资产发起设立“人保资产—中国航天军民融合发展基金股权投资计划”募集集团内外保险资金或其他重点机构客户资金，实现对国华军民融合基金有限合伙份额的认购，同时参与基金管理公司的设立。一方面，以专业资产管理公司为代表，对产品结构进行设计，对投资项目进行评估尽调，与目标基金及基金管理人和其他当事人进行统一的协调沟通，提供专业化的受托管理服务，简化保险公司的投资程序，进而更容易达成一致决策意见；另一方面，多元化投资者结构，扩大资金募集范围，减少保险机构的顾虑。最终该产品获得保险资金及其他机构投资者的积极认购，并获得监管机构的大力支持，打响了保险资金支持军民深度融合发展国家战略的第一枪。

国华军民融合基金打造了运用社会资本反哺军工主业，推动军工、产业集团与金融资本形成稳定持续、资源互补和战略协同的创新平台。基金通过助推各军工、产业集团的企事业单位改制、国企改革、资产证券化，引进混合所有制经济、市场化激励、现代企业制度等创新体制和机制，创新性地促进“全要素、多领域、高效益的军民深度融合发展格局”的形成。国华军民融合基金作为中央企业创新发展基金系中成立的第一支产业发展基金，在建设中央企业创新发展基金系的进展中具有重要的里程碑意义。

随着保险资金专业投资能力的提升，以及国家宏观政策和监管制度的进一步支持，险资将以更多元化的方式参与到军民深度融合发展中来。一方面，充分展示保险业落实中央金融支持实体经济的要求、支持国家军民深度融合发展战略的坚定决心，彰显保险业在整体国民经济运行中的系统性、重要性行业地位；另一方面，也满足了保险资金配置优质长期股权投资标的的需要，充分分享军民融合发展及军工企事业单位改制中的制度红利。

附录：国华军民融合产业发展基金(有限合伙)基本要素

基金名称：国华军民融合产业发展基金(有限合伙)。

基金募集规模及方式：采用认缴制，首期募集规模为302亿元，分3次缴款，已完成首次出资时间，缴款50亿元，投资完成实缴出资的70%后进行第二次缴款，规模120亿元，投资再次完成全部实缴出资的70%后进行第三次缴款，规模132亿元。

基金期限：存续期8年，其中投资期4年，退出期4年；经目标基金合伙人大会通过，可最多延期2次，每次延长期不超过1年。

资金用途：投资于军工集团所属生产经营类企事业单位改制、军工装备重大项目、军工资产证券化、军民融合项目及国企改革项目等。

基金管理机构/普通合伙人(GP)：国华军民融合产业发展基金管理有限公司担任目标基金的普通合伙人暨基金管理公司，是中国航天科技集团授权的投资管理主体航天投资控股有限公司的控股子公司(持股比例为49%)。基金管理公司的其他股东及持股比例为：中核产业基金管理(北京)有限公司和中船重工科技投资发展有限公司分别持股8%，中核投资有限公司、中船投资发展有限公司、南方工业资产管理有限责任公司、中国人保资产管理有限公司、广东粤财创业投资有限公司、国机资本控股有限公司以及基金管理公司管理团队持股平台(即广州航投君企企业管理服务有限责任公司)各持股5%。GP认缴出资1.5亿元。

基金投资者/LP：航天投资认缴出资50亿元，人保资产发行设立的人保资产—中国航天军民融合发展基金股权投资计划认购目标基金50亿LP份额，其他投资人包括：交银国际信托有限公司认缴出资50亿元、广东珠西航天产业发展基金合伙企业(有限合伙)认缴出资50亿元、嘉兴融财投资合伙企业(有限合伙)认缴出资50亿元、中船重工科技投资发展有限公司认缴出资10亿元、北京中核产业投资基金(有限合伙)认缴出资10亿元、金石投资有限公司认缴出资10亿元、中船投资发展有限公司认缴出资5亿元、南方工业资产管理有限责任公司认缴出资5亿元、中兵投资管理有限责任公司认缴出资3亿元、中国核工业建设股份有限公司认缴出资2.5亿元、国机资本控股有限公司认缴出资5亿元。

基金管理费：基金存续期内，管理费以基金实缴总额扣除收回的投资成本的余额为基础，按照1.5%的费率计提；在基金回收延长期及清算期，不支付基金管理费。

收益分配：(1)目标基金存续期内取得的现金收入，应先按照各有限合伙人实缴出资比例返还给各有限合伙人，直至返还总额达到各有限合伙人实缴出资额；然后再返还给普通合伙人，直至返还总额达到普通合伙人实缴出资额。(2)有限合伙人年化收益率低于6%(含)的，现金收入按照分配时有限合伙人实缴出资比例向有限合伙人分配，直至各有限合伙人实缴出资额实现年化收益率6%；然后向普通合伙人分配，直至普通合伙人实缴出资额达到年化收益率 6%。(3)有限合伙人年化收益率高于 6%的,高于 6%的为超额收益;超额收益的 80%,全体有限合伙人按照分配时有限合伙人实缴出资比例进行分配;超额收益的 20%分配给普通合伙人,作为有限合伙对普通合伙人的业绩奖励。

退出方式:GP 根据被投企业经营状况、外部环境变化、行业发展状况等因素,适时制订基金持有股权的退出策略和计划。退出方式主要包括:IPO 上市退出、注入上市公司、股权转让以及大股东回购等。

保险公司支持粤港澳大湾区实体经济发展的几点思考

李　杰*

一、政策定位、发展目标、基础条件

（一）粤港澳大湾区的政策定位和发展目标

2005 年，国家首次提出“湾区”概念。2015 年 3 月，《推动共建丝绸之路经济带和 21 世纪海上丝绸之路的愿景与行动》提出“深化与港澳台合作，打造粤港澳大湾区”。2017 年 3 月，政府工作报告提出“推动内地与港澳深化合作，研究制定粤港澳大湾区城市群发展规划，发挥港澳独特优势，提升在国家经济发展和对外开放中的地位与功能”。2017 年 7 月签署的《深化粤港澳合作　推进大湾区建设框架协议》（简称《协议》）指出，粤港澳大湾区的建设目标是“努力将粤港澳大湾区建设成为更具活力的经济区、宜居宜业宜游的优质生活圈和内地与港澳深度合作的示范区，携手打造国际一流湾区和世界级城市群”。党的十九大报告提出，“以粤港澳大湾区建设、粤港澳合作、泛珠三角区域合作为重点，全面推进内地、香港、澳门互利合作建设、粤港澳合作、泛珠三角区域合作为重点，全面推进内地、香港、澳门互利合作”。2018 年发布的政府工作报告明确提出要在今年“出台实施粤港澳大湾区发展规划”，并将其放在区域战略部分与“京津冀区域一体化”和“长江经济带”一起表述；国务院总理李克强在回答记者提问时再次强调了要把粤港澳大湾区建设成为“世界级的大湾区”。而目前全球公认的大湾区主要有美国的纽约湾区、旧金山湾区和日本的东京湾区。综上，粤港澳大湾区的发展目标就是要成为与上述地区比肩的湾区，并且具有自身独特的优势和竞争力。

按照湾区发展的设想，未来有希望建设三条产业带。一是东岸：知识密集型产业带，包括广州东部和中部—东莞—深圳等东岸地区，聚焦于金融、专业服务、物流、信息服务、会展、文化创意等现代服务业，以及新能源、电子信息、新材料、生物医药等战略新兴产业高科技产业；二是西岸：技术密集型产业带，包括广州北部和南部—佛山—中山—珠海等西岸地区，聚焦于物流、外包服务、教育服务等现代服务业，汽车、核电、风

* 李杰，太平资产管理有限公司战略发展部副总经理。

电、航空等装备制造业，以及家电、金属制品、纺织建材等优势传统产业；三是沿海：生态重化型产业带，包括惠州—深圳—珠海—江门等沿海地区，聚焦于石油化工、油气开采、医药生物等先进制造业。

结合粤港澳三地的发展情况和区位特点，在大湾区的建设过程中，三地的定位各有侧重。具体来说，广东的定位是“科技、产业创新中心和先进制造业、现代服务业基地”；香港的定位是“国际金融、航运和贸易中心”；澳门的定位是“世界旅游休闲中心”。而为了促使三地优势互补、协调发展，《协议》还罗列了7个重点合作领域，分别是：①推进基础设施互联互通；②进一步提升市场一体化水平；③打造国际科技创新中心；④构建协同发展现代产业体系；⑤共建宜居、宜业、宜游的优质生活圈；⑥培育国际合作新优势；⑦支持重大合作平台建设。

（二）粤港澳大湾区的基础条件

粤港澳大湾区是以珠三角为基础，由广州、深圳、珠海、佛山、中山、东莞、肇庆、江门、惠州九个市区和香港、澳门两个特别行政区组成的城市群，面积5.6万平方公里，常住人口约6 800万人，拥有以香港、深圳为中心的立体式交通网络，以及以香港为起点和终点的国际生产基地和面向内地市场的消费和生产体系。2016年经济总产值约9.31万亿元，占全国经济总量的12.5%。

无论是区域面积还是人口规模，粤港澳大湾区都超过了纽约湾区、旧金山湾区以及东京湾区，居世界之首。经济规模方面，粤港澳大湾区2016年GDP为9.3万亿元（约等于1.36万亿美元），明显高于旧金山湾区，与纽约湾区以及东京湾区处于同一水平。但粤港澳大湾区的人均GDP只有约1.9万美元，而东京湾区、纽约湾区和旧金山湾区的对应数据分别为4.7万美元、7.1万美元和10.5万美元。相比较而言，粤港澳大湾区仍有很大的发展空间。

表1　粤港澳大湾区和世界三大湾区对比

	面积	人口	GDP	人均GDP
粤港澳大湾区	5.6	6 800	1.3	1.9
东京湾区	1.36	3 800	1.8	4.7
纽约湾区	3.35	1 983	1.4	7.1
旧金山湾区	1.8	760	0.8	10.5

数据来源：根据公开资料整理。

从产业结构来看，虽然金融、互联网等行业近年来发展迅速，但目前粤港澳大湾区第三产业比重只达到60%的水平，总体处于工业经济阶段。尤其是内地九市，各类低附加值、低技术含量的加工制造业仍然在经济总量中占有较大的比重，离“科技、产业创新中心和先进制造业、现代服务业基地”还有很大差距。与之相对比，世界三大湾区的第三产业占比均达到了80%以上，其中纽约湾区更是接近90%；且第二产业都是以高附加值、高技术含量的为主。比如同是电子产业，旧金山湾区的企业更多聚焦于产品设计和芯片研发上，而广东的企业大多只能从事相关零部件的加工。其代表的科技含量、创新能力和利润水平有着天壤之别。

交通条件方面，可以按照对外和对内区分。湾区最重要的对外交通条件就是港口航运条件，在这一点上，粤港澳大湾区的几座城市应该有各自不同的定位和分工。香港和新加坡有些类似，具有完善的金融和法律环境，因此可以继续定位于国际中转港并完善相关配套服务。而广州和深圳均是腹地货物的进出口港，两者在日后的发展中可能存在利益冲突。在广州南沙港兴起后，佛山中山等珠江口西岸的货源越来越多地由深圳港转向南沙港。而随着南沙港四期工程和南沙港铁路的完工，广州港集装箱吞吐量也迅速增加，并且很可能超过深圳港。在对这些情况有了合理预测后，广州港和深圳港应处理好相互之间的关系，并明确各自的分工——深圳向“珠江口东岸和江西南部的腹地货物进出口海港”发展，广州向“珠江口西岸、粤北、湖南、广西中北部、贵州的腹地货物进出口海港”发展。

对内交通方面，由于广东改革开放较早，在公路、铁路、地铁等基础设施上已经有了一定的积累。但由于体制上的一些原因，粤港澳各城市间的交通便捷程度还有待提高，尤其是随着城市群的发展，原有的城市边界可能越来越模糊，这就对交通基础设施建设提出了更高的要求。比如城市地铁线路可以与周边城市共同商讨规划，共建共享。除了港珠澳大桥等新建交通线路，对原有线路的维护、扩建和连接工作也同样重要。这样才能更好地促进人员、资本等要素的流动，从而推动大湾区实体经济的发展。

二、国企在该地区的投资情况

（一）区域内港口类上市公司投资情况

目前大湾区在A股上市的港口类国有企业有4家，分别为广州港(601228)、珠海港(000507)、盐田港(000088)和深赤湾A(000022)。根据这4家公司发布的年报和相关临时公告，现将各公司从2017年以来在大湾区的投资情况汇总如下。

1. 广州港

从2017年以来，广州港进行的投资项目主要有4个，分别为：

(1)广州港南沙港区四期工程。该工程位于广州港南沙港区南沙作业区中部挖入式港池内，拟建设2个10万吨级和2个5万吨级集装箱泊位(码头结构按靠泊10万吨级集装箱船设计)及配套集装箱驳船泊位，工程设计年吞吐量480万标箱，工程计划建设年限为2018～2021年。工程总投资估算55.88亿元，项目资本金168 000万元，其中广州港拟以现金形式出资109 200万元，占合资公司注册资本的65%。

(2)广州南沙国际物流中心(南区)项目。该项目位于南沙自贸区，紧邻南沙三期集装箱码头(已建成投产)、南沙疏港铁路集装箱装卸站(疏港铁路已动工),项目总占地面积153 530平方米,规划分期建设。本次投资项目为一期工程,投资总额103 289.19万元,建设3座冷库,总建筑面积179 127平方米,库容18万吨,配套冷箱查验堆场面积为36 682平方米。项目建设用地可规划建设总库容46万吨,广州港在未来将根据经营情况研究启动后续库容建设。该项目总投资规模103 289.19万元。

(3)通过增资扩股方式投资控股广州近洋港口经营有限公司。广州港通过增资扩股方式与广州近洋港投资有限公司及广州南沙启程航运产业投资基金合伙企业(有限合伙)共同投资、建设和经营广州近洋港口经营有限公司码头工程项目(简称近洋码头项目)。其中广州港通过增资15 000万元,获得广州近洋港口经营有限公司60%的股权。近洋码头项目位于广州市南沙区黄阁镇沙仔岛、广州港南沙汽车码头下游。该工程项目拟建2个7万吨级通用泊位,兼顾5万总吨汽车滚装船作业,泊位长度546米,水工结构按靠泊7万吨级船舶设计和建设;项目布置挖入式内港池,港池内拟建1个3 000吨级和2个2 000吨级杂货泊位、1个2 000总吨和2个1 000总吨汽车滚装船泊位、2个工作船泊位,泊位长745米。项目设计年通过能力493万吨、滚装汽车10万辆。项目投资估算为97 135万元。

(4)新沙港区11号、12号通用泊位及驳船泊位工程项目。该项目建设以粮食运输为主的通用码头,该工程拟建设2个7万吨级通用泊位(结构均按10万吨级设计)。工程陆域纵深585米,用地面积约34.72万平方米。拟建粮食筒仓和粮食仓库,总仓容42.8万吨;仓库2座,建筑面积1.88万平方米,容量14.8万吨。该项目设计突出粮食装卸功能,年设计通过能力1 405万吨,其中通用杂货655万吨、集装箱50万标箱。项目建成后粮食卸船能力达到420万吨,装船235万吨。项目总投资规模18.63亿元。

2. 珠海港

根据珠海港在2017年发布的多份临时公告,其主要投资项目有:

(1)购置拖轮及内河多用途船/多用途海船。其中6艘拖轮总投资20 000万元;40艘3 500吨级内河多用途船、3艘沿海12 000吨级海船、2艘沿海22 500吨级海船和2艘沿海45 000吨级海船,总投资97 000万元。

(2)云浮新港设备配套升级工程。该项目是针对外贸、内贸港区的设备、设施进行升级,使得外贸港区的年处理能力在未来五年达到25万标箱,内贸港区处理能力未来五年达到15万标箱,突破云浮新港岸边作业效率大于场内作业效率的“瓶颈”,保障云浮新港作为西江流域重要中转港的优势。项目资金总投资1.766亿元,计划分3年投入,2018年投入10 800万元,2019年投入3 580万元,2020年投入3 280万元。建设资金计划通过资本市场融资或自有资金解决。

(3)与中驰物流成立合资公司。合资公司成立后,将以中驰物流现有的煤炭、粮食等大宗商品业务为基础，充分利用珠海港物流在综合物流、多式联运等方面优势，向产业链的上下游延伸，对煤炭从原材料的采购、销售、物流到终端客户的产业链条进行整合，为客户提供商贸物流一体化的煤炭供应链服务，努力打造珠江口西岸核心城市的大宗商品供应链服务产业链。合资公司拟定注册资本人民币5 000万元，首期出资为注册资本金的40%，其中珠海港的全资子公司珠海港物流以现金出资人民币2 550万元，占合资公司股权比例的51%，其中首期出资人民币1 020万元。

(4)增资珠海综合能源有限公司。珠海港全资子公司珠海经济特区电力开发集团有限公司(简称电力集团)拟对其持股10.8%的参股企业珠海综合能源有限公司(简称珠海能源公司)单方增资人民币2 674.05万元(其中2 031.44万元计入注册资本、642.61万元计入资本公积)。增资完成后，电力集团持有珠海能源公司的股权将上升至35%。综合能源产业是珠海港转型发展的重要主业之一。作为综合能源主业运营平台，电力集团通过参与本次增资，可助力珠海港综合能源板块业务范围的快速拓展，培育新的业务和利润增长点，并为公司实现可持续发展提供动力源泉。

3. 盐田港

盐田港在2017年进行的涉及大湾区的重大股权投资项目主要是增资惠州深能投资控股有限公司，该公司控股经营一期煤炭码头及其他实体投资。目前盐田港的持股比例为70%，投资金额为12 228.3万元，已完成8 728.6万元。重大非股权投资情况主要为：惠州港荃湾港区煤炭码头一期工程及其配套设施；惠盐高速深圳段改扩建工程。具体情况如表2所示。

表2　　盐田港2017年重大投资项目

项目名称	投资方式	是否为固定资产投资	涉及行业	2017年投入金额	截至2017年底累计实际投入金额	资金来源	项目进度
惠州港荃港湾区煤炭码头一期工程	自建	是	交通运输业(港口)	17 700	236 408	自筹35%，贷款65%	95%
惠州港荃湾港区纯州作业区铁路进港连接线工程	自建	是	交通运输业(铁路)	11 168	12 672	自筹35%，贷款65%	44%
惠州港荃湾港区煤炭码头一期工程条形封闭煤仓	自建	是	交通运输业(港口)	16 191	20 682	自筹35%，贷款65%	94%

续表

项目名称	投资方式	是否为固定资产投资	涉及行业	2017 年投入金额	截至 2017 年底累计实际投入金额	资金来源	项目进度
惠盐高速深圳段改扩建工程前期工作	自建	是	交通运输业（公路）	5 906	7 074	自筹 30%，贷款 70%	2.50%

数据来源：盐田港 2017 年年报。

4. 深赤湾 A

2017 年，深赤湾 A 在集装箱业务方面完成的投资项目有：①赤湾港区集装箱码头船舶岸电项目一期工程（该工程覆盖 4 个泊位，可为靠港大型集装箱船舶稳定供电）；②码头智能安全理货项目（该项目获得国家发改委"互联网＋智慧港口建设项目"创新成果奖）。在散杂货方面完成的投资项目有：①麻涌港区保税堆场由 1.6 万平方米扩容至 5 万平方米；②赤湾港区 7 号泊位改造项目（进入试运行阶段，前沿码头靠泊等级达到 7 万吨级，后方廊道输送系统大幅提升卸船进仓效率）；③麻涌港区 22.5 万吨粮食筒仓（投入试运行）。

此外，深赤湾 A 还在积极配合推进铜鼓航道和西部港区公共航道工程建设，加快推进赤湾港区 10 号、11 号泊位和妈湾港区 5 号泊位升级改造，提升集装箱码头通航及靠泊能力；并且加快推进赤湾港区 5 号、6 号泊位及港内仓库改造工程建设、麻涌港区三期筒仓及复合肥缓冲仓建设，提升散杂货码头靠泊及仓储能力。

2018 年，深赤湾 A 的固定资产计划投资总额为67 546万元，其中，码头仓库项目投资49 073万元，机械设备及技改项目投资13 904万元，信息化项目投资3 142万元，行政办公项目及其他投资1 427万元。以上资本性支出所需资金主要来源于经营取得的现金流入及外部融资。

（二）国有建筑/工程类上市公司投资情况

各家国有建筑/工程类上市公司均对重大合同的中标或签约情况进行了公告，现将其中位于粤港澳大湾区的项目/工程整理汇总如下：

表 3　　国有建筑/工程类上市公司位于大湾区的合同　　单位：亿元

序号	公司	项目名称	位置	金额
1	四川路桥	长深高速（G25）惠州白石互通立交工程	惠州	1.37
2	粤水电	风电装备制造项目一期	阳江	2.90
3	粤水电	惠州市惠阳区石桥片区市政基础设施建设 PP 项目（东华大道建设工程）工程	惠州	1.11

续表

序号	公司	项目名称	位置	金额
4	粤水电	东莞市高埗镇2016～2018年截污次支管网工程	东莞	3.19
5	粤水电	东莞市东城东部片区截污次支管网工程	东莞	5.97
6	粤水电	广东阳江抽水蓄能电站下水库土建工程	阳江	4.54
7	粤水电	广州市轨道交通18号线和22号线及同步实施场站综合体设计施工总承包项目	广州	27.34
8	粤水电	2017年度河源、阳江等五市垦造水田项目EPC总承包(第二批)	河源、阳江、肇庆、梅州、韶关	3.38
9	中国电建	深圳市地铁9号线9130标	深圳	12.30
10	中国电建	深圳市地铁4号线4301标	深圳	21.80
11	中国电建	广东肇庆景福围江滨堤路(二塔路一羚山段)升级改造工程(勘察设计施工总承包)	肇庆	6.75
12	中国电建	广东省顺德大良五沙工业园区综合开发项目	佛山	8.00
13	中国电建	深圳茅洲河流域综合整治(东莞部分)一期项目工程总承包合同	深圳、东莞	7.65
14	中国电建	广东大空港新城区截流河综合治理工程—主体部分(不含生态修复)	深圳	23.96
15	中国电建	深圳机场扩建工程T4航站区软基处理工程7标施工	深圳	5.78
16	中国电建	深圳市城市轨道交通12号线工程施工总承包项目	深圳	176.45
17	中国电建	广东省横琴新区海绵城市第一批示范项目设计施工总承包	珠海	56.28
18	中国建筑	广东深圳民治第三工业区城市更新单元项目	深圳	50.00
19	中国建筑	香港中文大学医院项目	香港	33.70
20	中国建筑	广东深圳万科云城(六期)项目	深圳	21.40
21	中国建筑	广东深圳正奇未来科创城项目	深圳	41.70
22	中国建筑	广东中山坦洲港澳城邦项目	中山	35.00
23	中国建筑	广东佛山(潭洲)国际会展中心二期及配套项目	佛山	24.70
24	中国建筑	广东深圳民生互联网大厦项目	深圳	27.30
25	中国建筑	广东广州萝岗大壮国际广场	广州	35.00
26	中国建筑	广东深圳国际会展中心(一期)项目	深圳	95.30
27	中国建筑	广东深圳嘉长源高科技工业园城市更新单元项目	深圳	20.10

续表

序号	公司	项目名称	位置	金额
28	中国建筑	广东东莞北京大学汇丰商学院智汇谷产学研项目(一期)	东莞	50.20
29	中国建筑	广东珠海长隆海洋科学馆项目	珠海	32.00
30	中国建筑	广东广州花都中轴线安置区剩余项目(石岗一期南区、罗仙东区主体工程,石岗二期基础及主体工程	广州	30.60
31	中国建筑	广东广州宝盛国际电子商务基地及视光学产业园项目	广州	51.20
32	中国建筑	广东深圳长圳公共住房及附属工程项目	深圳	43.80
33	中国建筑	广东广州超视堺第10.5代TFT-LCD显示器件生产线项目	广州	39.40
34	中国建筑	广东广州北站综合交通枢纽开发建设及安置区勘察设计施工总承包项目	广州	33.10
35	中国建筑	广东深圳腾讯数码大厦工程总承包项目	深圳	26.50
36	中国建筑	广东珠海横琴文杉高科技小镇工程项目	珠海	62.80
37	中国建筑	香港新界大埔荔枝山山塘路住宅发展项目	香港	24.20
38	中国建筑	广东肇庆工业园区市政基础设施及配套工程PPP项目	肇庆	33.10
39	中国交建	广东省广州南沙国际邮轮码头工程EPC项目	广州	9.24
40	中国交建	广东省珠海港高栏港区5万吨黄茅海航道一期工程及主航道维护BOT项目	珠海	22.19
41	中国交建	广东省惠州潼湖生态智慧区市政基础设施项目	惠州	38.98
42	中国交建	广东省中山翠亨新区翠海道地下综合管廊项目	中山	28.78
43	中国铁建	广州北站综合交通枢纽开发建设PPP项目	广州	59.74
44	中国铁建	广州市轨道交通18号线和22号线及同步实施场站综合体设计施工总承包项目	广州	380.00
45	中国铁建	广州市南沙区自贸试验区万顷沙保税港加工制造业区块综合开发项目	广州	108.21
46	中国铁建	深圳市城市轨道交通16号线工程施工总承包项目	深圳	184.26
47	中国铁建	明珠湾大桥工程设计施工总承包项目	广州	30.85
48	中国中铁	汕(头)湛(江)高速公路惠州至清远段项目土建工程施工第7标段	汕头、湛江	7.86
49	中国中铁	深圳市春风隧道工程总承包	深圳	38.75
50	中国中铁	汕(头)湛(江)高速公路惠州至清远段项目土建工程施工13标	汕头、湛江	5.79

续表

序号	公司	项目名称	位置	金额
51	中国中铁	广州市轨道交通7号线一期工程西延顺德段土建工程02合同段	广州	6.95
52	中国中铁	广佛肇高速公路广州石井至肇庆大旺段佛山段施工S4标段	广州、佛山、肇庆	11.72
53	中国中铁	东莞至番禺高速公路桥头至沙田段工程施工第1合同段	东莞	11.45
54	中国中铁	东莞市寮步香市孵化链项目一期	东莞	5.80
55	中国中铁	珠海市鹤洲至高栏港高速公路一期工程HGTJ2标段项目	珠海	8.24
56	中国中铁	珠海市金琴快线工程(港湾大道—梅华立交)T2标	珠海	5.27
57	中国中铁	东莞至番禺高速公路桥头至沙田段工程3合同段项目	东莞	5.16
58	中国中铁	广州市龙美物鼎展贸城项目	广州	9.50
59	中国中铁	深圳沙河东综合管廊项目设计采购施工总承包(EPC)项目	深圳	7.85
60	中国中铁	深圳市城市轨道交通14号线工程施工总承包项目	深圳	235.07
61	中国中铁	广州至清远城际轨道交通项目广州北至清远段四电集成、房屋建筑及相关工程施工总价承包工程	广州	15.63
62	中国中铁	佛莞城际轨道交通广州南站至望洪站段站后工程施工总价承包	佛山、东莞、广州	8.68
63	中国中铁	深圳惠盐高速公路深圳段改扩建工程土建工程(第1合同段)	深圳	20.03
64	中国中铁	深圳至中山跨江通道主体工程施工(S07标段)	深圳、中山	17.40
65	中国中铁	广州市轨道交通13号线二期及同步实施工程总承包项目	广州	179.85
66	中国中铁	广东省肇庆新区起步区横槎涌水系综合整治工程(施工总承包)	肇庆	7.54
67	中铁工业	深圳市春风路隧道工程盾构采购项目	深圳	3.25

数据来源：Wind资讯金融终端。

从表3可以看出，2017年以来，涉及大湾区建设的项目数量非常庞大，仅这几家主要公司就中标/新签了67份合同，总金额约人民币2 654亿元。此外，合同涉及的领域非常广泛，不仅有公路、地铁等传统基建项目，还包括产业园区建设、水利/排污设施修缮、流域综合治理等工程。这表明大湾区内城市在重视经济发展的同时也在注意对环境的保护和修复。不过，各项目在不同城市的分布数量明显很不均匀，大多数项目集中在广州和深圳，其余内地七市的工程项目相对较少，各城市经济发展水平依然存在差距。

（三）大湾区重点建设领域总结

1. 港口设施

从4家上市港口公司的投资情况可以看出，各港口都在根据自身的发展情况和实际需要在相应领域进行投资。比如广州港在继续扩大港口规模，并建设配套物流中心；珠海港则增加拖船/驳船的购置数量，同时进行了一定程度的纵向和横向业务扩展；盐田港投资新建煤炭码头及配套的运输和存储设施；深赤湾A则对航道和泊位进行了改造升级。鉴于目前粤港澳大湾区港口的业务量仍在增长，且港口业务和服务在向着专业化、自动化的方向发展，因此未来大湾区会在港口设施的扩建升级继续投入大量资金。

2. 交通运输

交通运输线的建设依然是粤港澳大湾区基础设施建设的重中之重，尤其是城市之间的交通线。前文提到的惠盐高速就是典型的例子——其双向四车道的初始设计已经无法满足城市间日益增长的客流量需求，因此必须进行扩建。另外，虽然广州、深圳以及香港已经有了比较发达的地铁网络，但是这种地铁网络只限于城市内部。随着城市范围的不断扩大和城市边界的不断模糊，完全可以考虑将距离较近的城市间的地铁网络连接起来以方便人员流动。最后，前文也提到，对航道的清理、港口铁路线的建设也是关系港口发展的重要工程。这些基础设施项目均需要大量投入。

3. 产业园区

广东在大湾区的定位有“科技、产业创新中心和先进制造业基地”，而这些需要以相应的产业园区作为依托。因而产业园区及配套设施的建设也是未来大湾区的一个投资重点。同时，园区还需要有企业进驻才能进行生产、创造价值，而企业厂房、生产线和研发中心的建设同样需要资金。要注意的是，各地应根据本地的产业发展特点和优势，有针对性地进行投资，避免一哄而上、重复投资。

4. 水利环保

在改革开放初期，由于片面强调经济发展，忽视环境保护，珠三角地区的水污染情况较为严重，而水环境的恶化无论对生产生活还是招商引资都产生了不利影响。此外，整个粤港澳大湾区都属于亚热带季风性气候，再加上纬度较低，靠近海岸，夏季多暴雨、台风，洪涝灾害频发，对域内河湖的治理以及城市防洪体系提出了更高的要求。近年来，广东加强了对水利设施、地下管道和排污系统的修建和维护工作。“宜居宜业宜游”中任何一条都离不开对水的治理和利用，因此水利环保也是大湾区一个重要的投资领域。

三、保险公司 2017 年资产配置情况

本部分将根据中国平安(601318)、新华保险(601336)、中国太保(601601)和中国人寿(601628)4 家上市保险公司公布的 2017 年年报,研究其保险资金投资情况,以寻找和粤港澳大湾区相契合的配置点。

(一)中国平安

2017 年,中国平安投资组合共计24 494.74亿元,保险资金总投资收益率 6.0%,净投资收益率 5.8%。面对 A 股市场表现分化、债券市场利率大幅上升等情况,中国平安采取如下措施加以应对:①抓住债券市场调整机会拉长资产久期,进一步优化资产负债匹配;②适当加大权益资产的配置比例,并有效把握权益市场机会,增配优质蓝筹龙头,获得超额收益;③通过“港股通”加大港股配置,充分把握港股价值洼地的投资机会。其投资组合具体数据如表 4 所示。

表 4　　中国平安 2017 年保险资金投资组合(截至 12 月 31 日)

	账面值(人民币百万元)	占总额比例(%)
按投资对象分		
固定收益类投资	1 680 071	68.5
定期存款	163 074	6.6
债券投资	1 071 688	43.7
债权计划投资	140 292	5.7
理财产品投资(1)	195 633	8.0
其他固定收益类投资(2)	109 384	4.5
权益投资	580 305	23.7
股票	272 474	11.1
权益型基金	33 226	1.4
股权投资(3)	97 198	4.0
债券型基金	11 973	0.5
优先股	78 546	3.2
理财产品投资(4)	86 888	3.5
投资性物业	47 769	2.0
现金、现金等价物及其他	141 329	5.8
投资资产合计	2 449 474	100.0

数据来源:中国平安 2017 年年报。

非标债权类资产方面,截至 2017 年年底,中国平安非标债权类资产规模为

3 359.25亿元，在可投资资产中占比13.7%。非标债权类资产的结构分布详见表5。从品种选择上看，中国平安主要偏好经济发达地区的项目和符合国家产业政策导向的行业，优选行业龙头；从信用水平上看，所持债权计划和信托计划外部信用评级95%以上为AAA，5%左右为AA+及AA，除部分高信用等级的主体融资免增信外，大部分项目都有担保或抵质押，项目现金流能够全覆盖占比超过80%；从行业及地域分布看，基建和非银金融占比最高，也包括一定比例的不动产，目标资产主要集中于北京、上海、江苏等经济发达和沿海地区，主动规避高风险行业和区域。

表5　　中国平安2017年非标债权资产结构和收益率分布

行业	投资占比(%)	名义投资收益率(%)	期限(年)	剩余到期期限(年)
基建	37.05	5.81	8.56	5.25
高速公路	17.63	5.97	9.85	6.29
电力	6.72	5.56	7.38	3.31
基建设施及园区开发	4.78	5.72	6.93	4.83
其他(水务、环保、铁路、投资等)	7.92	5.71	7.68	4.82
非银金融	31.57	6.20	7.26	4.73
不动产	17.94	6.06	5.72	3.17
煤炭开采	3.28	6.04	7.43	2.62
其他	10.16	5.93	7.25	4.49
总计	100.00	6.00	7.47	4.55

数据来源：中国平安2017年年报。

(二)新华保险

2017年，新华保险投资资产总额6 883.15亿元，投资组合总投资收益率为5.2%，净投资收益率为5.1%。债权型金融资产投资方面，投资金额4 634.68亿元，在总投资资产中占比为67.3%，适度增加了高等级中长期信用债券配置；股权型金融资产投资方面，投资金额1 313.70亿元，在总投资资产中占比为19.1%，投资组合继续坚持价值投资理念，坚持基本面投资思路，加大了价值蓝筹风格基金的投资力度，同时通过港股通股票和沪港深基金方式积极布局港股配置。投资组合具体情况如表6所示。

表6　　新华保险2017年投资组合情况(截至12月31日)

	金额(百万元)	占比(%)
投资资产	688 315	100.0%

续表

	金额(百万元)	占比(%)
按投资对象分类		
定期存款[1]	41 809	6.1
债权型金融资产	463 468	67.3
—债券及债务	263 782	38.3
—信托计划	63 756	9.3
—债权计划[2]	40 200	5.8
—项目资产支持计划	20 000	2.9
—其他[3]	75 730	11.0
股权型金融资产	131 370	19.1
—基金	49 818	7.3
—股票[4]	40 112	5.8
—其他[5]	41 440	6.0
长期股权投资	4 896	0.7
现金及现金等价物[1]	8 812	1.3
其他投资[6]	37 960	5.5

数据来源：新华保险 2017 年年报。

非标资产方面，截至 2017 年底，新华保险非标资产投资金额2 409.63亿元，在总投资资产中占比为 35.0%，较上年末增加 1.8 个百分点。新华保险大力配置了风险收益符合要求的较长期限商业银行理财产品、不动产投资计划和集合资金信托计划，较大幅度地提升了持仓资产的整体收益率。同时，对于绝大多数非标资产都采取了措施进行增信安排。除商业银行理财产品和无需外部评级的权益类金融产品，新华保险目前存量的非标资产 AAA 级占比 95.4%，AA+和 AA 级占比分别为 3.0%和 1.6%，信用风险整体可控状态。基础资产主要分布在非银金融机构融资、房地产项目融资和基础设施建设项目融资等方面。

表 7　　新华保险 2017 年非标资产投资组合情况(截至 12 月 31 日)

	金额(百万元)	占比(%)
非标债权投资	199 686	82.9
—信托计划	63 756	26.5
—债权计划	40 200	16.7

续表

	金额(百万元)	占比(%)
—项目资产支持计划	20 000	8.3
—理财产品	70 730	29.3
—永续债	5 000	2.1
—资产管理计划	—	0.0
非标股权投资	41 277	17.1
—资产管理计划	17 864	7.4
—私募股权	4 128	1.7
—未上市股权	14 585	6.1
—股权投资计划	4 700	1.9
合计	240 963	100.0

数据来源:新华保险 2017 年年报。

(三)中国太保

2017 年,中国太保管理资产14 184.65亿元,总投资收益率 5.4%,净投资收益率 5.4%。公司积极利用市场利率反弹的机会加强固定收益资产配置,特别是加大对国债等的配置以拉长资产久期,同时加强对有较高收益的非标资产的配置;权益类资产相对战略资产配置方案基本保持平配,积极寻求把握市场结构性机会。

截至 2017 年年末,中国太保债券投资占比 48.2%,权益类资产占比 14.6%。公司持有的信用债投资行业比较分散,分布在城投、交通运输、公用事业等多个领域,偿债主体实力普遍较强,信用风险整体可控。根据宏观经济环境的变化,投资团队在信用债投资中更加审慎,新增信用债以 AAA 评级的高信用等级产品为主。在具体投资中采取自上而下的行业筛选和自下而上的企业精选相结合的策略,重点关注行业基本面的趋势、盈利与现金流变化、周期性演变、行业与上下游竞合关系以及是否受益于国家政策支持等多方面因素。权益类资产投资细节年报未予披露。

表 8　　中国太保 2017 年集团合并投资组合

	金额(百万元)	占比(%)
固定收益类	884 769	81.8
债券投资	521 063	48.2
定期存款	103 989	9.6
债权投资计划	92 844	8.6

续表

	金额(百万元)	占比(%)
理财产品	89 664	8.3
优先股	32 000	2.9
其他固定收益类投资	45 209	4.2
权益投资类	157 745	14.6
权益型基金	20 923	1.9
债券型基金	16 107	1.5
股票	58 959	5.5
理财产品	20 584	1.9
优先股	7 764	0.7
其他权益投资	33 408	3.1
投资性房地产	8 727	0.8
现金、现金等价物及其他	30 041	2.8
合计	1 081 282	100.0

数据来源：中国太保2017年年报。

非标资产方面，截至2017年年底，中国太保非标资产投资2 033.55亿元，在投资资产中占比达18.8%，较上年末上升5.6个百分点。非标资产持仓的整体信用风险水平处于可控状态，在具有外部信用评级的非标资产中，AA+级及以上占比达99.7%，其中AAA级占比达91.0%。投资区域覆盖了全国大部分省级行政区，投资领域涵盖交通、市政、能源、环保、商业不动产、土地储备、棚户区改造、水利设施、保障房建设等方面。中国太保采取了有效的增信措施稳定和提升非标资产的信用安全性。除实力特别雄厚、信用资质特别良好的偿债主体以外，公司投资的债权投资计划均安排了有效的增信措施，如担保、足额资产抵押/质押等，为本金和投资收益的偿付提供了良好的保障。公司投资的商业银行理财产品，主要由国有大型商业银行或全国性股份制商业银行发行，信用资质良好；投资的信托计划主要为大型国有非银行金融机构及大型国有企业提供融资。

（四）中国人寿

2017年，中国人寿投资资产规模25 932.53亿元，总投资收益率为5.16%，净投资收益率为4.91%。公司把握利率高位的配置窗口，加大长久期债券、债权型金融产品的配置力度；保持公开市场权益投资合理仓位，把握结构性机会，重视港股的配置价值；积极探索基础设施、供给侧改革、债转股等领域的优质投资机会，丰富收益来源。

主要品种中债券配置比例由2016年年底的45.62%提升至45.83%，定期存款配置比例由2016年年底的21.94%降低至17.33%，股票和基金（不包含货币市场基金）配置比例由2016年底的10.05%提升至10.32%，债权型金融产品配置比例由2016年底的5.38%提升至11.64%。年报没有披露关于固定收益类投资和非标资产投资的更多细节。

表9　　中国人寿2017年投资资产（截至12月31日）

投资资产类别	金额（百万元）	占比（%）
固定到期日投资	2 094 276	80.76
定期存款	449 400	17.33
债券	1 188 593	45.83
债权型金融产品	301 761	11.64
其他固定到期日投资	154 522	5.96
权益类投资	409 540	15.79
股票	173 440	6.69
基金(4)	101 258	3.90
银行理财产品	40 327	1.56
其他权益类投资(5)	94 515	3.64
投资性房地产	3 064	0.12
现金及其他(6)	86 373	3.33
合计	2 593 253	100.00

数据来源：中国人寿2017年年报。

（五）上市保险公司2017年投资情况总结

综合上述4家公司年报披露的信息，可以看出其在2017年共有的投资特征：第一点，固定收益类投资方面，在利率上行阶段增加中长期债券配置，拉长资产久期。第二点，权益类投资方面，注重价值投资，加大对蓝筹股和港股的配置力度。第三点，也是最重要的一点，即非标资产方面，总体增加对非标资产的投资比例；主要投资高信用等级产品；行业上根据政策导向集中于交通运输、市政建设、能源环保、非银金融等领域。

四、保险公司支持粤港澳大湾区实体经济发展的路径

保险公司可以发挥资金配置的优势，在一些重要的投资领域加大对粤港澳大湾区实体经济发展的支持力度。

（一）股票投资

对于粤港澳大湾区内已经上市的公司，保险公司可以择优购置一定数额的股票。分行业考虑，粤港澳大港区经济发展的重点行业有：①基础设施建设，包括航道和港口设施、公路、铁路、地铁等；②环保水利，包括流域生态治理、防洪灌溉体系等；③科技行业/新型产业，包括信息技术、生物医药、高端装备、节能环保、新能源汽车、机器人和人工智能等；④房地产业；⑤金融业。保险公司可以在这些重点行业中选择一些龙头企业的股票，进行价值投资。值得注意的是，2018 年 2 月份以来，沪深股市表现总体低迷，对相关股票的投资应慎重考虑。

（二）非标投资

除了传统的信用债之外，保险公司还可以通过各类债权投资计划达到获得固定收益、支持实体经济的效用。基础设施债权项目具有投资期限长、收益率较高、筹资额大等特点，符合保险资金的特性，且多由保险机构自主发行，是保险行业投行化牌照下的新型业务载体，近年来其作为非标资产的代表，受到保险资金配置比例持续提升。目前，债权投资计划期限以 5－10 年为主，投资收益率相对稳定，平均收益率在 6%左右，比较适合长久期的保险资产配置。

从行业投向情况上看，已有的基础设施债权投资计划主要投资于交通、能源领域，用于高速公路、地铁等项目的建设。而粤港澳大湾区业存在类似的需求，因此保险公司完全可以运用该模式参与到大湾区的建设中。在不动产债权投资计划上，项目最终的投资对象主要是商业不动产和棚户区改造等，其中投资于商业不动产的投资计划的占比更高，但同时也有超过 1/3 的资产管理公司参与了棚户区建设改造项目。在大湾区，由于发展较早，很多城市在土地规划上有许多不合理之处，城区改造也是其必须解决的问题。综上，无论是基础设施债权投资计划还是不动产债权投资计划，都可以被直接应用于大湾区，以支持当地的建设。需要注意的是，对于房地产市场的调控政策日趋严格，对于不动产债券计划的投资也需要适时地根据国家政策进行调整。

对于非上市公司以及处于初创期和成长期的公司，保险公司可以股权投资计划的形式进行投资。这一形式又包含两种模式，即直接股权投资和间接股权投资。其中，间接股权投资是指投资于私募股权基金，从而间接参股/控股目标公司。保险资金以股权方式进行项目投资后，除能够提供资金外，还可以行使相关的权利，对于项目的发展和决策产生影响，监督项目的正常运营的效果。股权投资一直以来也都是监管部门认同和充分肯定的投资方式。

此外，保险公司还可以选择资产支持计划（也就是 ABS 业务）。由于应收融资租赁款具有还款压力较小、提前还款率低，拥有物权保障、安全性强等特点，资产支持计划的基础资产对其更加青睐。2017 年有 9 家保险资产管理公司发行了资产支持计划，其中基础资产为融资租赁的占比为 2/3。例如，光大永明资产的创新项目“光大永明—永赢长江经济带金融租赁资产支持计划”，基础资产为宁波银行股份有限公司全资设立的永赢金融租赁有限公司持有的融资租赁债权资产，基础资产所属行业全部为长江经济带的民生工程类、符合国家鼓励性政策、收益稳定的行业。采取结构化分层增信，优先B级和次级受益凭证分别由永赢金租和宁波银行认购，为优先A级受益凭证（信用级别AAA）提供了共计29.4%的劣后增信，通过结构化分层为优先A级受益凭证的现金流提供了较厚的信用支持。该产品可以视为保险业以资产证券化方式支持粤港澳大湾区实体经济发展经济的创新案例。

（三）养老社区

中国逐渐进入老龄化社会，养老问题日益突出，公办养老院供不应求，而私立的养老机构良莠不齐，服务质量难以保障，还可能出现一些非法集资。保险资金体量大、周期长的特征使其适合直接投向养老产业。而大湾区由于地处北回归线附近，冬季的气候远比北方以及长江流域地区舒适。再加上建设宜居湾区的政策导向，养老社区、季节性旅游度假社区等产业有很大的发展空间。因此，挑选合适的城市和地段进行养老社区投资，可以在带动大湾区经济发展的同时，为保险公司自身创造更多的利润，从而提高保险资金的收益率水平。另一方面，养老社区也有利于加强保险公司投资端与负债端的结合，有利于扩大企业规模。

关于加强保险资金服务农村经济的思考

张舒宜*

习近平总书记在党的十九大报告提出的“乡村振兴战略”，包含着众多新概念、新表述和新要求，并对乡村振兴提出了历史任务和总体要求，是新时期开展“三农”工作的顶层设计，深刻体现了中国共产党解决“三农”问题的坚强决心、坚定信心和战略定力。深刻把握“乡村振兴战略”的科学内涵，服务农村经济发展，是保险资金面临的新形势和新任务，在这个过程中，保险资金应大有可为。

一、农村经济发展的重要意义

（一）有利于社会稳定、和谐发展

经济基础决定上层建筑，农业、农村、农民问题是关系国计民生的根本性问题。当前，农村与城市之间发展不平衡的问题，农业产业发展不充分的问题客观存在。“三农问题”的解决，农业现代化的实现，农民收入的增加，农村的和谐稳定，是社会稳定大局的重要经济基础。

与此同时，农村经济的发展离不开资金的支持，当前农村经济发展所需的资金主要来自农村金融的信贷资金和国家对农村的财政投入。从数据来看，第一产业在国民经济中的占比逐年下降；从财政与金融的关系来看，如果财政能为农村经济发展创造良好的金融投资环境，农村在充足金融资本的支持下迅速发展，会积累更多的财政剩余，农村经济、公共财政之间则可以实现良好的循环。

（二）对于整个国民经济的发展具有重要意义

从经济发展的角度来看，农民收入的增加，对于经济增长也具有重要意义。在过去很长时间里，我国的经济增长主要依靠投资和出口，消费对经济增长的贡献率相对较小，2008 年我国最终消费支出对 GDP 增长的贡献率为 45.7%，远低于大多数发达国家水平。

随着结构调整和产业升级，消费对经济增长的贡献不断提升，2017 年上半年，我

* 张舒宜，太平资产管理有限公司战略发展部，管理学硕士。

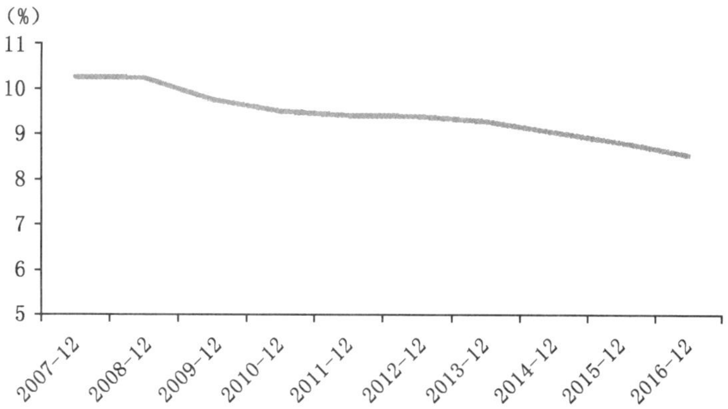

资料来源:笔者根据公开资料制作。

图 1　第一产业在国民经济中的比重

国最终消费支出对经济增长的贡献率达到 63.4%。虽然在这个过程中,第一产业的比重有所降低,但从西方发达国家经济发展情况来看,随着经济发展,尽管农业在国家经济总量中的份额下降,但通过完善的制度设计,农业发展、农民增收的问题基本得到有效解决,农业部门对经济的发展仍然具有重要的意义。

从我国的实际情况来看,我国依然是一个农业大国,尽管目前农村居民的绝对收入和消费支出占比还比较低,但农村的边际消费倾向总体高于城镇;农村一、二、三产业融合发展将有利于农民收入的持续增加,农村消费支出对经济发展的作用将更进一步地体现出来。

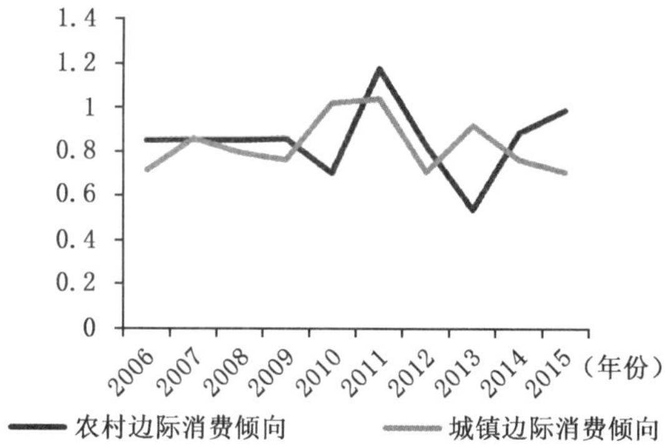

资料来源:同图 1。

图 2　农村和城镇边际消费倾向比较

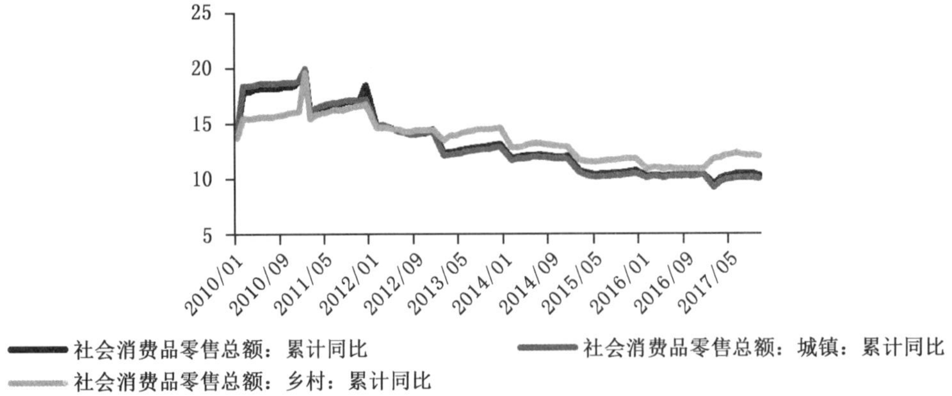

资料来源:中国统计年鉴。

图3　农村消费品零售好于城镇

二、当前农村经济发展中普遍存在融资难的问题

在完善和成熟的市场经济条件下,金融通过自由发挥资金融通的功能,为农业提供符合其资金特点的资金来源。但是,从我国农业发展所处的阶段来看,目前我国农村金融市场由于农业本身的脆弱性,资金效率低,农村金融市场还不完善,农村金融抑制的情况还比较普遍。其主要原因有以下几个方面。

(一)公共财政覆盖范围不足

财政资源具有公共属性,公共财政的投向也主要是公共产品或者准公共产品。目前,公共财政对农村的支持主要是公共产品和公共服务,包括农村基层政府、基础设施、农村环境、农业科技、农村社会保障、农村科教文卫等。

尽管近年来国家加大了农业农村的投入,财政资源也基本上实现了农村产品和服务的全覆盖,但是长期以来形成的二元城乡结构并没有发生变化,财政资源要素主要向工业和城市倾斜,公共财政的覆盖范围和覆盖力度还不能完全满足农村农业发展的需要。

(二)农村金融服务的脆弱性

近年来,我国的直接融资市场取得了较大的发展,但是进入门槛相对较高,对于较为弱小的农村经济主体来说,很难通过直接融资市场筹集到生产经营所需要的资金。

农村经济发展所需要的资金主要还是通过信贷来筹集,但是由于农村经济具有分散性、收益低的特征,以及农村金融市场信息不对称的原因,金融机构在向农业活动提供资金时缺乏动力。图4显示近年来金融机构新增涉农贷款比重处于下降的态势。

随着一些农村金融机构收缩,农村业务转向商业化途径,农村金融发展很多落到

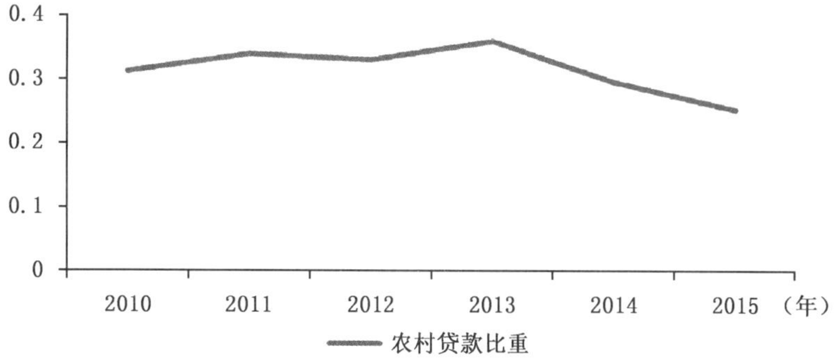

图4　金融机构涉农贷款比重

农村商业银行的肩膀上，但农村商业银行的不良贷款率较高，银行机构放贷意愿不高。

因此，在选择借款人上也比较谨慎，一些急需资金的经营者往往难以筹集到资金。由此农村金融的营利性目标与支农目标产生了严重的不对称，无法实现可持续经营。

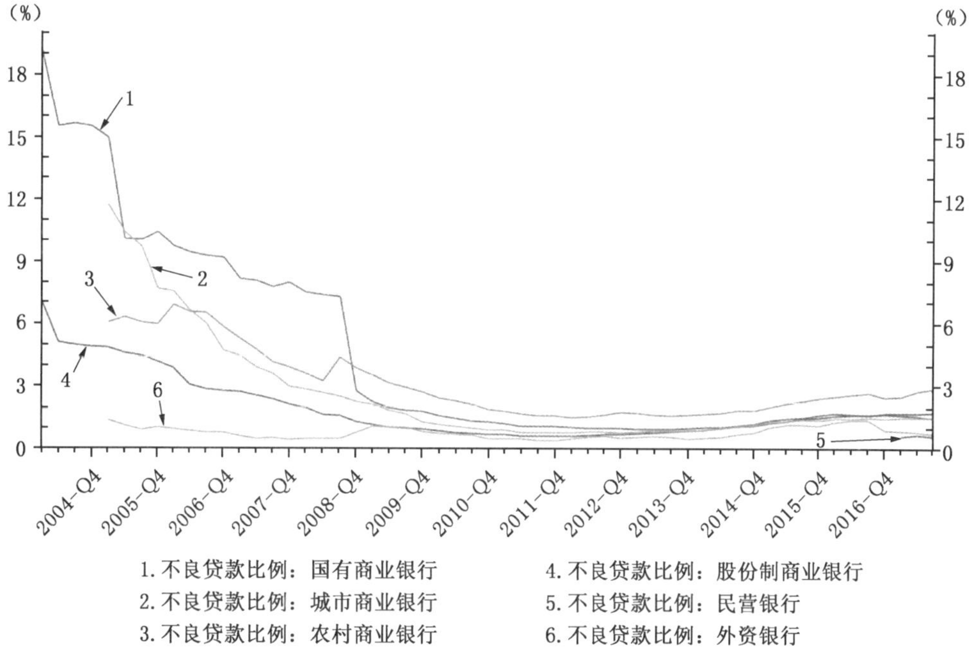

图5　不同类型银行不良贷款比例

（三）农地金融还没有真正形成

在公共财政资源覆盖不足和社会金融支持有限的情况下，农地金融对农村金融和经济发展具有重要的意义，当前，许多发达国家都已经形成了较为成熟的农地金融制度，尽管这些国家农地金融模式不同，但是有一些共同的特点：一是有完善的法律作为基础，制定完善的法律制度为农地的抵押提供依据和保障；二是具有合作属性，在农村建立起类似合作社的基层组织，可以起到信息监督的作用；三是资金来源的多样性，除了入股资金和政府的支持外，发行债券是资金的主要来源渠道。

需要强调的是，“抵押品”是债务合约的重要特征和组成部分，但农村金融体系中普遍存在的产权体系的不完善阻碍了农村抵押品的使用。在我国，党的十八届三中全会《关于全面深化改革若干重大问题的决定》，提出要慎重稳妥地推进农地承包经营权的抵押融资。一些地方先后开展了农地承包经营的确权工作，但是，土地融资重要的前提是农地产权关系的清晰界定。我国不同于西方国家的私有制，相关的法律对农村土地抵押流转的约束、农地产权关系的界定并不清晰，农地的价值评估和补偿机制都还不完善。自 20 世纪 80 年代开展农地金融探索以来，业务量较少，农地金融还难以成为一个专门的金融机构来运转。

三、保险资金服务农村经济发展的路径建议

现代农村经济发展离不开制度、资金、土地、人、科技等几个方面的资源，为更好支持农村农业的发展，国家在改善农村金融服务上进行了不懈努力，出台了一系列重要政策，并在一些地方开展了多项改革试点。

保险资金除了金融商业属性外还具有重要的社会属性，服务农村经济发展，拓宽保险资金支持实体经济渠道，是保险资金的重要宗旨和使命，从路径来看，可以有以下一些方式：

（一）与保险主业联动，促进农村产业的融合发展

保险资金除了自身长期性、稳定性的特点之外，还有一个重要特点，保险资金的负债端具有很强的保障属性和风险管理属性。由于农村金融经济存在事实上的脆弱性特征，在通过金融创新手段支持农村金融发展的同时，保险资金应加强与保险端合作，共同为农村经济发展提供保障。

农业保险对农村经济发展具有十分重要的作用，农业保险可以降低农业生产风险，提高农民生产和扩大再生产的积极性。与农民人身相关的各种保险，如失地农民养老保障产品、小额贷款人保证保险等，可以降低贷款人的风险。保险科技的应用，能事先对农业经营风险进行预测、及时传递农产品市场信息，增强农业经济的效率。

农村一、二、三产业融合发展，是拓宽农民增收渠道、构建现代农业产业体系的重要举措，是加快转变农业发展方式、探索中国特色农业现代化道路的必然要求。保险资金方多有大型金融或企业集团的背景，除了与保险相关的健康、养老等产业外，保险在上下游产业链上也发挥着越来越重要的作用。而且，保险行业在与政府开展政策性

业务上也有长期良好的合作。可进一步加强与地方政府的合作，通过投资企业股权、债权、资产支持计划等多种形式，在合理管控风险的前提下，为农业生产、农村小微型企业提供资金支持，优化农业产业结构，大力发展特色农业和特色产业，通过发挥集团优势，借助地方政府的力量，联合产业链上的价值主体，研究设立专门的农村产业融合发展投资基金，撬动金融资本对农村经济的支持，引导农村产业的融合发展。

（二）积极布局 PPP 和绿色金融发展

为深化农业供给侧结构改革，培育农村发展新动能，国务院、国家相关部委发布了一系列政策文件，鼓励和引导社会资本积极参与农业领域 PPP 项目，改善农业农村公共服务供给，财政部《关于深入推进农业领域政府和社会资本合作的实施意见》（财金〔2017〕50 号）重点列举了农业绿色发展、高标准农田建设、现代农业产业园、田园综合体、农产品物流与交易平台等鼓励开展 PPP 项目的领域。在政策保障上也明确要带动更多金融机构、保险资金加大对农业 PPP 项目的融资支持，加强农业信贷担保体系建设，探索农业 PPP 项目资产证券化的合规退出渠道。

绿色金融已于 2016 年写入了政府工作报告和“十三五”规划纲要，绿色产业和传统产业的绿色改造（环保）对金融的需求日益强劲。通过形成一批具有绿色产业特色的小镇，加快农业现代化建设，将成为实施乡村战略的重要着力点。发挥城镇化对农村经济发展的辐射作用。根据住建部等部门联合下发的《关于开展特色小镇培育工作的通知》，到 2020 年，将培育1 000个左右的特色小镇，以绿色产业为核心的特色小镇为绿色金融提供了精准的投资方向。此外，在杭州、武汉、长沙等省会城市的发展规划中，也将城镇和乡村一并纳入了规划方案。

这些都是保险资金在新的乡村振兴战略中的投资机会，保险资金应积极探索农业领域推广 PPP 模式，积极发展绿色金融，加快绿色资产证券化、绿色股权基金、绿色债券、绿色支付等重点绿色金融产品的探索和推广，形成一套成熟的投资模式，提升农村公共服务供给质量和效率。

（三）加强农村金融产品和服务的创新

虽然大型农业企业在上市融资和债券融资上，有一些倾斜政策，但在中小型农业企业的私募股权投资需求上，还缺乏专门的股权投资服务机构。从资本市场实际来看，创业板公司在改善企业融资、完善产业结构、推动自主创新方面发挥着重要作用，目前，创业板地处县乡级的公司有近百家，在发挥资本市场扶贫和改善民生方面具有重要的意义。保险资金可与政府加强合作，完善农村一、二、三产业进入直接融资市场的股权服务工作，提高农村产业经济融资效率，促进农村产业发展。

另外，尽管国家对家庭农场、农业专业合作社、农村企业等新型农业经营主体在财政、金融、土地方面有一些优惠支持政策，但是由于我国农村土地面积分布广、农村经营较为分散，小规模的农户数量仍然占据多数，他们抗风险能力弱，负债能力也弱，对科技和信息的需求也更加迫切，因此，保险资金可设立现代农业和农业科技投资基金，帮助小规模的、分散的农户根据所处地域和资源的特点培育优势产业。此外，保险资金还应持续关注国家农村土地产权改革，创新推出基于农村土地未来收益权的金融产品。

保险资金投资运用于普惠金融的思考

冯晓雷[*]

“三农”和中小微企业融资难、融资贵一直是困扰各级政府和各金融机构的重大难题。保险资产管理机构通过发行普惠金融领域的专属资管产品，引导保险资金投入到支农支小领域，将保险产品的风险识别化解功能与保险资金投资运用专业技术有机结合，这既是保险资金运用的大胆创新，也是保险行业支持实体经济发展、助推脱贫攻坚的重要举措。

一、保险资产管理机构开展普惠金融的内在逻辑

（一）履行社会责任和国企使命的必然选择

农业是国民经济的基础，中小微企业是活跃经济、创业创新、带动就业的重要力量，但由于各种原因所导致的信息不对称问题，融资难、融资贵一直是“三农”和中小微企业发展面临的难题。党中央和国务院高度重视“三农”和中小微企业发展问题，在历年的中央和国务院有关文件中都提出要加大对“三农”和中小微企业的支持力度，努力破解融资难、融资贵难题。大型保险集团与保险资产管理机构合作开展普惠金融，可以发挥保险资金优势、服务网络优势、投资专业技术优势，切实解决好“三农”和中小微企业发展中的融资难题，这是履行国有企业社会责任的必然选择。

（二）普惠金融业务未来发展情景广阔且大有可为

普惠金融业务具有客户范围广泛、信用风险分散、融资定价缺乏敏感性的特点，且传统金融在该领域的服务面仍然有限，蓝海市场特征明显，未来业务的可持续发展空间较大。以中国人保为例，中国人保每年为约 1.2 亿户次农民提供保险服务，约 5%有融资需求，潜在融资客户超过 600 万户。按单户金额 15 万元计算，每年潜在融资需求超过 900 亿元（而与中国人保体量相近、同样开展“三农”金融服务的农业银行，每年新投放农户贷款约2 000亿元）。而且保险公司的客户范围、业务类型广泛，如财产险、健康险等覆盖程度较为广泛的农村市场、汽车后市场、健康后市场等前景均十分广阔。

---

* 冯晓雷，中国人保资本投资管理有限公司普惠金融事业部高级经理兼部门临时负责人。

（三）保险资管行业突破发展的一种选择

刚性负债与资产荒的矛盾急需寻找投资回报率相对稳定的资产。近年来由于不断升级的货币宽松，流动性取代基本面成为大类资产轮动的核心因素。资产端面临企业对银行打破刚兑、政府对平台打破刚兑、风险收益率快速下行等问题，“资产荒”现象逐步蔓延。保险资金具有较强刚性属性，且金融机构对于负债端的竞争日趋激烈，负债成本实际上并未呈现出与经济增长速度放缓相一致的表现，反而在逐步攀升。为了保证投资收益能够覆盖越来越高的负债成本，保险资产管理机构需要寻找投资回报率更高、安全边际更高的项目，而支农支小领域特别的供需关系决定其可以拥有相对客观的回报率。

“三农”和中小微企业客户群体较大且发展迅速，社会总的融资需求不断扩大，且对融资利率的敏感性较弱。在供给侧，银行过度依赖于担保抵押物，而这恰恰也是“三农”和中小微企业客户所缺乏的，造成有效融资供给不足。非银行金融机构追求与商业银行的差异化竞争，用相对高的利率补偿抵押品不足所带来的风险，且资金到位灵活、客户需求满足率较高，正成为“三农”和中小微企业群体中重要的金融供给者。总体看，供需两侧的不平衡最终导致“三农”和中小微企业的融资回报水平要高于传统大型项目，在风控机制安排得当的基础上，普惠金融可作为保险资管行业在“资产荒”下的一种突破式选择。

二、保险资产管理机构开展普惠金融需要把握的关键点

（一）响应中央政策精神，这是政策支撑点

党中央、国务院高度重视“三农”和中小微企业融资难、融资贵问题，特别是在最近的中央及监管部门各类工作会议上，提出保险资金要加大对实体经济的支持力度。坚持“支农支小”是服务实体经济的重要组成部分，保险资产管理机构开展“支农支小”业务就是贯彻中央精神的重要举措，有了这个政策上的支撑点，相关工作就会推进得很快，各级政府和人民群众也会十分支持。从目前市场反映情况看，已经试点开展的“支农支小”业务很好地解决了广大农民在发展生产上的资金问题，深受农民兄弟欢迎，同时也获得了各级政府的高度认可，引起社会媒体的广泛关注，产生较大的社会影响力，为保险资金的运用营造了积极的社会环境。

（二）促进保险主业发展，这是业务协同点

为保险客户提供延伸金融服务是开展“支农支小”业务的出发点，保险资产管理机构设计的产品方案也都是围绕保险做文章，力求更好地带动保险主业发展。而且从实际运行效果看，“支农支小”业务高度契合地方经济发展需要和政府政策导向，各保险分支公司与地方政府的关系更加紧密顺畅，客户黏性明显增强，可以有效带动农业保险、保证保险、人身意外险、综合财产险等多险种发展。以中国人保开展的支农融资业务为例，目前平均每笔融资可带动融资金额 8%—10%的保费增长，业务协同发展成效十分显著。

（三）业务风险总体可控，这是发展关键点

“支农支小”本质上还是一种类信用业务，为了有效防控风险，保险资产管理机构在产品设计之初就需要建立足够好的风控机制。人保资本开发设立的“支农支小”系列产品设计了信用保证保险、第三方担保、结构化安排、担保机构风险兜底、保证金账户、止损机制、差额支付等多重风险防控措施，目前产品端没有发生任何逾期，而资产端总体逾期率控制在1%以内，远低于市场平均水平。而且在当前资管行业整体面临“资产荒”和投资收益率下行的背景下，“支农支小”产品对投资人平均收益率达到6%，获得相对较好的投资回报，风控和收益目标双双达标，业务实现良性和可持续发展。

（四）专业体系建设成型，这是管理关键点

普惠金融业务与传统保险资金投资业务在客户对象、风险类别、风控机制、产品管理等方面存在巨大差异，传统投资理论和技术并不能直接照抄而挪用于普惠金融。为纵深开展“支农支小”工作、加快业务试点进展，保险资产管理机构需要吸纳和整合系统内外对“三农”和中小微企业经营状况、财务特征、风控技术有充分理解和把握的专业人员，组建专门团队负责“支农支小”工作，并逐步建立专属的制度、系统、技术、机制直至事业部独立运行管理，以保证“支农支小”业务的独立性和商业化运作。

三、普惠金融应以产业金融为有效载体

（一）保险资金做普惠金融要有产业聚焦

如何在现有条件约束下解决普惠金融业务中的信息不对称问题，是保险资产管理机构开展普惠金融的关键所在。保险资产管理机构应当发挥专业人才和大型优质项目获取能力的优势，以产业链核心龙头企业为基础，通过以点带面、以一带多的形式，深入渗透到产业链上下游各节点，为产业链条上的核心企业、上下游企业和客户提供全方位的金融服务。此举既是保险资产管理机构“集中连片”开展普惠金融的必选模式，也是通过核心企业带动来扩展对中小企业、农业客户金融服务覆盖面的一种路径选择。例如，传统农业正逐步向现代农业转型，而现代农业是一个包括生产、加工、销售、技术推广、服务等过程的完整农业产业链体系，在这一过程中，农产品通过生产、加工和商业化，实现了从生产到消费的一系列价值增值活动，这些都将是普惠金融服务的着力点。

产业聚焦有三方面优势：一是便于集约化经营。通常每一类产业在生产、经营、销售、财务上都各有其特点，可以根据这些产业特点，在客户准入标准、融资要素确定等方面形成标准化的模型，借此实现集约化经营、批量化运作、降低管理成本的目的。二是便于风险控制。聚焦于某一产业开展金融服务，会对该产业的发展趋势、风险特点有较为深刻的认识，便于提前做出风险预判，还可通过案例迭代的方式总结同类型企业可能存在的风险，也可通过产业链关联企业提早发现其他企业的潜在风险。三是便于发现产业整合中的潜在投资机会。普惠金融的客户将以中小企业为重点，其中不乏

成长性较强的企业，其往往拥有强烈的债务融资、股权融资、并购兼并等金融需求。保险资产管理机构可以作为产业的综合金融提供者，掌握着该产业众多的客户资源，可以发挥信息优势、资本优势，充当产业整合的综合金融服务专家。

（二）普惠金融的产业聚焦就是要做产业金融

保险资产管理机构开展普惠金融应以产业链金融为主线，使纵向产业链上下游开发和横向区域产业集群、商圈开发相结合，让金融服务与产业形态形成网络交叉，不断编制扩大客户资源网，不断拓展金融服务的广度和深度。

纵向上，要围绕产业链核心企业及其上下游搭建金融服务链条，将产业链的核心企业和上下游企业联系在一起，通过一个项目带动一批业务发展。例如，在农业产业金融领域，可以种养殖为中心，向产前、产后环节逐步延伸，形成包括农业生产资料投入、种养殖生产、农产品深加工、农产品运输、农家乐、餐饮等环节的金融服务链条，而通过对整个产业链的支持，既可以实现大批量地开展业务、降低业务开发成本，同时便于金融机构整合产业链的信息、提高整体风险判断能力，从而摆脱单一项目风险集中的问题。

横向上，要围绕不同产业链打通区域金融、贸易金融及综合金融服务链条。纵向金融服务链条搭建完毕之后，即是向产业集群、商圈开发的发展，这既是产业金融发展的必然选择，更是进一步扩大获客渠道、提高经营效率的方式，也有助于从更宏观的角度去把控风险。每一个核心企业都有自己的产业链，不同的核心企业所形成的产业链还有供需合作关系，这是贸易金融的潜在机会。即使核心企业产业链的产品、服务内容相似，他们之间也有兼并和收购等需求，这也是综合金融服务的机会。

（三）聚焦产业应以协同保险主业为目的

保险资产管理机构开展普惠金融业务应以服务保险主业为主要目的，通过融资业务来更好地带动保险主业发展。一条主线是沿着政策性保险业务做普惠。以农业保险为例，地方政府的态度对农业保险的业务发展至关重要。现在各地方政府均要求金融机构加大对农业的资金投入，保险资金应用于“三农”领域，加大对各地方农业领域的资金支持，可以提高自身在地方政府和社会上的影响力，提高基层公司在地方政府中的话语权，从而提高在各地农险市场上的竞争力。另一条主线是沿着商业性保险业务做普惠。支持对象主要是保险后市场，通过影响和控制保险主业后市场各个产业，来提高保险公司的配套综合服务能力、提高客户满意度、提高客户黏性，从而提高市场份额。例如在健康产业，保险分支公司可以通过保险资产管理机构发行的融资产品加大对从事医疗健康、健康管理、养生保健、健康器械、饮水健康、空气净化等服务型企业的支持，提高健康保险的综合服务水平和能力，以此提高客户黏度和扩大市场份额。

（本文获“新华资产杯·IAMAC 2017—2018 年度征文”优秀奖）

推动养老健康产业发展，险资助力服务实体经济

陆 迪 孟 宁 于泽涵*

引言

新华资产管理股份有限公司作为新华人寿保险股份有限公司(简称新华人寿)控股的险资资产管理公司，一直为新华人寿等保险机构提供优良的资产管理方案。新华资产管理股份有限公司在满足资产负债匹配、收益风险匹配的原则下，一直积极寻求围绕新华人寿寿险主业和其寿险辅业的养老产业、健康产业的投资机会。随着中国人口进入老龄化以及国民收入水平的进一步提升，养老和健康实体产业将会进一步发展。

顺应上述长足发展的需要，新华资产管理股份有限公司将积极助力新华人寿在内的保险资金在上述领域的投资，服务实体经济。

一、与险资多元化投资理念相契合，保险＋养老＋健康模式发展具备可持续

近年来我国保险资产逐年稳步增加，保险资金运用能力同样逐年稳步提升。从规模看，截至2017年年末，保险业总资产16.75万亿元，年均增速23.59％；保险资金运用余额14.92万亿元，年均增速23.34％。从收益看，2017年保险资金投资收益率为5.77％，较上年提高0.11个百分点。2012－2016年，投资收益率分别为3.4％、5.04％、6.3％、7.56％、5.66％，整体稳定在5.60％左右。从配置看，银行存款1.93万亿元，占比12.92％；债券5.16万亿元，占比34.59％；股票和证券投资基金1.84万亿元，占比12.3％；其他投资6万亿元，占比40.19％。[①] 从趋势看，按照“国十条”战略目标，到2020年我国保险深度达到5％，保险密度达3 500元，届时保险资金规模将达20万亿－30万亿元。

---

* 陆迪、孟宁、于泽涵，新华资管另类投资部。

① 数据来源：原中国保监会。

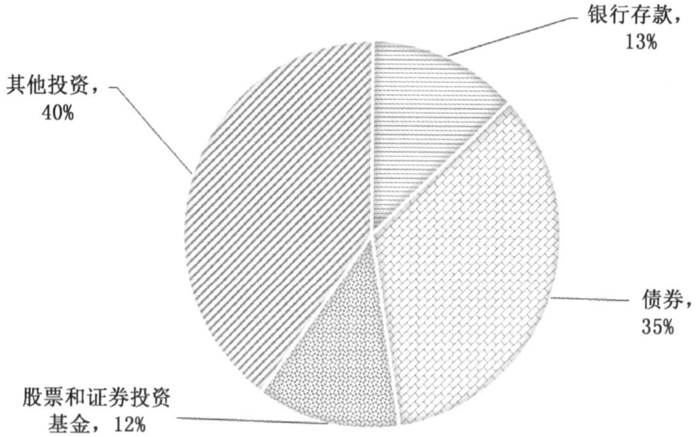

资料来源：中国保险资产管理业协会。

图 1　2017 年保险资金大类配置比例情况

保险公司通过多元化提高保险资产配置效能，加强另类投资稳定提升保险资金投资收益。近年来，银行存款类和债券类投资占我国保险资金运用余额的比例呈现出逐渐下降的趋势，考虑到当前我国经济增速放缓，保险公司以资产端收益覆盖负债端成本的资债匹配模式面临较大压力。因此，在保费成本居高不下的背景下，借助有限的资产配置渠道提升资产端的收益水平，得到众多保险公司的广泛重视。事实上，另类资产的配置在保险资金运用余额中的占比逐年上升，体现了保险公司切实加强多元化投资以提升收益水平的尝试与探索。从近几年的实际情况来看，来自另类投资的收益贡献度大大超过其资产配置比例，且收益率也同样超过了保险资金平均投资收益率。

另类投资中，有不少投资模式实际上偏离了险资本源，其收益模式不够稳定，而保险＋养老＋健康（以下简称“保养健”）模式则通过自身天然优势具备发展可持续性。首先，保险机构投资养老健康产业有利于协同支持保险保障功能主业的发展，有利于改善保险经营的盈利结构状况，有利于优化保险资金运用中的资产配置结构，因而具有重要而深远的发展战略意义。此外，对于一些与保险行业关联度非常低的投资领域，由于保险公司对其领域业务熟悉度的不足和对行业状况的不了解，这一类投资可能隐含着巨大的潜在风险，给保险公司的盈利和偿付能力都带来无形的压力，这类投资交易严重偏离了保险保障服务本源，其商业模式不具备可持续发展性。因此保险资金应该侧重于与保险行业相关度较高的领域，例如，人身险以人的寿命和身体为保险标的，保险资金可以通过保险产品交叉销售，进而形成对养老公寓/住房的销售及附加医疗、健康服务的需求。目前一些保险公司如泰康、太平已经通过保险产品将养老的期交产品嵌入到养老服务中，同时配套养老医疗设施，将解决老人就医难的问题。一个养老

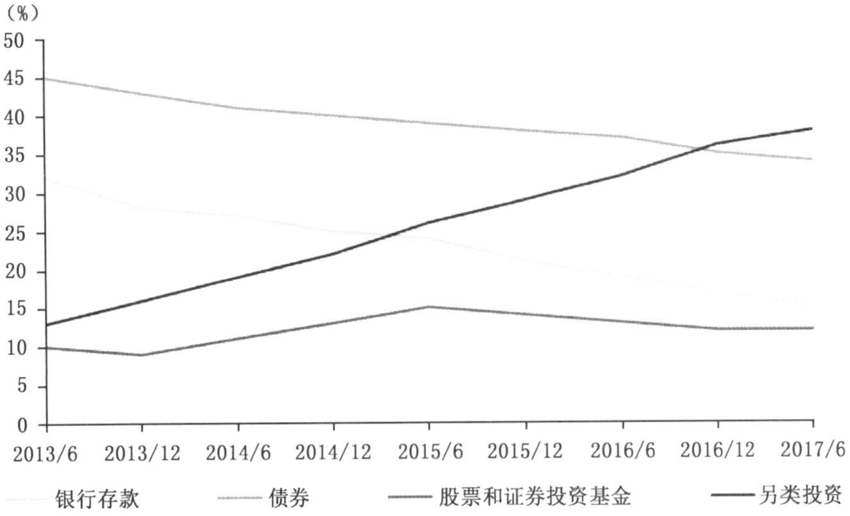

资料来源:中国保险资产管理业协会。

图 2　另类投资占保险资金运用余额的比例逐年提高

社区的建立将会带动保险产品的销售,带动医疗、健康险种的推出。同时,养老服务也将是养老社区配套所必需的。通过“保养健”的模式互动和“保养健”商业模型可以有效提高我国医疗、养老的发展水平,实现供给侧改革,从根本上扭转改善我国医疗、养老的资源紧缺状况。长期来看,随着保险、养老与健康的良性互相协同促进,人的寿命因环境条件改善等因素出现延长现象,从而可以在一定程度上降低保险公司身故赔付额,让死差的收益因此趋于稳健增长过程中。综合来看,“保养健”商业模型可以丰富保险产品的产品线,能够为保险受益人提供更多的全方位的保险产品,有利于回归保险/寿险的本源,增加保险产品交叉销售和保险产品在大资管竞争环境下的竞争优势。

“保养健”模式协同发展优势尽显。目前,保险资金已通过多渠道、多层次的方式参与到医疗健康领域中,养老产业的格局已初步形成,相关的商业模式也在持续发展中不断成熟。其中自保险资金投资私募基金以来,部分保险公司通过私募投资基金对包括医疗、健康和养老服务在内的成长性行业表现出较大兴趣,保险资金有望获得良好投资收益。

案例解析:新华保险与北京新华卓越康复医院有限公司

不久前,银保监会发布批复文件,同意新华保险以自有资金投资北京新华卓越康复医院有限公司。资料显示,北京新华卓越康复医院有限公司注册资本 1.4 亿元,股东为新华保险旗下公司新华卓越健康投资管理有限公司。该康复医院是二级康复医院,位于北京新华家园莲花池养老公寓,建筑面积 1 万平方米,共有 100 张床位及各类经验丰富的医护人员。通过专业的康复手段,能够最大限度地保持及改善老人的机体功能，提高其生活质量。康复医院与新华家园的养老公寓之间将存在较为紧密的互动作用。这一投资合作不但扩大了养老健康方面的服务供给，也在改善民生方面起到了一定的示范和积极作用。

二、市场前景政策利好兼得，推动"保养健"模式发展

随着我国人口老龄化的快速加深以及国民收入的持续增长，未来我国医疗养老产业发展前景十分广阔。

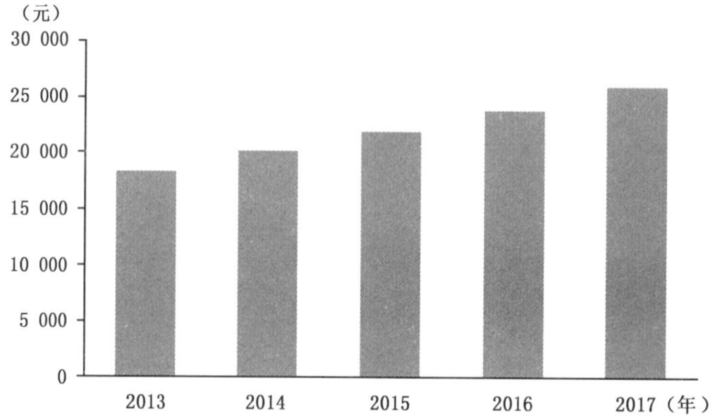

资料来源：国家统计局。

图3　2013—2017年居民人均可支配收入

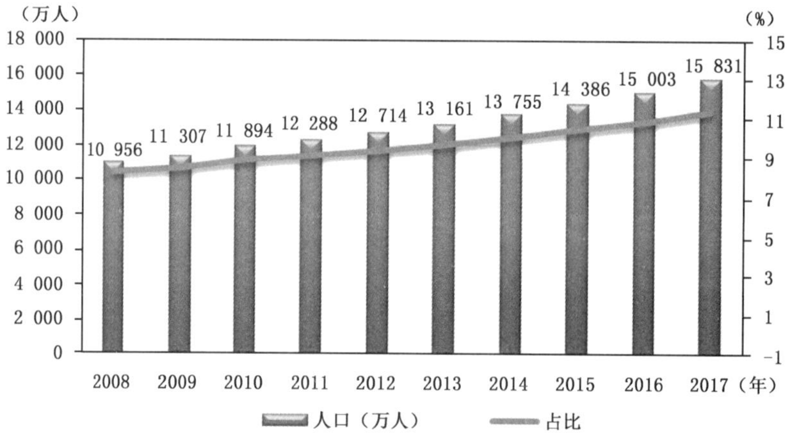

资料来源：国家统计局。

图4　过去十年来我国65岁以上老年人口统计

（一）现实需求决定了我国养老健康产业市场前景十分广阔，亟须国家政策倾斜与长期资本支持

国际上通常看法是，当一个国家或地区 60 岁以上老年人口占人口总数的 10%，或 65 岁以上老年人口占人口总数的 7%，即意味着这个国家或地区的人口处于老龄化社会。截至 2017 年年底，我国 65 周岁及以上人口为15 831万人，占总人口的 11.4%，大幅超过 7%的标准值，中国老年人口比例严重超标。此外，上海市卫生发展研究中心最新发布的《老龄化对上海市医疗费用影响研究》表明，上海市民一生中 68.6%的医疗费用发生在 65 岁以后；41.7%的医疗费用发生在 65—84 岁；死亡前 1 个月的住院费用占临终两年总费用的 38%。研究还显示，从上海全市人口来看，占总人口数 19.5%的老年人口门急诊人次占总量的 52.2%，出院人数占总量的 45.3%，医疗资源消耗总体以老年人口为主。这部分老年人口相应的门急诊费用占总量的 63.2%，住院费用占总量的 52.8%。随着老龄化日益严重，预计到 2020 年，占总人口 21.5%的老年人医疗费用将占总费用的 58%；到 2050 年，占比 44.8%的老年人口将花去 80.8%的医疗费用。老年人的人均医疗费用是其他年龄组的 6 倍。

（二）保险资本与养老产业属性天然契合

国务院下发《关于加快发展现代保险服务业的若干意见》，明确了商业保险在养老保障体系领域的作用定位及政策支持，支持符合资质的保险机构投资养老产业、参与健康服务业整合，促进保险服务业与养老服务业的联动协调发展。事实上，保险资金具有在养老服务业投资的两层优势：一是通过在养老领域的不动产投资实现“保险、养老、资管”的整合。其中，差息是保险公司的主要利润来源，死差收益、费差收益以及息差收益都将会提升保险公司的生产力。而养老行业将在三差上为保险公司提供一个新的着力点。二是通过延伸产业链拓展现有客户的保险深度实现保单的实物化。以养老社区为支点，融合传统养老险与健康险、财险等众多险种，反哺养老社区自身的稳健经营，最终获取长期良好的收益。诚然，传统养老观念的转变任重道远，且产业自身的盈利模式尚不清晰，但是，目前已经有险资开展了养老产业的业务，随着相关技术及理念的推移和创新，相信会有一些具有中国特色的养老产业将会出现。随着政策的不断出台及落实，将进一步提升养老人群的支付能力，并为我国养老产业更好发展带来更多保险资金支持。

（三）保险资本与医疗健康产业属性天然契合

国务院下发的《关于加快发展现代保险服务业的若干意见》中，明确了保险行业对医疗产业的补充作用。事实上，医疗产业已经成为当下保险资金发起设立产业基金的主要领域，且其涉足的领域正在逐渐扩大、深入。通过对医疗产业的深入融合，大大有利于保险公司开展人身险尤其是健康险业务。进一步来看，保险公司可以通过大数据、人工智能和 IT 的投入，加大对医疗产业的上下游链端的掌控，从而进一步控制成

本，提高息差。

（四）银保监会也在持续加强保险资金对养老、医疗健康产业的支持力度

2015年10月，国家发改委和原保监会联合出台《关于保险业支持重大工程建设有关事项的指导意见》，明确指出："鼓励设立养老专业保险资产管理机构，支持保险资金进行养老、医疗、健康等相关领域的股权和不动产投资。"此后相关政策也得到了落地实施，2017年11月15日，原保监会发布了《健康保险管理办法（征求意见稿）》，明确表示，保险公司经营医疗保险，应当加强与医疗机构、健康管理机构、康复服务机构等合作，为被保险人提供优质、方便的医疗服务。

三、我国"保养健"模式未来发展方向及前景展望

近年来，在企业年金、职业年金市场上，保险公司及保险资产管理公司已经成为主要投管人，受托管理资产规模的增速已经超过年金市场的整体增速。同样，保险资产管理公司受托管理养老金的资金规模也在不断在增加，这都为我国养老金投资的保值和增值提供了较为有力的支持。截至2016年年底，保险行业共为5.1万家企业提供受托管理服务，覆盖1 086万名职工，累计受托管理资产5 167亿元，同比增长23.9%，其中，管理企业账户15 689个，个人账户281万个，投资管理资产余额5 730亿元，同比增长19.9%。同时，企业年金法人受托的市场份额为74.5%，国寿养老、平安养老在全部10家合格受托机构中排在前两位。投资管理的市场份额为53.7%，平安养老、泰康资产、国寿养老则分别以1 522亿元、1 490亿元和1 263亿元的受托投资管理年金资产规模在行业内投资管理机构中分列前三位。

在养老健康产业领域，保险资金参与投资的养老健康社区已初具规模。截至2017年6月，8家保险公司在28个养老社区项目中实际已投资金额达237亿元，后续投资金额超过400亿元。这些社区在全部建成后可向社会提供33万张床位。在政策鼓励的背景下，险资在养老服务领域的直接投资规模将快速增加，其间也将向社会提供大量就业机会。

四、"保养健"模式存在的风险点

（一）流动性风险问题

养老健康产业的投资一般依赖于重资产模式，受限于此，土地价一般在投入中占比较高，投资周期流程被动拉长，这些投资是否能尽快回收成了各大险资公司特别关注的问题。保险资金的负债属性决定了保险资金必须要注重流动性管理，因此也对"保养健"模式可能存在的流动性或变现问题提出了不小的挑战。

（二）法律和支持服务体系不够完善

尽管在顶层设计、行业宏观、发展战略层面政策利好不断，但是实际上在地方、企

业、操作层面仍面临用地性质、运营补贴等“瓶颈”问题。一是地方政府热情不高,主要是由于养老、医疗用地出让价格低,且养老健康项目带来的引资、增税等经济效益有限;二是目前补贴政策仍然向公办、民非养老机构倾斜,工商注册营利性质的养老机构基本上得不到额外补贴,且补贴发放方式由“补砖头”“补床头”向“补人头”转变需要一个漫长过程,盈利见效过程较长。

(三)保险公司自身实力相对处于劣势

与传统地产企业相比,保险机构客观上不具备物业投资、开发资源等先发优势;同样要开展医养结合等业务,保险机构也不具备医疗资源优势。与优质医疗机构合作,三甲医院往往没有积极推进合作的态度,一二级医院的吸引力又不大。而新建医疗机构投资成本更高,投资蕴含的风险更大。

五、政策建议

(一)人才建设迫切需要加强,为“保养健”可持续发展模式创造人才基础

尽管发展前景良好,但目前健康养老产业的人才缺口很大,尤其是相关产业高端人才数量严重匮乏,未能给“保养健”模式创造出一个稳定的盈利模式。其根本原因在于养老健康市场还普遍存在薪酬无优势、工作环境不达标、技术职称通常不顺之类的问题,使得人才不愿涌入健康养老市场,因此企业也不愿持续大规模投入资本。国家要尽快加大政策倾斜,通过提供例如税收等优惠政策,鼓励资本投入的方式刺激企业发展健康养老市场;此外,还要进一步改善行业薪酬水平,吸引年轻人才投入到健康养老产业当中,实现发展正循环。

(二)注重现金流回笼,建立险资投资养老健康产业可持续发展模式

在实操层面,保险公司可以通过养老用地周边少量住宅的建设,回笼阶段性必要资金。这样不仅可以缓解保险公司投资的压力,还可以使得养老社区的收入能够逐渐平衡其投入的成本,只有这样,“保养健”商业模式才有可持续性。另外,保险公司还可以通过用未来养老的现金流做成项目资产支持计划等金融产品,将有望缓解险资投资养老建设的资金压力。此外,还可以尝试在养老、健康医疗等土地使用上采用“零地价”或低地价或长期低成本出租等方式解决重资产投入的问题。同时,在人才引进、税收等方面给予社会企业更多的优惠和鼓励政策,使得险资能够也乐于增加对健康、养老的投入,使得“保养健”共同发展的商业模式可以有发展的机会。

(三)支持养老社区强化健康管理和医养结合

一是对养老机构内设医疗机构开辟审批绿色通道,并支持其纳入医保联网;二是将医师多点执业范围覆盖至养老社区,并出台配套的规范指引政策;三是支持保险公司以股权投资、战略合作等方式,设立医疗机构和参与公立医院改制,为养老社区提供

优质、高效、低费的健康医疗服务；四是加快老年人入住养老社区的医保异地报销问题解决的进度，为以后发展全国候鸟式旅居养老（例如泰康之家）等创造有利条件。

参考文献

[1]邵子钦.为什么要发展保险＋医疗＋养老：寿险靠吃利息的日子已经过不下去了[EB/OL].http://www.sohu.com/a/119170726_479823，2016－11－16.

[2]曹德云.保险资金是养老金融体系中的重要力量[EB/OL].http://www.sohu.com/a/149534257_734123，2017－06－16.

[3]二十一世纪经济报.高龄老人医疗费用高 65 岁以上医疗费用占终身费用的 68.6%[EB/OL].http://money.365jia.cn/news/2017－03－17/E7E622B80B8EA861.html，2017－03－17.

[4]李海超.我国保险资金投资养老产业探析[J].合作经济与科技，2012.

[5]蓝鲸财经."一手牵医疗，一手牵养老" 险企积极延伸医养产业链[EB/OL].http://m.jrj.com.cn/rss/yidianzixun/2017/12/1/23725518.shtml，2017－12－01.

[6]人民日报."门槛"不低"保险系"养老院让多数人有点够不着[EB/OL].http://finance.jrj.com.cn/2017/09/18100123129213.shtml，2018－02－05.

[7]国际金融报.两家央企搞了一个投资公司，目标直指健康养老[EB/OL].http://news.hexun.com/2018－04－26/192913564.html，2018－04－26.

资管业务创新篇

把握国家政策与挖掘投资价值共举，防范信用风险与探索结构创新并重

陈　瑞　徐　珂*

引言

周期性重资产行业，主要指的是在国民经济产业链中位居中上游的煤炭、钢铁、水泥、有色、化工等行业，上述行业均是实体经济的重要组成部分，且是国家供给侧改革面向的重点领域。供给侧改革旨在清理僵尸企业，淘汰落后产能，同时大力发展先进生产力，在这过程中亟须包括保险在内的金融机构的持续支持。通过另类项目投资周期性重资产行业，不仅符合保险资金支持实体经济的政策导向，也能够为保险资金带来丰厚的投资回报。但是，上述行业企业存在经营状况波动性较大、债务负担沉重等问题，给保险资金的投资带来了显著的信用风险。有鉴于此，太平资产坚持防范信用风险与探索结构创新并重，力争在风险可控的前提下取得更高的投资回报。

一、保险资金投资周期性重资产行业另类项目的重要意义

（一）周期性重资产行业面临迫切的融资需求

作为资本密集型的周期性重资产行业，其工业增加值在实体经济中的占比较高，而资产负债总额占实体经济的比重同样位于较高的水平。上述行业的共同特征是资本投入规模较大、经营和财务杠杆水平均较高，同时行业内龙头企业普遍存在有息负债规模巨大、资产负债期限错配严重的问题，存在着显著的有息负债压力和流动性风险。因此，上述行业的龙头企业对于外部长期稳定的资金来源存在迫切的需求。

（二）保险资金具备支持周期性重资产行业的资本实力

保险资金具有规模大、期限长等特征，具备服务实体经济、支持周期性重资产行业的资本实力。截至 2017 年 9 月末，保险业总资产已达 16.58 亿元。同时，保险资金往往期限较长，能够投资期限在 5 年以上乃至更长时间的投资项目。如上文提到，周期性重资产行业不仅存在融资需求巨大的问题，同时其资产负债往往存在期限错配的现

* 陈瑞，太平资产管理有限公司信用评估部总经理；徐珂，太平资产管理有限公司信用评估部分析员。

集团和川煤集团均爆出信用违约事件。

表 1　　部分省属煤企煤炭产量变化情况　　单位:万吨

公司名称	2014 年煤炭产量	2016 年煤炭产量	变化幅度
陕西煤业化工集团有限责任公司	12 712	12 593	−0.94%
河南能源化工集团有限公司	10 356	6 658	−35.71%
黑龙江龙煤矿业控股集团有限责任公司	4 905	4 270	−12.95%
重庆市能源投资集团有限公司	1 410	1 174	−16.74%
四川煤炭产业集团有限责任公司	1 336	1 120	−16.17%
江西省能源集团有限公司	727	356	−51.03%

资料来源:根据公开信息整理。

2. 规模优势

作为资本密集型的行业,规模优势同样能成为维持公司信用水平的“护城河”。同等条件下,规模较大和市场地位突出的企业在资源获取、产品定价、外部支持等方面具有优势,其抵御经济周期性波动的能力也较强,经营风险也就相对较低。同时,在一轮经济周期过程中,行业内企业优胜劣汰带来的并购重组和资源整合,导致行业集中度持续上升,龙头企业地位日趋凸显。比较典型的是钢铁行业,宝钢集团和武钢集团合并设立宝武钢铁集团,邯钢集团、唐钢集团等合并设立河钢集团等,通过持续的并购整合做大规模,从而在行业内树立更强的竞争优势。

3. 股东支持

由于周期性重资产行业对于资金和政策方面的支持存在迫切的需求,其外部支持力度也成为甄选信用主体的核心要素。对于股东支持力度的分析不应仅仅局限于股东性质、国有股东的行政层级以及所属省份的经济财政实力等方面,而是应该结合前面所述的信用主体自身的资源和规模优势来综合分析。比较典型的如江西省下属的有色金属龙头企业江西铜业集团和煤炭龙头企业江西能源集团,两者均为江西省国资委全资控股企业。区别在于,江西铜业集团的铜矿资源优势极为显著,铜加工规模优势突出,其在江西国资体系的地位不可动摇,从而信用水平更为稳定;而江西能源集团属下的煤炭资源近于枯竭,产能规模持续下滑,信用能力快速弱化。

综合来看,在甄选核心信用主体的过程中,上述几个要素相辅相成,甚至互为因果,应结合所属行业的竞争格局综合加以考虑。对于资源禀赋因素更为显著的煤炭行业,太平资产投资的核心信用主体基本为资源大省的核心省属煤炭国企;而对于并购重组频繁、集中度更高的钢铁和水泥行业,则主要选择大型央企为主,辅以个别规模优势极为突出的地方国企。

（二）拟投项目

由于另类投资往往直接与实体经济项目直接关联，相较于传统债券投资而言，另类投资的信用风险评估更需关注拟投项目的发展前景和经营状况。更有甚者，遴选拟投项目应不仅以防范信用风险为主要目的，还应把握住保险资金服务实体经济这一国家政策导向。在此背景下，我们认为对于拟投项目的遴选应关注以下几点：

1. 拟投项目应符合国家产业政策和区域发展规划

近年来，国家针对周期性重资产行业出台了一系列产业政策，其核心围绕推行供给侧改革和化解落后产能等方面，因此在分析过程中应重点关注拟投项目是否符合上述政策导向，确保相应项目的产能从规模和技术水平上在业内均处于领先地位。与此同时，国家或部分地区制定的区域发展规划同样对于拟投项目分析存在很强的指导意义。太平资产投资的河钢邯钢项目，其拟投项目为河钢集团下属的邯钢集团邯宝钢铁项目，该项目产能水平较高，具备较强的盈利能力，同时项目地处京津冀区域，符合国家关于雄安新区和京津冀协同发展的区域发展规划。

2. 拟投项目应与核心信用主体的优势业务紧密相关

在对核心信用主体进行分析过程中，我们强调资源禀赋和规模优势是决定其信用水平的重要因素之一，而其优势业务往往能够集中体现其资源和规模的优势。在此情况下，我们应努力选择拟投项目为核心信用主体的优势业务或其主要延伸方向。太平资产投资的河钢邯钢项目和中国建材西南水泥项目均集中体现了上述原则，拟投项目均处于该另类项目的担保主体河钢集团和中国建材集团的优势业务领域。与之相对的是，拟投项目与核心信用主体优势业务不一致可能导致项目进度甚至控制方都存在不确定性的风险。譬如，在煤炭央企整合之前，从事煤炭开采业务的央企包括神华集团、中煤集团、国家开发投资集团、保利集团、中铝公司等。2016 年国资委开启央企煤炭整合以来，包括国家开发投资集团和保利集团相继退出了煤炭业务。此时，国家开发投资集团和保利集团下属的煤炭业务则存在实际控制方变更的风险，从而导致项目前景存在较大的不确定性。

3. 核心信用主体应能够对于拟投项目具备实际的控制力

由于核心信用主体较大程度上决定了另类项目的信用级别，我们在关注核心信用主体的偿债能力的同时，也需要加强对于其偿债意愿的分析。如拟投项目并非处于核心信用主体的实际控制之下，其提供的增信的可靠性就值得商榷。债券市场上已出现类似的担保违约事项，鄂尔多斯东胜城投拒绝对于其担保的 12 蒙恒达债券履行代偿义务，很大原因是该债券偿债主体与东胜城投并不存在股权控制关系。由此可见，在项目尽职调查过程中，明确核心信用主体对于拟投项目的控制力以及本次另类项目融资的态度就尤为关键。

4. 拟投项目应具备良好的盈利前景和现金流

与公用事业类项目不同，实体经济项目终端产品面向市场，需要在激烈的市场竞争中获取利润，因此拟投项目在一定的投资期限内实现稳定的盈利和现金流就显得更为重要。在选择投资项目的过程中，需要仔细研读项目的可行性报告，分析所处行业的供需态势变化，预测核心产品的价格波动走势，从而构建起对于项目未来盈利和现金流状况的综合测算。相对而言，公用事业类项目未来现金流来源趋于确定，而周期性重资产行业相关项目往往波动性更为显著，其对于产品价格和产量等关键要素的预测难度相对凸显。在此情况下，就需要更多借助专业人士的行业研究成果，秉持着审慎的态度，构建预测模型，做好压力测试，以期能够更加全面客观地为投资提供决策依据。

三、保险资金投资周期性重资产行业应加强探索结构创新

保险资金投资周期性重资产行业另类项目，主要是通过投资保险债权计划的形式。由于融资主体在设计交易结构、募集资金运用以及控制杠杆水平等方面均存在个性化的诉求，普通的保险债权计划在形式上往往无法充分满足融资主体的需求。太平资产结合融资主体、增信主体的业务属性和资产负债特征，以及拟投项目的融资需求，积极探索创新交易模式，设立了包括永续债权投资计划、股权投资计划和资产支持专项计划等多种类型的产品。

太平资产设立的中国铝业项目即是采用了永续债权计划的形式，由于偿债主体中国铝业公司自身资产负债率较高，且有息负债规模巨大，其存在控制财务杠杆水平的内在需求。由于永续债权计划存在到期继续存续的可能性，相较于固定期限的产品来说，按期还本付息的不确定性更为凸显，因此太平资产坚持以更为严苛的标准和审慎的态度遴选永续债权计划的发行主体。中国铝业公司作为我国有色金属行业的核心央企，在铝、铜和稀土行业均具备较强的竞争力，将显著受益于国家推动的供给侧改革带来的行业集中度提升和产能升级，综合抗风险能力较强，同时其也满足保险债权投资计划关于偿债主体免增信的要求。

青海国投项目则是太平资产设立并投资的股权投资计划，主要投向青海省国有资产投资管理有限公司设立的青海省供给侧改革产业基金，而该基金主要投向西宁特殊钢股份有限公司的结构调整、产品升级项目等。太平资产设计了基金份额到期回购并由青海国投提供担保的交易结构，一方面满足了融资主体对于募集资金运用方式的要求，另一方面担保增信方式也能够确保担保方青海国投在审计报告中以或有负债的形式予以披露，从而有助于降低交易结构带来的不确定性。

太平资产与华泰证券资管合作设立和投资的“华泰—金美—中联水泥一期租赁资产支持专项计划”，是首单通过券商资管公司发行的，且根据保险机构资金配置要求定

制的租赁资产支持证券。设立该资产支持证券主要是基于中联水泥的业务属性和资产特征而量身打造的交易结构，为保险资金投资另类项目开拓出创新的交易模式。

总而言之，在保险资金投资周期性重资产行业另类项目过程中探索交易结构创新，既立足于满足融资主体特有的融资需求，同时也要结合保险资金自身的特点，充分做好信用风险的防范工作。

四、结语

通过另类项目投资周期性重资产行业企业，符合国家持续推进供给侧改革和保险资金服务实体经济的政策导向，同时也能为保险资金带来丰厚的投资回报，有助于实现其保值增值的目标。自供给侧改革全面推进以来，太平资产相继发起和投资了多单另类项目，投向周期性重资产行业的龙头企业的优质项目，在兼顾防范信用风险和探索结构创新的基础上，公司实现了把握国家政策和挖掘投资价值的较好的统一。

任重而道远:险资开展债转股业务的多维透视

吴　杰*

一、本轮债转股的特点及进展情况

(一)本轮债转股与上轮债转股的运作机制有显著差异

相比上一轮债转股(1999 年起),本轮债转股(2016 年起)主要是为了贯彻落实国家供给侧结构性改革战略,通过市场化、法制化手段主动降低实体企业杠杆率水平,提前处置商业银行不良资产可能面临的风险。从实施标的看,主要以发展前景良好但遇到暂时困难的优质企业为主,而上轮债转股主要以负债高企、经营困难的国企为主;从实施机构看,不限于四大国有金融资产管理公司,主要以银行资产管理机构(商业银行不得直接债转股)、地方资产管理机构、保险资产管理机构等作为实施机构;从资金来源看,不再是上轮债转股那样由财政部和央行出资,而是由实施机构自行募集社会资金,如果债转股项目出现损失,财政不兜底;从定价方式看,由商业银行、企业和实施机构自主协商确定资产转让价格和转股价格等,而非上轮债转股中按面值定价;从退出机制看,由于上轮债转股实施时资本市场不够完善,多数债转股项目以企业回购为主,而本轮债转股实施机构可以与企业协商,借助更加完善的多层次资本市场退出或远期回购退出。

表 1　　本轮债转股与 1999 年债转股比较

	本轮债转股	1999 年起的债转股
实施背景	帮助银行提前释放不良资产风险,企业亏损情况没有上次严重	银行不良率较高,已处于技术性破产边缘;企业大面积亏损
实施目的	去杠杆,落实供给侧结构性改革	化解不良贷款,帮助企业扭亏

* 吴杰:上海财经大学保险学博士毕业,现就职于中国人保资产管理有限公司宏观与战略研究所,助理研究员。研究方向:保险资金运用,保险资金配置。

续表

	本轮债转股	1999 年起的债转股
实施标的	围绕“四个禁止”“三个鼓励”筛选	负债高企、经营困难的国企
实施机构	以银行 AMC 为主,允许地方 AMC、保险资管等作为实施机构	四大金融资产管理公司
资金来源	通过股权投资基金、AMC 专项融资债、产业投资基金等募集社会资金	财政部及央行资金
定价方式	由银行、企业和实施机构自主协商确定债权转让、转股价格和条件	按面值定价
退出机制	与企业协商,可通过多层次的资本市场或回购等方式退出	帮助企业上市、转让或回购
股东权益	在法律和公司章程规定范围内参与公司治理和企业重大经营决策,进行股权管理	参与企业重大决策,但不参与企业日常生产经营活动
损失承担	政府不兜底,由各参与主体承担	由政府财政兜底

资料来源:中国人保资产宏观与战略研究所。

(二)本轮债转股的进展情况

自 2016 年 10 月市场化债转股的顶层设计出台以来,越来越多的市场化债转股项目逐渐落地,从债转股项目进展和已落地项目特点分析发现,本轮债转股呈现以下特征:

第一,签约项目较多但真正落地较缓慢。在市场化债转股顶层设计公布初期,高杠杆企业拟进行市场化债转股的热情较高。但一方面由于政策细节尚需进一步明确,另一方面自 2016 年下半年经济逐步回暖以来,以周期类为主的企业利润逐步好转,对市场化债转股的迫切性需求下降,签约项目实际落地比较缓慢。考虑到十九大报告明确指出未来经济发展将由高速增长阶段转向高质量发展阶段,为促进我国经济转型,优化经济结构,提高经济增长韧劲,未来一段时间实体经济去杠杆仍将是供给侧结构性改革的重要方向之一。

第二,实施标的以周期类的地方国企为主。根据目前已经落地的债转股项目,从行业分布看,实施标的主要以钢铁、煤炭等强周期性企业为主;从公司属性看,实施债转股的企业主要以国企为主,而这其中地方国企占据绝大多数;从上市平台看,为方便债转股项目的及时退出,已落地项目中大约有 2/3 项目所属集团内公司在上海或深圳证券交易所上市;从资产特征看,实施债转股的企业整体平均负债率在 75%左右,且多数标的资产为正常类资产。

第三,实施机构以银行主导为主,债权资产一般以 1∶1 账面价值承接。目前从市场化债转股项目的实施机构看,主要以银行为主导机构,其他金融机构主导的较少。在以银行主导的落地项目中,主要借助外部基金、信托等平台,通过间接持有企业股权,银行及投资人资金作为 LP 获得股息或分红。随着五大行资产管理子公司的逐渐成立,预计后期银行可通过资产管理子公司全面实施债转股。从债权资产的转让价格看,由于多数标的资产为正常类资产,且银行具有市场主导地位和话语权,债权资产转让一般以 1∶1 的账面价值承接。

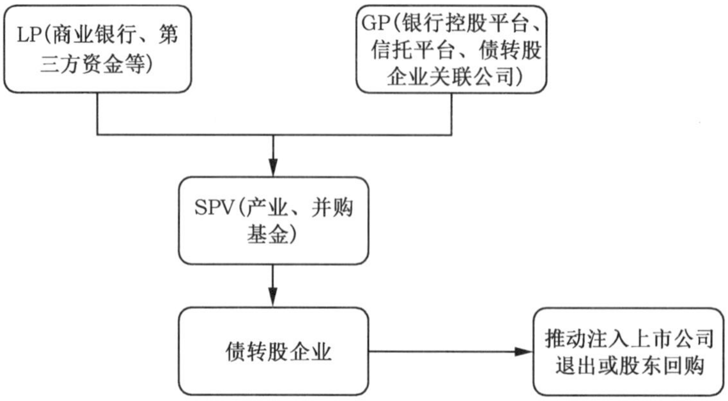

资料来源:中国人保资产宏观与战略研究所。

图 1　借助外部基金、信托等平台实施债转股的主流模式

第四,实施项目多呈现出“名股实债”特征。本轮市场化债转股已落地的项目中,虽然多数以转股方式运作,并尽可能通过市场化方式推动债转股资产注入上市平台退出,但多数项目许诺远期回购协议,且承诺每年将向 LP 等投资人支付股息或分红。名义上属于债权转股权,但实质上是新债置换旧债,仅降低了名义上的资产负债率,呈现出典型的“名股实债”特征。

二、保险资金参与市场化债转股的动机

(一)参与市场化债转股是贯彻落实国家供给侧结构性改革战略的必然选择

深化供给侧结构性改革是“十九大”报告中建设我国现代化经济体系重要举措之一,关系到提高我国经济的供给体系质量,关系到我国经济结构的转型升级。保险资金参与市场化债转股项目,可以充分体现服务实体经济、助推供给侧结构性改革的力度和决心,是服务国家战略、响应国家号召、敢于政治担当的必然选择。

(二)保险资金特点与绝大多数市场化债转股项目天然吻合

市场化债转股项目往往期限较长,一般在 3 年以上,而且募集资金较大,特别是以有限合伙人(LP)身份参与债转股项目时往往要求单一 LP 能够提供较大的资金,这正好与保险资金期限长、规模大和来源稳定的特点一致。除此之外,从国际经验看,债转股等困境基金的风险收益特征要优于风投基金、并购基金等基金,能够满足保险资金

的风险收益特征要求,有助于保险资金的资产负债匹配管理。

(三)从国际经验看,困境基金具有较高的投资收益率和穿越经济周期的特征

从国际经验看,像债转股等困境基金具有较高的投资收益率水平,从 1990—2008 年,全球困境基金的平均投资收益率为 14.4%,能够覆盖绝大多数保险资金的负债成本,有助于提升保险资金投资组合的收益率水平。而且,从 1999—2000 年互联网泡沫危机和 2008 年全球金融危机时期的困境基金投资收益水平看,显著高于其他主要类型基金,具有显著的穿越经济周期特性,有助于逆周期调节投资组合收益率的波动性,对冲权益等顺周期资产对投资组合收益率波动的影响。从 1999 年起的上一轮债转股看,根据华融资产近三年的年报数据显示,2014 年、2015 年和 2016 年的债转股资产退出倍数分别为 1.9、3.7 和 2.7,投资收益率非常可观。

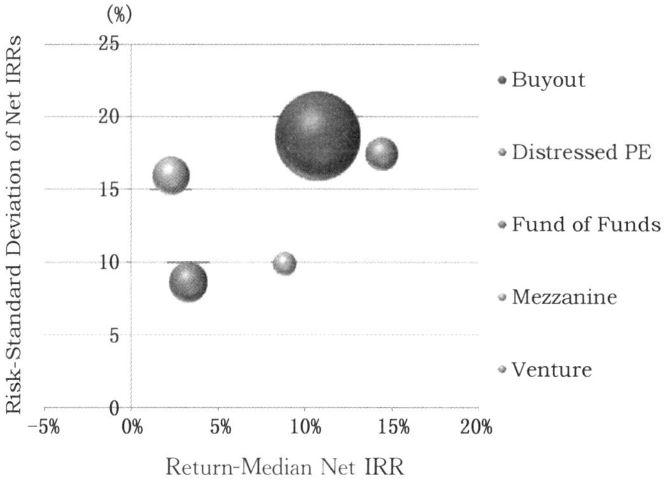

资料来源:Preqin Special Report: Distressed Private Equity,中国人保资产宏观与战略研究所。

图 2　困境基金的风险收益特征

(四)有助于积累不良资产处置经验,为获取不良资产处置牌照做准备

目前,国内除了信达、东方等四大国有金融资产管理公司外,其他金融机构都处于试点阶段。五大国有商业银行已经陆续公布成立以市场化债转股为主的不良资产管理公司,各地政府也在推动成立地方不良资产管理公司。其中,截至 2017 年 8 月,国寿、平安、幸福人寿、东吴人寿等保险机构已经成功入股国有或地方不良资产管理公司。借助本轮市场化债转股契机,保险机构可以积极参与市场化债转股项目,积累不良资产处置经验的同时,为申请不良资产处置牌照做好准备,以便于进一步拓展第三方业务范围,增加第三方业务对公司利润的贡献度。

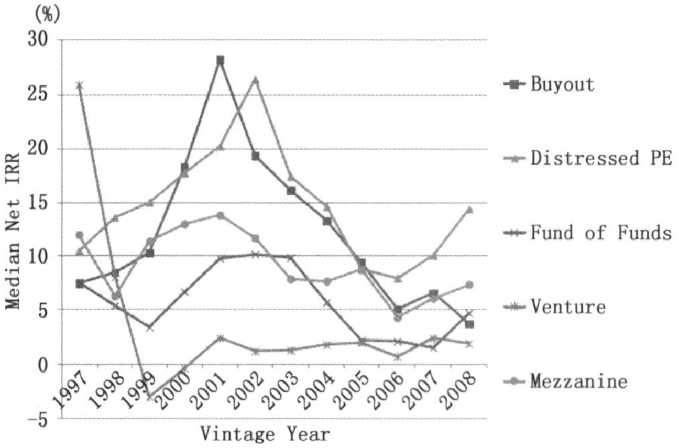

资料来源：同图 2。

图 3　困境基金的历史收益率水平

表 2　保险机构已入股国有或地方不良资产管理公司情况

保险机构	参股不良资产管理公司情况
中国人寿(集团)	持有中国华融 6.71%的股权
国寿财富(国寿资产子公司)	持有广西金控资产管理有限公司 10%的股权
平安人寿	持有深圳市招商平安资产管理有限公司 39%的股权
平安大华基金	以 LP 形式参股青海 AMC、华融晋商资产
幸福人寿	参股山东金融资产管理股份有限公司
东吴人寿	持有苏州资产管理有限公司 8.33%的股权

资料来源：券商中国，中国人保资产宏观与战略研究所。

三、保险资金参与市场化债转股的常见模式

根据现有保险资金运用监管规定，保险资金可通过直接或间接途径参与市场化债转股项目。对于参与市场化债转股初期和中小保险公司而言，为避免不良资产处置业务的经验不足，通过间接方式参与市场化债转股不失为较好的选择之一。对于大型保险资产管理公司来说，除了在业务初期以间接方式试点投资债转股项目外，还可以积极探索直接参与市场化债转股项目的运作和投资，积累不良资产业务方面的处置经验。

（一）间接参与市场化债转股

1. 购买债转股相关的证券化产品

随着市场化债转股的深入，大型商业银行和地方政府都开始筹建下属不良资产处置资产管理公司。特别是原银监会 2017 年 8 月下发的《商业银行新设债转股实施机构管理办法(试行)(征求意见稿)》明确要求商业银行自身不可以运作债转股项目，并且不得使用商业银行自身的资本金、自营资金和理财资金为债权承接提供直接或间接

融资。这意味着商业银行债转股公司后期开展业务的募集资金主要渠道将来自于社会投资者，未来商业银行债转股公司会发行一系列以实施标的为基础资产的证券化产品。虽然目前八部委只批准了500亿元的不良资产证券化试点，不良资产的证券化市场尚未放开。一旦后期政策允许，将给相关公司带来巨大的业务机会。

根据《关于保险资金投资有关金融产品的通知》(保监发〔2012〕91号)，保险资金投资的信贷资产支持证券的基础资产需为正常类和关注类贷款，且信用评级不能低于A级。从目前已经落地的债转股项目看，实施标的的基础资产多为正常类，且信用评级均较优，基本满足保险资金的合规要求。

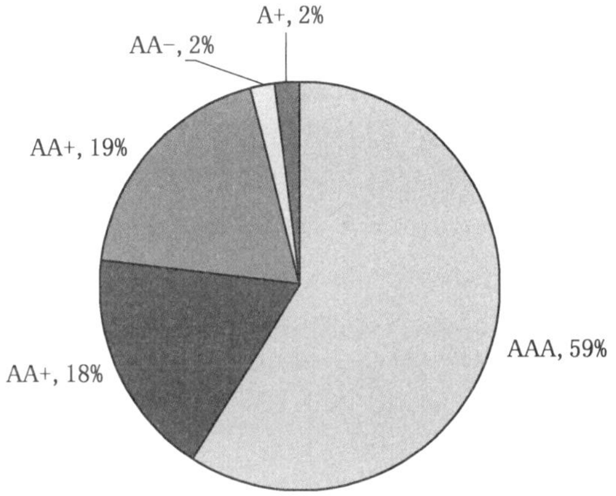

资料来源：广发证券，中国人保资产宏观与战略研究所。

图4　截至2017年7月已落地债转股项目的信用状况

2. 投资债转股相关的股权投资基金

保险资金另一种间接参与债转股项目的方式是投资以债转股为标的的私募股权投资基金。一种方式是直接以LP身份投资具体债转股项目的私募股权投资基金(SPV)，分享固定投资收益。该方式需要保险机构自己寻找债转股项目，对于没有一定项目资源和战略合作方的公司实施难度较大，但对于拥有丰富战略合作方的公司，可以由GP领投，保险机构自身作为LP跟投，不仅可以有效降低投资成本，还可以根据需要构建自己的投资组合。

另一种方式是投资以债转股项目为投资标的的私募股权投资基金(FOF)，一方面可以充分利用投资管理人在信息获取、估值定价等方面的优势，规避信息不对称风险；另一方面可通过分散化投资降低组合整体风险。根据银保监会有关保险资金投资私募股权基金的相关规定，从合规上保险资金投资以市场化债转股为基础资产的私募股权投资基金已经没有障碍。

(二)直接参与市场化债转股

1. 发起设立股权投资计划或资产支持计划产品

根据国务院《关于市场化银行债权转股权的指导意见》,鼓励保险资产管理机构作为实施机构开展市场化债转股。保险资产管理机构应充分利用多年来的另类投资产品开发经验,积极发起设立以债转股企业为基础资产的股权投资计划或资产支持计划产品,深入支持供给侧结构性改革。由于保险股权投资计划和资产支持计划的发起设立需要上报银保监会审批,审批完成后还需要向保险资管协会注册,正常审批周期在2～3个月,甚至更长,而信托计划从发行材料准备到审批,募集周期在半个月左右,发行效率较高。部分保险资产管理机构在实际操作中会采取以财务顾问方式借助信托通道主导债转股项目落地。即在筛选确定债转股基础资产后,与合作信托公司签署财务顾问协议发行信托产品,收取财务顾问费用,然后将信托产品以 LP 形式投向债转股项目。目前,保险资产管理机构已拥有借助信托通道模式的丰富经验,自 2017 年 7 月份以来,保险资产管理机构在资管协会注册的股权投资计划数目为零,股权投资计划注册数目大幅下行,这或许与保险资管机构借助信托通道有关。

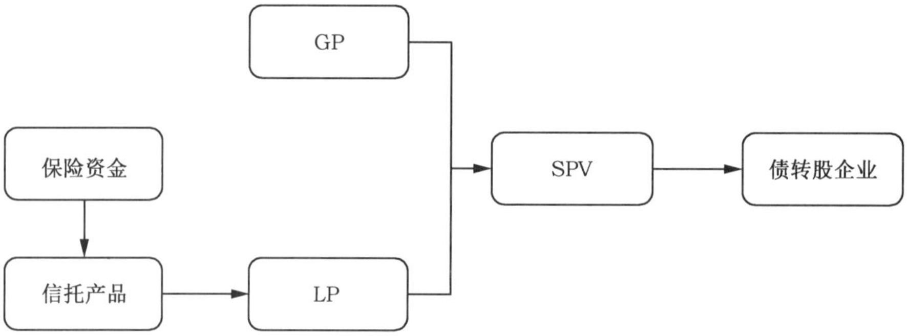

资料来源:中国人保资产宏观与战略研究所。

图 5　借助信托通道主导实施债转股项目的模式

2. 直接进行股权投资

类似四大国有金融资产管理公司在上一轮债转股的做法,保险资金可以直接收购债转股企业的不良资产包,进行直接股权投资。根据《保险资金股权投资暂行办法》(保监发〔2010〕79 号)和《关于保险资金投资股权和不动产有关问题的通知》(保监发〔2012〕59 号),保险资金可以进行直接股权投资的行业包括保险类企业、非保险类金融企业、与保险业务相关的养老、医疗、汽车服务等企业、能源企业、资源企业、与保险业务相关的现代农业企业、新型商贸流通企业九大行业的股权。本轮市场化债转股主要以能源企业和资源企业为主,保险资金直接进行债转股企业股权投资在法规上已无障碍。保险资金进行债转股企业的直接股权投资可以以较低成本获得与保险上下游产业链相关的股权，有利于保险业务的协同发展。主要难点在于需要内部有专业的债转股投资团队，具有完善的全流程业务能力。

四、保险资金参与市场化债转股面临的主要问题

（一）市场化债转股金融产品供给不足限制了保险资金的参与力度

截至 2017 年 7 月底，已经有 57 家债转股企业完成债转股，但转股资金多来源于信托资金且需要与债转股企业或实施机构有较好的合作关系和谈判能力。目前，市场上可供保险资金投资的债转股金融产品较少，一定程度上限制了保险资金的间接参与力度。随着商业银行及地方政府债转股平台的相继成立和开业，预计会有更多的债转股金融产品供保险资金投资。

（二）保险资产管理公司对债转股市场的经验缺乏放慢了业务开展进度

由于绝大多数保险资产管理公司没有不良资产处置经验，在信息不对称下保险资产管理机构对债转股企业实施债转股的动机、债务关系、纠纷情况缺乏了解，对债转股企业本身所处的现状特别是对“僵尸”企业的甄别能力有限，为避免道德风险和逆向选择问题，为防范信用风险和投资风险，保险资产管理机构开展市场化债转股业务非常缓慢。

（三）监管配套政策的不完善制约了保险资金的参与积极性

尽管目前监管部门已经出台了《关于保险业支持实体经济发展的指导意见》，鼓励保险机构积极参与市场化债转股，但仍难以调动保险机构参与市场化债转股的积极性。主要问题是对保险资金参与债转股的参与形式、产品审批、比例限制、优惠措施等缺乏进一步明确，多数保险机构处于观望状态。

（四）商业银行的议价优势使市场对债转股基础资产定价的合理性产生质疑

由于商业银行是众多债转股企业的债权人，在市场化运作机制下拥有独一无二的议价能力，再加上本轮债转股资产以正常类贷款为主，绝大多数债权的转让都是按照 1∶1 的估值进行。考虑到实施债转股的企业资产负债率较高，且短期经营较为困难，多数外部机构认为 1∶1 的账面价值承接无法反映债务资产本身的信用风险特征，特别是对一些关注类的债务资产来说，资产定价的合理性仍需进一步商榷。

（五）上一轮债转股较低的市场退出率使保险资金更加谨慎

在 1999 年起的上一轮债转股中，四大金融资产管理公司最初计划持有不良贷款企业的股权在 10 年左右，也设计了远期股权回购、上市转让等条款。虽然短期内债转股企业的经营出现好转，但持续性较差，部分企业几年后又重新返困，大股东无力回购，再加上当时多层次的资本市场不完善，并且资产管理公司是按 1∶1 账面价值承接的债务，多数市场机构都不愿意按原值回购，最终部分企业股权始终无法退出。以华融资产为例，在 1999 年实施的债转股企业共 281 家，虽然后续每年都会有少数债转股

企业项目，但从2016年年报显示，仍有近200家企业股权未能退出，较低的市场退出率进一步使保险资金更加谨慎参与市场化债转股。由于我国目前多层次的资本市场体系建设更加完善，外加从已落地的债转股项目看多为“名股实债”型项目，相信本轮市场化债转股的退出率将大幅上升，市场化下的运营效率将更高。

五、对保险资金参与市场化债转股的建议

保险资金参与市场化债转股是服务实体经济去杠杆的体现，是贯彻落实供给侧结构性改革的责任和义务。为进一步加强保险资金参与市场化债转股的广度和深度，我们认为应从监管层面和公司层面共同推动。

（一）监管层面

一是尽快出台鼓励保险资金参与市场化债转股的实施细则。目前，行业多数公司处于观望状态，等待具体实施细则政策进一步明朗化，这也是保险资金参与市场化债转股整体程度不高的重要原因之一。建议监管部门在实施细则中明确保险机构参与市场化债转股的资质要求、参与形式、实施标的筛选标准和评级要求、比例限制等要素，以推动保险机构的参与积极性。

二是加强内部协调及与财政部、国税总局的沟通，进一步出台相关鼓励政策。一方面加强监管机构内部部门的监管协调，探索对参与市场化债转股项目的保险资金给予“偿二代”下最低资本占用的优惠措施；另一方面加强与财政部和国税总局的沟通力度，争取保险资金参与市场化债转股项目的税收优惠政策，驱动保险资金参与市场化债转股的力度。

三是进一步简政放权，适度放宽保险资金的投资领域和范围限制。虽然目前保险资管协会已经为保险资金参与国家重大工程和重要民生工程领域的项目开设了绿色审批通道，但相对信托产品，保险资管产品的发行时间仍然较长，一定程度限制了各保险资产管理公司的开发效率，建议监管部门进一步简政放权，简化产品报备和审批环节，缩短产品发行时间，提高产品开发效率。此外，保险资金投资信贷资产支持计划仅限于正常类和关注类资产，监管初衷是为了防范风险，虽然本轮债转股已落地项目多为正常类资产，但从长远考虑，建议适当将保险资金投资信贷资产支持计划的基础资产放宽至次级类，转而采用负面清单制度明确失信企业的名单，以便为保险资产管理公司未来深耕不良资产处置领域铺平道路。

四是依托中保投平台，探索成立市场化债转股专项投资基金。为解决保险机构经验缺乏和债转股产品供给不足问题，分散单一债转股项目投资风险，建议充分发挥中保投在另类资产投资方面的优势，探索成立市场化债转股专项投资基金，扩大保险资金在债转股市场的影响力，进一步体现保险业深入支持和参与国家重大战略的决心。

（二）公司层面

一是充分把握市场化债转股给保险资金带来的机遇和义务。保险资金参与市场

化债转股项目，不仅有助于保险机构的资产负债管理，降低投资组合的收益率波动，提升组合收益率水平和抗周期能力；更是响应国家政策号召，服务国家重大发展战略的体现。参与市场化债转股是保险机构的责任和义务，保险公司应该从高管层面高度重视，围绕各公司实际情况和发展战略有效推进参与市场化债转股的广度和深度。

二是建立符合保险资金属性的实施标的筛选流程。保险机构应围绕保险资金的风险收益特征要求，建立严格的市场化债转股项目筛选标准。重点筛选暂时处于周期低谷但具备较强发展前景的国有企业；重点优选正常类贷款的基础资产；重点围绕保险公司的发展战略，选择与保险负债业务发展具有协同发展效应的产业；重点根据资本市场表现，选取实施标的的股价处于历史低位或被严重低估的企业；重点依托多层次资本市场，筛选便于退出的公司。

三是加大保险资产管理公司参与市场化债转股的创新力度。受制于对新业务领域的不了解和项目风险收益特征与保险资金属性不符，保险资金在试探新领域时往往比较谨慎。建议保险公司从自身业务优势出发，探索通过夹层基金、资产证券化产品、私募股权基金等创新方式参与市场化债转股，为行业建立较为成熟的市场化债转股参与模式进行不断探索。

四是加强市场化债转股项目的风险管理。围绕防范信息不对称风险，注重投前对债转股实施标的的资质、债务关联情况、信用状况和公司治理情况的审查，确保不参与逃废债、“僵尸”企业的债转股项目。注重投后对债转股企业的跟踪，加大对债转股企业经营管理情况的知情权，严控债转股项目的风险状况。

五是加强与地方政府和商业银行合作，探索共同设立不良资产处置管理公司的可行性。为进一步提升保险资产管理机构的议价能力和业务开展能力，建议保险资产管理机构可以加强与地方政府和商业银行的合作，利用与地方政府、国有企业和商业银行已有的战略合作关系，挖掘潜在的债转股标的；探索与地方政府和商业银行利用政策契机合作设立不良资产处置管理公司的可行性，不仅有助于保险资金参与债转股项目，还能拓展保险资产管理公司的业务范围，从而加快第三方业务的发展。

六是加大债转股业务团队的建设。目前，保险资产管理公司在不良资产处置方面的业务团队几乎没有，如果保险资产管理公司未来以直接方式进行债转股项目的股权投资，业务经验丰富的专业投资团队是基本要求。建议保险资产管理公司提前储备不良资产处置方面的优秀人才，建立市场化的有效内部激励机制，为将来全面开展市场化债转股业务做好准备。①

① 在撰写本文过程中，参考了 https://mp.weixin.qq.com/s? __biz=MzA3MDk2MzU1Mg%3D%3D&chksm=8461c271b3164b67c101b4abd181ac12b46badd6cc29ffee9aa36d75af01ab4fe87fa343a17f&idx=1&mid=2661399166&scene=21&sn=43e2f183501bf249bcb6d44e82570af1.

保险资金参与债转股投资的模式研究

李若诚[*]

引言

随着我国金融改革的持续进行，金融业保持着快速发展，保险业作为现代金融体系的重要组成部分，也实现了持续健康发展。现阶段，在全球经济不确定性增强，信用风险增加、金融混业以及利率下行的影响下，保险行业的资产配置面临着前所未有的复杂局面，优化资产配置是保险行业应对复杂环境的主要方式。2017 年 5 月，原保监会发布《关于保险业支持实体经济发展的指导意见》，要求保险资金拓宽支持实体经济渠道，持续向振兴实体经济发力、聚力。意见指出，保险资金要紧紧围绕供给侧结构性改革和"去产能、去库存、去杠杆、降成本、补短板"五大重点任务，积极发挥保险资金融通和引导作用；支持保险资产管理机构发起设立去产能并购重组基金，促进钢铁、煤炭等行业加快转型发展和实现脱困升级；支持保险资金发起设立债转股实施机构，开展市场化债转股业务；支持保险资产管理机构开展不良资产处置等特殊机会投资业务、发起设立专项债转股基金等。本文将通过重点分析保险资金进行债转股投资的模式、债转股促进实体经济的逻辑等内容，具体阐述保险资金参与债转股投资的意义。

一、我国保险资金投资概况

截至 2016 年底，我国保险资金运用余额达 13.39 万亿元，较年初增长 19.78%。

投资结构方面，保险资金配置中银行存款、债券占比持续下降，另类投资配置比例不断提升。2016 年，包括另类投资在内的其他投资占比首次超过债券配置比例，成为保险资产配置的重要类别；投资收益方面，2016 年保险资金投资收益率为 5.66%，相比 2015 年收益率 7.56%，下降 1.9 个百分点；创新产品方面，资管产品发展保持较快步伐，服务实体经济力度持续加大。截至 2016 年底，保险资产管理机构累计发起设立各类债权、股权投资计划 627 项，合计备案(注册)规模15 678.67亿元。综上所述，在

---

* 李若诚，宁波鼎一资产管理有限公司战略支持部。

我国保险资金的投资渠道中，虽然银行存款、债券仍然处于主要地位，但占比不断下降，另类投资配置的增加使得保险资金配置不断丰富，并且此类创新产品投资的收益率显著高于传统产品现有的收益率水平。

债转股投资作为另类投资的一种，具有投资周期较长、预期收益率较高的特点，并对实体经济的发展有着较强的促进作用，有望成为保险资金的重要投资方向之一。

二、我国债转股市场概况

（一）我国债转股市场现状分析

历史上我国进行过两次大规模的债转股，第一轮债转股发生于1999年，当时我国经济受东南亚经济危机、洪灾等影响趋于下行，企业负债以及银行不良贷款率高企。本轮债转股与上一轮所处的大环境有一定相似之处，但是当前我国初步建立了多层次的资本市场，交易结构设计的灵活度和退出渠道的丰富程度均相比上一轮政府推动的债转股有明显改善。

目前进行债转股的企业主要为高负债、居于产能过剩行业前列的关键性企业以及关系国家安全的战略性企业，主要为大型国有企业。同时市场也在积极关注因行业周期性波动导致困难但仍有望逆转的企业和因高负债而财务负担过重的成长型企业，特别是战略性新兴产业领域的成长型企业等方向的债转股投资机会。

表1　　我国经历的两轮债转股比较

	本轮债转股（2016年起）	上一轮债转股（1999年起）
主导者	市场主导	政府主导
资金来源	银行资金以及各类社会资金	财政部及央行资金
实施模式	市场化协商	政府推进
实施目的	去杠杆，促进实体经济	化解不良贷款
目标企业	发展前景良好但遇到暂时困难的企业	高负债存在财务困难的国有企业

资料来源：鼎一投资整理。

（二）国内外债转股市场对比分析

目前海外特殊资产投资机构（基金管理人）的困境企业债转股策略已经非常成熟，其主要方式为以一个较低的价格对处于特殊时期公司的债权进行投资，进而通过债务重组等方式转股，并寻求退出。其核心在于对标的公司未来前景的预判能力以及投后运营能力。

与国内主要通过金融机构（银行和AMC）牵头的债转股模式不同，海外债转股业务大多是专业的特殊资产投资机构，其大量以折扣价格购入财务困难但发展前景良好的公司的债权，此后在危机中将债权转换为股权，然后通过自身的运营管理能力帮助企业改善生产经营状况和运营管理水平，从而逐步实现投资退出，并获得较高的投资收益。

表 2　　现阶段国内外债转股市场的区别

	国内债转股市场	国外债转股市场
转股目的	通过资产管理公司和市场化机构的入股，改善困境企业的债务负担和公司治理，继续深化去杠杆工作	市场化机构低买高卖的盈利行为或由政府直接参与的维稳行为
公司治理参与度	出资方大多数只是扮演财务投资者的角色，并不真正参与企业的经营管理	市场化机构通常会积极参与公司治理与重大事项决策

资料来源：鼎一投资整理。

海外的经验表明，对于陷入债务危机的企业，通过低价购入债权后转换为股权从而取得企业经营权，是可以在市场中作为一项投资进行的。因此市场化的债转股实际上是通过赔偿要求权的流通将投资者的范围扩大到除原有债权人之外的所有投资者，从而更加有利于重组的顺利进行，也为市场中的特殊资产投资机构提供了介入企业重组获利的机会。

从国外成熟市场的经验来看，由市场化投资机构发起基金募集社会资本，承接银行债务并获得债务企业股权，最终通过二级市场、并购或转让退出或将成为我国债转股市场的主要模式之一。

三、保险资金进行债转股投资的模式及意义

（一）保险资金参与债转股的投资模式

国内本轮债转股根据参与主体分类，可以分为债务重组式债转股以及外部机构主导的债转股两大类。其中债务重组类债转股指债权债务双方通过协商确定债转股方案，债权人直接转换为股东；有外部机构主导的债转股主要分为银行全资子公司模式与其他机构外部基金模式，其中以外部基金 LP（有限合伙人）的形式参与债转股投资是最适合保险资金的模式。

从目前已经完成的债转股案例来看，设立外部基金模式最为广泛，市场化的第三方机构通过设立外部基金吸纳社会资本，通过债转股的形式持有企业股权，社会资本作为基金的 LP 获得项目退出收益。

从操作流程上看，主要分为设立 SPV（特殊目的实体）、SPV 获得企业债权、债权转换为企业股权以及后期退出四个步骤。在外部基金模式中，GP 和/或基金管理人为符合保险资金投资股权合规性要求的市场化特殊资产投资机构，LP 以对外部基金份额出资的形式间接持有债转股后被投企业的股份。

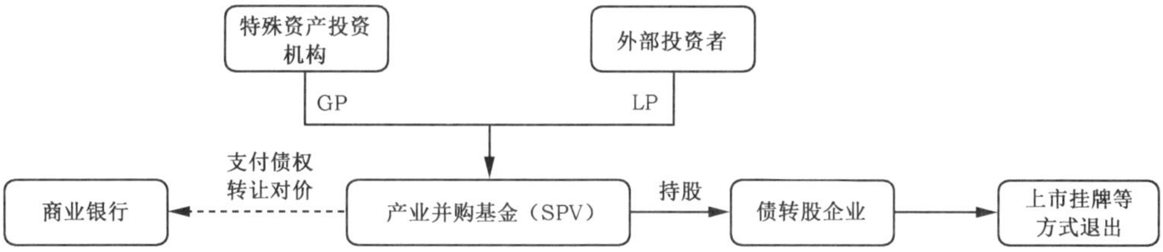

资料来源:鼎一投资整理。

图 1　外部基金模式流程图

参考国外特殊资产投资机构在债转股方向的发展路径,我们认为国内保险资金未来参与债转股投资的方式,或将以特殊资产基金 LP 份额出资为主要方式之一。同时,保险资金对特殊资产基金和特殊资产投资机构(基金管理人)的选择,未来将会呈现出更加多元化、市场化的特点。对债转股等重组机会的预判和把控能力、专业的投后运营能力是未来特殊资产基金管理人发展的主要驱动力,也是保险资金选择基金管理人,判断其主动管理能力的主要标准。

(二)债转股投资对保险资金的意义

1. 债转股投资是保险股权投资领域的一个创新

保险资金另类投资开始于 2006 年,首先作为试点在行业内进行小范围的探索实践,到 2010 年原保监会才正式允许保险资金进入股权投资领域。债转股投资在国内更是一个比较新兴的领域,2016 年 10 月《指导意见》出台后才如火如荼地发展起来。虽然目前我国债转股投资的外部投资者类型、目标企业选择等比较单一,但其以较低价格获得企业股权,盘活实体经济、服务经济结构调整和产业转型升级的特质使其将成为保险资金运用方面的一个创新。

2. 债转股投资满足了保险资金资产负债管理的基本要求

我国保险资金目前的投资多集中在银行存款、债券、非标等产品,资产久期较短,股权投资等中长期投资比例仍处在较低的比例。而通过债转股投资,借助特殊资产投资机构的主动管理能力和专业价值判断,投资于那些能够给保险资金带来中长期回报的战略性资产,既可满足保险资金运用的安全性、收益性和流动性,也能实现保险资金的资产负债久期匹配。

3. 债转股投资有利于提高整体保险资金投资收益

债转股投资作为以债权介入进而持有股权的一种新型投资方式,其具有介入成本较低且预期回报较高的特点,收益水平主要取决于特殊资产投资机构的管理能力和退出时的市场估值水平。保险资金适当配置债转股投资可以提高整体投资组合的回报水平,分散保险整体投资组合风险,构建真正多元化的保险投资组合。

4. 债转股投资为促进实体经济发挥重要作用

另类投资作为保险资金配置的重要渠道，近年来保险资金另类投资充分参与到城市基础设施建设和服务实体经济之中，如保险资金主要通过债权投资计划为城市基础设施、保障房、公租房等项目提供长期资金支持，并且保险资金还可以以股债结合的新模式为保险资金服务城镇化提供更多的投资品种和差异化选择，为实体经济服务发挥了重要的作用。债转股投资作为另类投资的一种，同样对促进实体经济发挥着重要作用。

四、债转股投资促进实体经济发展的逻辑

（一）盘活困境但具备反转潜力的企业，提高经济效益

随着杠杆率的提高以及宏观经济增速的放缓，诸多实体企业陷入困境，面临偿债困难或已经发生债务违约。截至 2017 年 8 月底，全国亏损工业企业数达到 5.17 亿家，总亏损额达到4 636.2亿元。全国亏损企业总亏损额从 2010 年开始呈现较快的上升趋势，2015 年已经达到9 366.84亿元。债转股投资将企业债务转化为股权，可以有效降低企业杠杆，减轻企业债务压力，同时转股后若追加股东投入，也可起到盘活企业、改善经营的目的。

《指导意见》明确指出，市场化债转股的目标企业为处于财务困境中的高负债成长型企业、关键性企业以及战略型企业，从目前债转股企业的选择来看，债转股并不意味着政府或参与机构将企业的烂账揽下来，而是淘汰旧的生产能力、调整产权结构、促进技术设备更新，以及在全社会的空间实现资源优化配置等，盘活处于财务困境的优质企业，从而更好地促进行业发展，服务于实体经济。

（二）帮助银行剥离不良资产，防范系统性金融风险

截至 2017 年 6 月底，我国商业银行不良贷款余额已攀至16 358万亿元，不良贷款占比 1.74%，另外还有大量关注类贷款有进一步下调的压力。随着供给侧改革继续深化，在经济增速放缓的宏观环境下，我国商业银行不良贷款规模尚未见顶。

目前我国市场化债转股以银行对企业发放贷款形成的债权为主，《指导意见》也明确指出，确保债权洁净转让、真实出售，有效实现风险隔离，防止企业风险向金融机构转移。

五、债转股投资的发展方向

参考海外债转股的发展历程，未来我国的债转股投资将很有可能会有以下变化：

（一）转股机构性质

目前海外的债转股投资机构主要是专业的特殊资产投资机构，未来参与我国债转股的投资机构也会呈现出更加市场化的特点，充分发挥市场在资源配置中的决定性作用。

（二）目标企业选择

目前我国债转股投资的目标企业大多数为一些存在过剩产能的关键性行业，如煤炭、钢铁等，未来随着市场化债转股的进一步深入，目标企业选择会更加广泛化，一切有困境反转和价值修复机会的企业都有可能成为债转股的目标。

（三）公司治理参与

国内本轮债转股的出资方大多数只是扮演财务投资者的角色，并不真正参与企业的经营管理，而海外债转股的投资机构由于退出和赢利的目的，都积极参与公司治理与重大事项决策，从而实现退出。

参考文献

[1]Arrow, K. J. (1971). Insurance, risk and resource allocation.

[2]Cummins, J. D. (2000). Allocation of capital in the insurance industry. Risk Management and Insurance Review, 3(1), 7-27.

[3]Myers, S. C., & Read Jr, J. A. (2001). Capital allocation for insurance companies. Journal of Risk and Insurance, 545-580.

[4]郭金龙，胡宏兵. 我国保险资金运用现状、问题及策略研究[J]. 保险研究，2009(9).

[5]刘新立. 我国保险资金运用渠道的拓宽及风险管理[J]. 财经研究，2004(9).

[6]胡宏兵，郭金龙. 我国保险资金运用问题研究——基于资产负债匹配管理的视角[J]. 宏观经济研究，2009(11).

[7]吴晓蕾，温骊骊. 保险机构另类资产管理体制研究[J]. 保险研究，2010(3).

[8]邹永胜. 我国保险资金参与另类投资的法律监管研究[J]. 华东政法大学，2015.

[9]许姣. (2016). 我国保险资金另类投资的创新研究[J]. 中国国际财经:英文版，2016(21).

（本文获“新华资产杯·IAMAC 2017—2018 年度征文”优秀奖）

保险资金支持长租公寓市场，助力实体经济之路径探讨

李　琳*

一、宏观政策支持

2016 年 12 月，中央经济工作会议上首次提出要坚持“房子是用来住的、不是用来炒的”；党的十九大报告中再次明确该定位以及建立租购并举的住房制度，提出综合运用金融、投资等手段建立长效机制。培育发展以长租公寓为代表的住房租赁市场，成为从供给侧解决城镇居民住房问题、实现“让全体人民住有所居”的重要举措。自 2015 年年初开始，国家即出台多项政策大力发展住房租赁市场，具体政策见表 1：

表 1　　国家支持政策表

时间	政　策
2015.1	住建部《关于加快培育和发展住房租赁市场的指导意见》：大力发展住房租赁经营机构，支持房地产企业将持有房源出租，推进房地产投资信托基金 REITS 试点等
2015.11	国务院《关于加快发展生活性服务业促进消费结构升级的指导意见》：积极发展长租公寓等细分业态，在税收、融资等方面给予政策支持
2015.12	2016 年中央经济工作会议：“房子是用来住的、不是用来炒的”，加快租赁企业发展
2016.3	2016 年政府工作报告：建立租购并举的住房制度
2016.6	国务院《关于加快培育和发展住房租赁市场的若干意见》：发展住房租赁市场；加大政策支持力度；鼓励金融机构提供金融支持
2016.12	2017 年中央经济工作会议：加快机构化、规模化租赁企业发展
2017.2	国务院新闻发布会：提出系列规范和发展租赁市场措施，推进住房租赁市场
2017.7	国家发改委、中国人民银行等九部委《关于在人口净流入的大中城市加快发展住房租赁市场的通知》：培育机构化、规模化住房租赁企业；搭建住房租赁交易服务平台；增加租赁住房供应；鼓励金融机构加大对住房租赁企业的支持力度，创新针对住房租赁项目的金融产品和服务

---

* 李琳，太平资产管理有限公司项目评审及监督部。

续表

时间	政　策
2017.8	国家发改委《关于在企业债券领域进一步防范风险加强监管和服务实体经济有关工作的通知》：组织符合条件的企业发行企业债券，专门用于发展住房租赁业务

随着政策层面对于住房租赁市场支持的顶层制度出台，地方政府陆续出台了一系列支持住房租赁市场发展的政策。在此背景下，上自地方政府下至金融机构、企业亦纷纷布局。

目前已有北京、成都、杭州等城市正式推出住房租赁交易服务平台，合肥、厦门等也给出了住房租赁平台的搭建时间表，上海宣布将在全市推广租赁住房管理服务创新示范及创新项目经验。2017 年上海推出 15 宗租赁住房用地均已成交，截至 8 月北京已推出 19 个自持租赁项目，深圳首宗自持住宅用地推出即遭遇多家大型房企竞拍。

金融机构纷纷加大对租赁领域的介入力度，针对运营方、租户开发不同的金融产品。2017 年 10 月，中信银行宣布与碧桂园签署 300 亿元战略合作协议，并表示将整合中信集团金融资源提供长租住宅方面的综合化金融服务；11 月，建设银行深圳分行与华润等 20 多家企事业单位签署住房租赁战略合作协议。同时，创新开发包括针对个人住房租赁贷款的“按居贷”在内的 20 项住宅租赁金融产品；建设银行广东省分行主导设立 500 亿元规模的广东建信住房租赁发展基金；同月，中国银行厦门市分行与厦门房管机构合作，综合运用区块链等科技手段探索住房租赁金融创新。

二、长租公寓市场概况

在巨大的市场容量和资本支持下，各类机构纷纷涌入，根据中国饭店协会公寓委员会统计，国内公寓运营企业超过 500 家。

总体来看，按照运营商资本性质，可分为政府国资和社会资本；按产业背景，可分为地方政府平台、房地产开发商、酒店集团、专业租赁运营商和房地产中介企业，地方政府平台比如上海各区县均有公共租赁住房投资运营公司提供公租房，房地产开发商比如深业集团、万科，专业租赁运营商比如魔方、YOU＋，酒店集团比如住友（候鸟长租），房地产中介比如链家（自如）；按运营模式，可分为自持运营、转租运营、托管或委托管理运营；按照资产集聚度，可分为集中式公寓[①]（如魔方）和分布式公寓[②]（如青客公寓）；按照资产结构，可分为重资产和轻资产运营；按出租方式，可分为合租与整租两种模式。

以上模式互相结合，比如链家（自如）采用轻资产分布式经营模式；不同模式也会

① 集中式公寓指的是企业通过包租、独立开发、收购或与物业持有方合作的方式获取整栋物业，通过再设计、改造与装修，并采用标准化的品牌与服务，最后对外整体出租公寓的模式。

② 分布式公寓指的是企业从分散的房东处获取物业，再通过精细化和标准化装修，最后对外出租的模式。

互相转化或相辅相成，比如世联行红璞公寓逐步由轻资产模式转为重资产经营模式，而偏于重资产运营的万科泊寓在其深圳城中村项目则采取“统租运营＋物业管理＋综合整治”的轻资产运营模式。

长租公寓领域（又称长租市场）目前尚未出现垄断性龙头企业，公开资料显示目前规模最大的为链家自如，拥有超过20万间分散房源和7栋集中房源，其余规模较大的品牌如YOU＋、青客公寓、魔方公寓、万科泊寓等，开业房源在2万—3万间。

三、保险资金投资长租公寓市场的优势与机遇

（一）符合保险资金属性

保险资金主要由保费构成，保费收入实质是保险公司的负债，具有安全性、收益性、流动性特征，与其他资金相比较，还具有长期性与多样性特征。保险资金年限往往很长，有的长达二三十年，不同年限的资金需要与对应期限的投资项目对接，否则可能产生资金错配和再投资风险及成本。保险产品品类多达几千种，各个产品风险投资偏好不同，需要多元化且差异化投资予以匹配。长租住宅领域多层次、多元化、长期的资金需求能有效匹配保险资金长期性、多样性的投资偏好。

除以上金融属性，保险资金带有天然的社会保障使命与保障属性，应坚持为社会保障体系建设、实体经济和国家重大战略提供长期资金支持，努力成为促进经济社会稳定发展的长效机制。

（二）符合国家战略布局以及监管政策导向

2017年5月，原中国保监会发布《关于保险业支持实体经济发展的指导意见》，明确提出鼓励保险资金投资关系国计民生的各类基础设施项目和民生工程、对宏观经济和区域经济具有重要带动作用的重点项目和工程、国家发展战略和国家重大工程的项目和产品，支持交易结构创新。

监管部门相关负责人在“2017全球资产配置与风险管理”研讨会致辞中表示，监管部门将更好地引导保险资金服务实体经济，进一步引导保险资金主动服务国家重大战略，重点把握供给侧结构性改革等战略机遇；研究拓宽保险资金运用参与长租公寓等领域，进一步优化保险资金配置。

2017年9月，上海市政府印发《关于加快培育和发展本市住房租赁市场的实施意见》，针对住房租赁企业出台了五类金融支持政策，其中就包括鼓励保险机构合理运用保险资金。

（三）长租公寓行业的投资价值

东方证券报告显示，目前城市租赁市场规模超过万亿元人民币，全国租赁人口已达到1.9亿人，主要由流动人口及高校毕业生构成，一二线城市的份额占比分别为31％、20％。根据Wind统计的数据，高校毕业生2012—2017年第一季度以6.41％、

6.64%、6.91%、7.16%、7.37%、7.59%的增速增加，该部分人群构成长租公寓的主要受众，预计 2030 年我国租赁人口将达 2.7 亿人，市场规模将超过人民币 4 万亿元。

目前长租公寓的市场占有率还比较低，上海公寓企业联盟研究数据显示，品牌公寓企业总占有率低于 2%，开发商自持经营的居住用房不足 1%，国内出租房中超过 90%为个人出租，而美国市场个人出租占比仅为 40%。体验差的传统普遍租赁、品牌化程度不高的公寓、正在上升的青年人租赁需求以及互联网的强势介入这四个条件将加速长租公寓的发展，长租公寓未来将取代个人租房市场而成为市场主流，整个行业也将迎来爆发式增长机遇。

灵敏的资本已经悄然布局长租公寓市场，部分品牌长租公寓股权融资不完全统计如表 2 所示：

表 2 股权融资统计表

公司名称	投资机构	最近融资轮次	融资额
魔方公寓	德同资本、华平集团、中航信托	C 轮	C 轮 3 亿美元债权＋股权投资
青客公寓	赛富基金、纽信创投、达晨投资	B 轮	约 2 亿美元
优客逸家	君联资本、经纬创投、源渡创投	B 轮	数千万美元
上海寓见	险峰华兴、联创策源、顺为资本	A 轮	数千万美元
蘑菇公寓	IDG、平安创投、海通开元	B 轮	数千万美元
YOU＋公寓	策源创投、顺为资本、时代地产等	B 轮	数亿美元
新派公寓	赛富基金、华住酒店	B 轮	数亿人民币

资料来源：媒体公开报道。

规模将达 4 万亿元的长租市场目前仍未成长出一个千亿市值的公司，截至 2017 年 11 月 24 日，A 股中唯一的地产服务类公司世联行市值仅 291 亿元左右，可见，行业投资价值仍未得到充分挖掘，业务收入和市场集中度仍有很大的提升空间。

四、保险资金投资长租公寓市场之路径

（一）直接投资不动产并辅以“运营＋金融服务”

保险公司以自有资金直接持有不动产，一方面获得持续的租金收入，另一方面获得物业经修整、运营后价值重估的增值收入。保险资金投资不动产的优势及意义在此不再赘述，退出方式一般是物业出售后退出，或者发行 REITS 退出。该模式对运营管理能力要求比较高，一般会聘请第三方物业经营管理机构进行后续管理。

该模式可以租房为途径进入消费金融领域，为租客提供租金贷款等金融服务，比如链家自如开展了分期、小贷等金融服务，建行的“按居贷”亦是切入该市场。如自持

物业，在金融服务和创新方面将比银行具有更强的资源优势。

以上租金收入或应收账款收入也同时形成基础资产，保险资产管理公司可以此发行资产支持计划，盘活资产，降低融资成本。

综上，保险公司自持不动产，一方面符合国家战略导向拓展房屋租赁市场；另一方面可以此为契机，综合保险集团金融资源，发展消费金融，发行资产支持计划，通过"运营+金融服务"模式发挥集团联动效应。

（二）发行资产支持计划

长租公寓具有前期投入资金巨大、回报周期较长的特点，前期资金压力较大，需要找到便宜的资金以持有更多的资产，利用规模效应及增量价值赚取利润。现阶段的长租公寓集中在一二线城市，出租率较高，客源偿付能力及需求稳定，现金流稳定，具备天然的证券化条件。随着龙头企业创新尝试以及行业发展，资产证券化逐渐成为该领域重要的金融创新产品。

《关于加快培育和发展住房租赁市场的若干意见》明确提出，支持符合条件的住房租赁企业发行不动产证券化产品。国内资产证券化发行历史上首单公寓行业 ABS 产品"魔方公寓信托受益权资产支持专项计划"（简称魔方 ABS）于 2017 年初在上海证券交易所成功挂牌发行；2017 年 10 月国内首单权益型公寓类 REITs"新派公寓权益型房托资产支持专项计划"（简称新派 ABS）正式获批发行，为国内住房租赁市场开展资产证券化和 REITs 起到积极示范作用。

目前，市场已发行的与长租公寓相关的 ABS 产品有魔方 ABS、新派 ABS 、"中信证券·自如 1 号房租分期信托受益权资产支持专项计划"（简称自如 ABS）以及"中联前海开源—保利地产租赁住房一号资产支持专项计划"（简称保利 ABS），根据运营模式的不同，基础资产等交易要素等各有区别，根据市场公开信息资料整理如表 3 所示：

表 3　　长租公寓 ABS 统计表

模式	自持模式		转租运营	
代表案例	保利 ABS	新派 ABS	魔方 ABS	自如 ABS
挂牌场所	上交所	深交所	上交所	上交所
发行规模	人民币 50 亿元	人民币 2.7 亿元	人民币 3.5 亿元	人民币 5 亿元
原始权益人与物业关系	所有权人	所有权人	承租人魔方（南京）①	管理人（受托人）关联方北京自如②
底层资产	物业产权	物业产权	"特定门牌号的公寓"未来 3 年租金收益权	房租分期小额贷款债权
还款来源	物业经营收益（含租金收入）	物业经营收益（含租金收入）	租金收入	个人小额贷款还款

续表

模式	自持模式		转租运营	
基础资产	私募基金份额	私募基金份额	信托受益权	信托受益权
产品期限	18年	3+2年	1—3年	3年
优先级预期收益率	—	5.3%	4.8%—5.4%	5.39%
优先级比例	90%	48.15%	90%	90%
交易模式	基础资产组成SPV，通过股+债的方式收购SPV股权，储架分期发行机制	原始权益人设立私募基金直接或间接持有项目公司股权并向项目公司发放委托贷款，项目公司持有标的物业。专项计划收购私募基金份额	“信托+专项计划”双SPV结构，由原始权益人设立资金信托向融资方发放信托贷款，信托受益权作为基础资产转让给专项计划	“专项计划+信托”的双SPV结构，北京自如通过信托计划向租客发放房租分期小额信托贷款，信托受益权作为基础资产转让给专项计划
增信③	—	—	项目公司股权质押、租金收入质押及账户监管、补充质押承诺、创始人保证担保、优先/次级分层、租金收入超额覆盖优先级证券当期本息、魔方中国承担差额补足义务、外部担保	优先/次级分层、资金池超额覆盖优先级证券当期本息、北京自如承担差额补足义务，外部担保
优先级还本付息方式	—	过手型	过手型，按季付息，优先级分三档，每档到期当年按季度等额还本	循环期：按季付息 摊还期：按月付息，过手摊还本金

注：①魔方（中国）投资有限公司；②北京自如生活资产管理有限公司；③保利与新派暂未见详细公开资料，但增信手段上一般都会包含：优先/次级分层、标的物业租金收入及权利维持费对优先级的超额覆盖、评级下调承诺、差额支付承诺、保证金安排、优先级资产支持证券退出的开放退出及流动性支持、资产抵质押等。

资料来源：根据公开资料整理。

保险系ABS并不是新生事物，自2015年原保监会发布《资产支持计划管理暂行办法》，截至2017年4月，共有36期保险资产支持计划成功发行。事实上，除了监管机构、SPV、流通场所有所不同之外，保险系ABS与其他证券化产品在基础资产、交易结构等方面非常类似，并且均受到相应监管机构的大力支持，所以长租市场目前发行的证券化产品可以作为长租公寓资产类保险资产支持计划的有益借鉴。

（三）从属债务及结构化投资

就传统投资方式而言，保险资金可以通过保险债权计划和股权计划进行债权或股权投资，但鉴于长租市场的稳定现金流以及成长价值，股权加债权以及从属债务投资的结构化投资，可以同时享受债权收益的稳定性以及新兴产业的成长收益。

从属债务融资是以夹层债务为主要表现形式的债务融资工具，受偿顺序位于抵押担保债务之后、股权之前，一般通过权益认购权（或转股权）以增加资金保障和收益，有"股债兼备"特征。全球从属债务规模从1984—2014年由3亿美元增长至3 700多亿美元，为仅次于私募股权和风险资本投资的第三大融资工具，权益认购权行权后投资回报率可高达20%—30%。从属债务投资比较适合资产质量较好，能够产生长期、稳定的现金流，具有利润提升空间和业绩改善潜能的企业，处于成长期的长租公寓正符合以上特征。

交易模式可做如下设计：

模式一：股权＋债权＋夹层投资。

通过资管计划或者有限合伙等SPV载体做一个结构化分层，SPV对外投资中债权比例大概占70%左右，债权的固定收益能分摊股权部分当期资金成本，其余大约10%左右投资股权，20%左右投资夹层，其中股权及夹层投资标的为拟上市主体股权，债权可以直接投资至项目公司层面，以解决债权的直接还款来源和股权投资上市主体不统一的问题。夹层投资部分采用固定利率加后端退出后的浮动收益模式或权益认购权行权模式。债权部分可以同时采用传统的增信方式比如资产质/抵押以控制风险。一般的交易结构如图1所示：

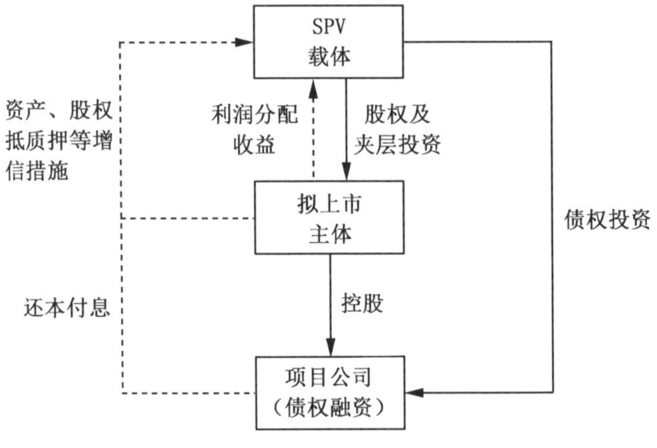

图1　股权＋债权＋夹层投资的一般的交易结构

此外，在SPV层面同样也可以做结构化设计，匹配不同的资金收益需求。

模式二：可转换债权/债券投资。

先期以附带权益认购权的债权或债券形式投入，行权日之前，按固定利率支付利息，行权日如行权，则固定利率为 0，债权本金根据债权投资时点的公司估值转化为虚拟股权比例，收益转化为浮动收益，浮动收益根据项目估值乘以虚拟股权比例再乘以收益系数（如有）计算，但行权之前已支付的利息从应支付收益中扣除。投资人可以要求融资人将按照以上应支付收益价格赎回债权或债券；如上市预期确定，投资人也可以选择将虚拟股权转化为实际股权。具体交易条款将根据不同项目有所区别。以曾经经办的某个项目为例，假设固定收益 8%/年，债权投资时点的公司估值为投前 23 亿元，上市时点估值为 129 亿元，即便收益系数按 25%计算，如选择行权，则 3 年退出时收益率可高达 21%左右，5 年退出时收益率也可达到 9%以上，均高于固定投资收益。

以上投资方式，以传统股权或债权投资为基础，结合两种投资方式的优点，同时也契合了长租公寓成长新特点。

（四）设立或参与产业投资基金

保险资金可以参与一些产业龙头企业或自行发起设立产业投资母基金或直投基金投资长租公寓市场。产业基金的优势在于可以借助市场专业力量，整合各方优势，优化产业布局，同时通过分散底层项目投资风险把握行业投资机会。如果与行业龙头企业或上市公司合作成立产业基金，龙头企业或上市公司往往有较多相关产业的投资项目资源。而且，在投资判断上有其行业专业背景，可更有效地控制风险。同时，往往能提前锁定退出渠道，退出途径更为明确。保险资金因为自身资金安全性和多样化的特点，结构化的产业基金模式亦较能匹配资金特点，一般结构如图 2 所示：

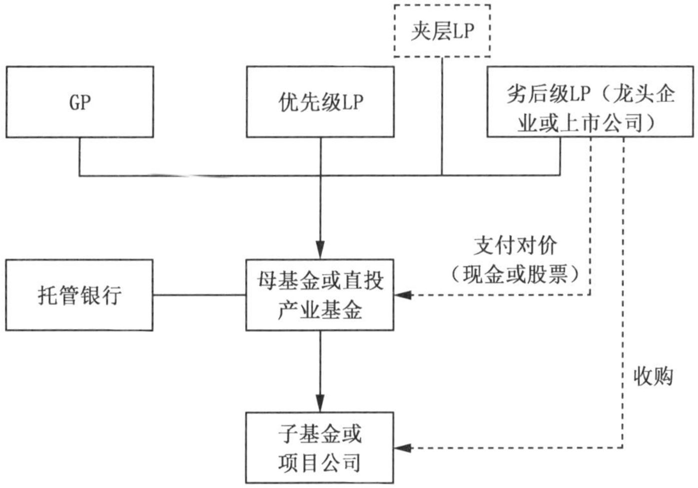

图 2　设立或参与产业投资基金一般结构

五、挑战与机遇

从中央到地方的一系列出台政策来看，租房领域将是中国社会未来的重点转化点，而长租公寓正是其中的重中之重，未来将会有更多金融机构或社会资本加入长租市场，虽然短期内难以从长租市场获得较高的收益，但是能在该领域进行金融创新，长线布局，才能取得长租公寓领域的先发优势。长租市场对资本的投资、运营能力有较高的要求，目前的一些创新尝试为保险资金投资长租公寓领域提供了有益的借鉴。

现行国家战略布局下，持续深化保险资金运用改革，重要的内容之一即是拓宽保险资金参与长租公寓领域，进一步创新投资产品和方式，丰富交易结构，从而优化保险资金配置，助力经济转型升级，服务实体经济。

参考文献

[1]任春生.2017 全球资产配置与风险管理研讨会致辞[R].2017—11—15.

[2]宋光辉.资产证券化与结构化金融[M].复旦大学出版社，2013.

[3]吴易轩.保险资金投资的资产池构建、资产配置与同业合作，信泽金智库系列丛书.

[4]卢佩.产业投资基金概论：概念、模式及发展趋势，信泽金智库系列丛书.

[5]魏轶东，朱思颖，刘洁.长租公寓运营模式及资产证券化的路径选择，载于 2017 年 11 月 8 日公众号中伦视界.

[6]许苇.房地产资产证券化的类型、结构及法律风险管理，2016 年中国资产证券化论坛上的演讲.

[7]刘兰香，张银平，鲍明业.长租公寓大时代：政策、模式和投资机会，智信资产管理研究院《资管高层决策参考》2017 年 4 月.

[8]房玲，蔡建林，尹鹏等.长租公寓模式全解析—案例，CRIC 研究中心 2016 年发布.

[9]长租公寓模式梳理及案例分析，来源于搜狐财经 ABS 行业观察.

[10]李峰.从属债务融资业务模式的国际经验及对商业银行的启示[J].清华金融评论，2017(11).

[11]胡喆，陈府申.房地产资产证券化业务的实务于创新探索，信泽金智库系列丛书.

（本文获“新华资产杯·IAMAC 2017—2018 年度征文”优秀奖）

保险资金与融资租赁合作创新，助力实体经济发展

罗　鸣[*]

2015年8月，国务院办公厅印发《关于加快融资租赁业发展的指导意见》（国办发〔2015〕68号，以下简称《指导意见》），指出"要拓宽融资渠道，鼓励银行、保险、信托、基金等各类金融机构在风险可控前提下加大对融资租赁公司的支持力度；支持符合条件的融资租赁公司通过发行股票和资产证券化等方式筹措资金；研究保险资金投资融资租赁资产等"。近年来，保险机构积极贯彻《指导意见》有关精神，加强与融资租赁行业的合作创新，不断拓宽双方合作领域及业务范围，实现共赢发展。

一、保险行业资金运用总体情况

2012年以来，在原保监会一系列保险资金投资新政不断"松绑"的环境下，保险资管在巩固传统业务领域的同时，在实践中积极探索创新、拓展新的业务领域。目前，保险资管业务已延伸扩展为"保险资金受托管理、投行投融资服务、资产管理服务及个人财富管理服务"四大业务类别。截至2016年年底，保险业总资产151 169.16亿元，较年初增长22.31%；净资产17 240.61亿元，较年初增长7.15%；资金运用余额133 910.67亿元，较年初增长19.78%，呈现持续稳步增长。

从保险资产配置结构看，2016年银行存款24 844亿元，占比18.55%，较上年降低3.23个百分点；债券配置43 050亿元，继2014年债券占比首次下降到40%以下后，2016年再降2.24个百分点至32.15%。由于传统固定收益产品收益率过低，越来越多的保险资金加大了对另类投资业务的配置力度，通过牺牲一部分流动性以获取较高回报，同时规避市场波动风险和短期信用风险。2016年以另类投资为主的其他类投资配置规模48 228亿元，占比36.02%，较上年增长7.37个百分点[①]，首次成为保险资金投向占比最大的资产类别。

---

* 罗鸣，太平资产管理有限公司北方事业部董事总经理。

① 2012年以来，其他类资产投资占比年均增速超过6%，保持较快的增长速度。

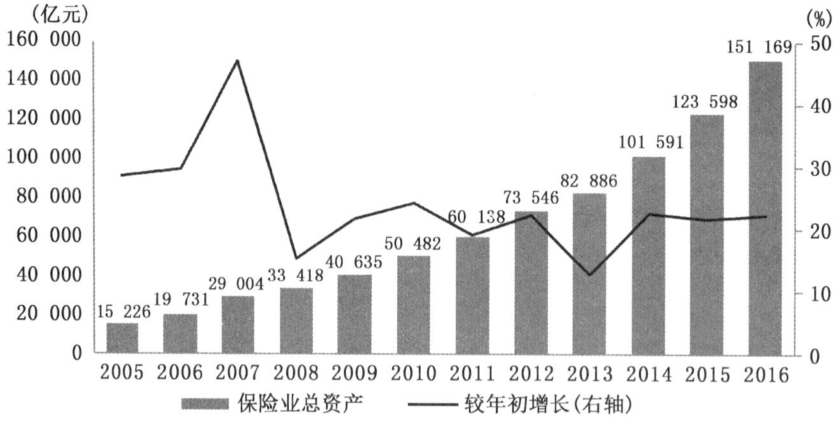

资料来源：原保监会。

图 1　2005—2016 年中国保险业总资产规模及增速

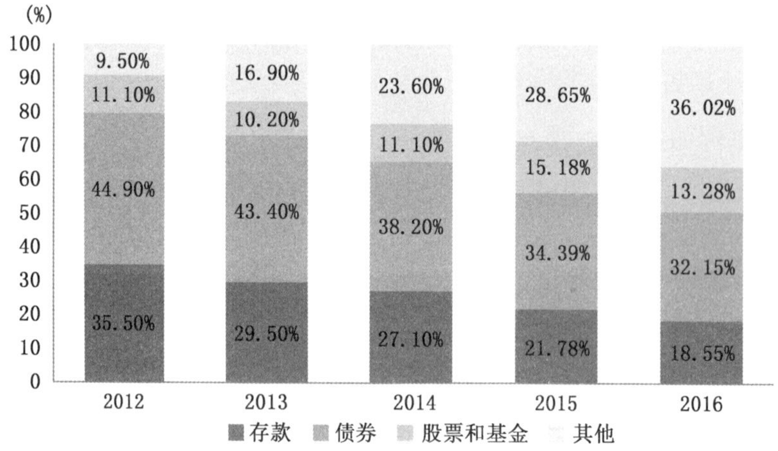

资料来源：原保监会。

图 2　2012—2016 年中国保险业资金投向占比

在保险资金运用中通常所说的另类投资，主要是指除银行存款、债券、股票、基金等传统投资之外的投资品种，[①]目前主要有基础设施投资计划、不动产投资计划、长期股权、资产支持计划以及券商专项资管计划、集合信托等金融产品。保险资金与融资租赁行业的合作创新，主要集中在另类投资领域，通过股、债、资产证券化等多种方式

① 曾于瑾．对当前我国保险资金运用几个重要问题的思考[J]．中国保险资产管理，2015(2)．

支持融资租赁行业发展。

二、保险资金战略股权投资，设立保险系金融租赁公司

根据相关监管规定，保险资金可以直接投资的行业，包括保险类企业、非保险类金融企业等九大类，保险机构通过战略股权投资进入金融租赁行业，可有效延伸其综合经营范围，为客户提供一揽子综合金融服务。国内的租赁行业主要分为金融租赁公司和融资租赁公司两大类。金融租赁公司由中国银保监会审批准入和监管，并规定只有银保监会审批设立的租赁公司才可冠以“金融”两字，属于非银金融机构；而商务系租赁公司由商务部审批准入和监管，属于一般性工商企业。目前，保险机构主要发起设立的是金融租赁公司，相较于融资租赁公司，金融租赁公司资产不良率较低，资产质量较好，监管也更为专业。

截至 2017 年 6 月，全行业共有 63 家金融租赁公司，其中 45 家为银行系、3 家为保险系，总注册资本累计达到1 890.35亿元。保险系金融租赁公司已注册成立 3 家，分别为太平石化金融租赁、邦银金融租赁和中铁建金融租赁公司，详细情况如表 1 所示：

表 1 保险系金融租赁公司

名称	股东	注册地	注册资本(亿元)
太平石化金融租赁	中石化 50%，太平人寿 50%	上海	50
邦银金融租赁	成都农商行 51%，安邦人寿 49%	天津	30
中铁建金融租赁	中国铁建重工集团 49.583%， 中国财产再保险 29.166%	天津	24

数据来源：Wind 资讯。

三、保险资金成为融资租赁公司获取资金的重要渠道

保险资金主要来源于保险责任准备金，本质上是保险公司的负债。根据负债特性开展多元化资产配置，是保险资金获取长期稳定收益和有效防范风险的重要方式。保险资金积极对接融资租赁行业资金需求，也是其实现资产多元化配置的有益尝试，两者互有所需、相得益彰。目前，在实务操作中，保险机构对接融资租赁行业资金需求主要有以下几种业务模式：

（一）保险资管机构自主发起设立资产支持计划对接融资需求

保险机构参与融资租赁资产证券化产品的实践路径，一是通过加强资产配置和投研能力，积极参与融资租赁资产证券化投资，即通过配置券商专项资管计划的方式间接参与；二是加强受托管理能力，以资产证券化产品发行机构的形式，直接对接融资租

赁资产，在更好地服务保险资金投资需求的同时，缩短中间环节，降低融资成本。

2015年8月，原保监会颁布实施了《资产支持计划业务管理暂行办法》（保监发〔2015〕85号，以下简称《暂行办法》），标志着保险版ABS正式推出，扩大了保险资管产品创新空间，[①]促进保险资金直接对接存量资产，满足融资需求，防范监管套利，支持实体经济发展。概言之，资产支持计划是指保险资产管理公司作为管理人，向投资人发售标准化产品份额，募集资金，由托管机构担任资产托管人，投资于缺乏流动性但具有可预测现金流的资产或资产组合（基础资产），并以该基础资产产生的现金流作为还款支持的金融产品，它是协助企业获得融资并最大化提高资产流动性的一种结构性融资工具。

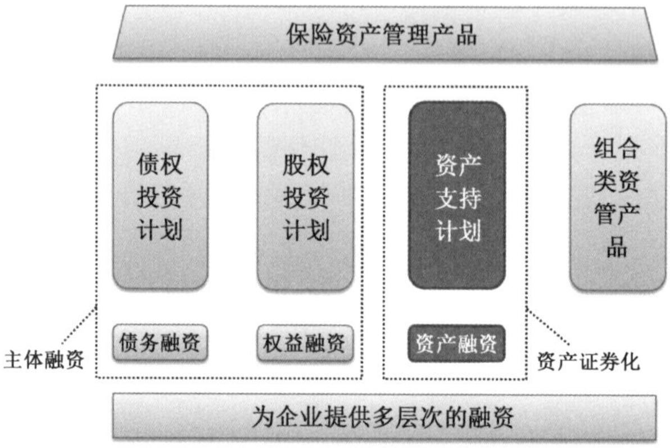

资料来源：笔者制作。

图3　保险资管产品主要类别

由民生通惠资产管理有限公司（保险资管机构）和远东国际租赁有限公司、远东宏信（天津）融资租赁有限公司合作的"民生通惠—远东租赁1号资产支持计划"是《暂行办法》出台后，首单获批并成功发行的资产支持计划。该计划采取双原始权益人模式，基础资产分别受让自远东租赁及远东宏信（天津），并由两者担任资产服务机构。除远东租赁认购该计划全部次级份额外，原始权益人对该计划不提供其他任何信用支持，基础资产实现真实出表。该计划无外部增信措施，主要依靠基础资产信用偿付优先级和次级本息。基础资产选自医疗、电子、教育、建设、公用事业等远东租赁传统优势行业，平均信用质量较高[②]。

根据《暂行办法》，资产支持计划发行方面采取"初次申报核准，同类产品事后报

① 保险资管产品形成债权投资计划、股权投资计划、资产支持计划以及组合类资管产品四大类，相互间有明确边界，各有侧重，相互补充。

② 详见《新规落地首单资产支持计划产品成功发行》，《证券日报》2016年4月1日。

告”的方式。保险机构在参与资产支持计划业务时，若基础资产类别、交易结构等核心要素保持不变，产品可事后向银保监会报告，方便保险机构根据自身需要定制产品，也为原始权益人提供了方便快捷的引入保险资金通道。

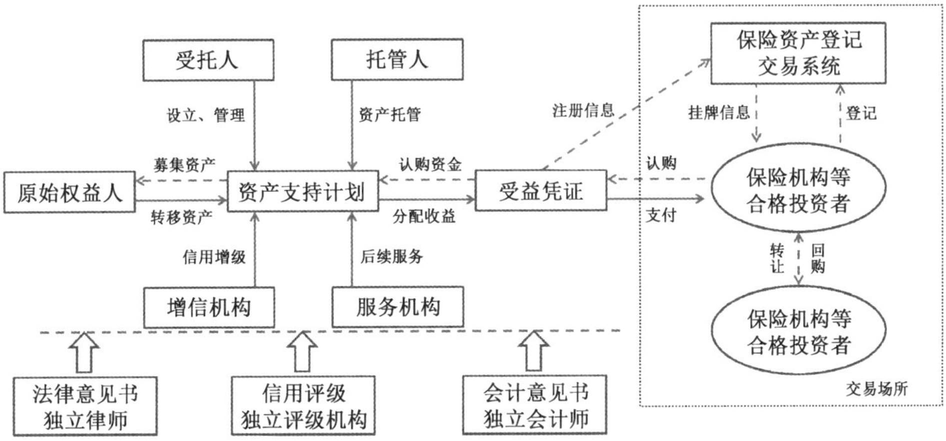

资料来源：笔者制作。

图 4　资产支持计划交易结构

相较于银监央行系统下的银行间 ABS、证监系统下的交易所 ABS，在试点期间保险资管机构发起设立的资产支持计划存在一定的先天不足，即在基础设施方面缺乏一个统一、公开的交易场所。而随着上海保险交易所股份有限公司于 2016 年 6 月 12 日在上海陆家嘴正式成立，局面将会得到一定改观。① 在银保监会主管下的保险交易所职能的发挥，对于保险资管产品的成立、交易和未来发展都有重大影响，对于作为保险资管产品之一的资产支持计划来说意义尤其重大。

（二）保险资管机构发起设立定制型集合信托计划对接融资需求

集合信托计划是保险资金重点配置的金融产品之一。自 2012 年原保监会出台《关于保险资金投资有关金融产品的通知》（保监发〔2012〕91 号）为保险资金投资信托产品松绑后②，信保合作迎来了较快发展。随后，在 2014 年原保监会又颁布了《关于

---

① 2016 年 11 月 10 日，上海保交所保险资产登记交易平台首批产品顺利上线。该平台为保险资产管理产品的发行、登记、交易、资金结算和信息披露等提供专业服务和技术支持，在增强产品流动性、提高行业投融资效率的同时，为监管机构测量和防范风险提供重要的辅助和支持。平台首批用户包括寿险公司、产险公司、养老保险公司、保险资管公司、银行等金融机构 20 余家。太平资产管理有限公司、长江养老保险股份有限公司成为首批在平台发行产品的产品管理人。本次试点首发了长江养老—太平洋寿险保单贷款资产支持计划、太平—上海建工都江堰市滨江新区基础设施（PPP）项目债权投资计划 2 只保险资产管理产品，发行注册总规模 78.8 亿元，首期合计发行及登记规模 16 亿元。

② 《关于保险资金投资有关金融产品的通知》首次明确保险资金可以投资境内依法发行的信托公司集合资金信托计划。

保险资金投资集合资金信托计划有关事项的通知》(保监发〔2014〕94 号)，对保险资金投资信托计划做出了较为明确的范围限定，规定投资基础资产限于融资类资产和风险可控的非上市权益类资产，而且对作为受托人的信托公司门槛提出了要求，即信托公司上年末经审计的净资产不低于 30 亿元。此外，明确保险资金不得投资单一信托，不得投资基础资产属于国家明令禁止行业或产业的信托计划等。

保险资金可通过投资定制型集合信托计划方式来对接融资租赁公司的资金需求：一是集合信托贷款模式，保险资金投资信托公司发行的集合信托计划将资金贷给租赁公司用于购买租赁物，租赁给承租人使用并收取租金；二是租赁资产收益权受让模式，租赁公司将一个或多个租赁项目未来的租金收入打包在一起，形成一个租赁资产收益权，然后进行转让，信托公司针对该转让收益权项目，发行租赁资产收益权受让集合信托计划，募集资金购买该租赁资产的收益权，信托期满后，租赁公司溢价回购收益权。

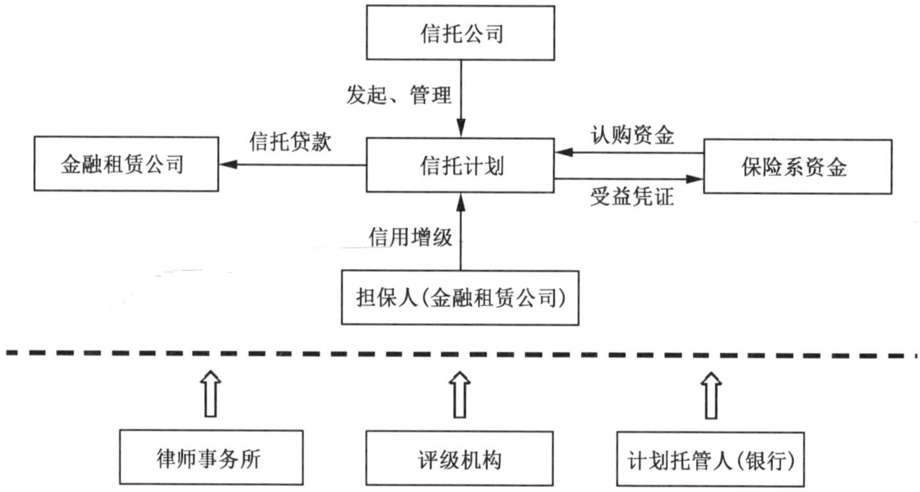

资料来源：笔者制作。

图 5　信托计划交易结构

在实务中，保险资金投资对交易对手主体资质要求较高，且需要融资主体提供较强的信用担保等增信措施，因此，保险机构通过定制型集合信托计划方式与融资租赁公司合作，通常选取的交易对手主要为外部评级 AAA 的金融租赁公司。

表 2　外评 AAA 的金融租赁公司

公　司	主体评级
邦银金融租赁股份有限公司	AAA

续表

公　司	主体评级
长城国兴金融租赁有限公司	AAA
光大金融租赁股份有限公司	AAA
国银金融租赁股份有限公司	AAA
华融金融租赁股份有限公司	AAA
建信金融租赁有限公司	AAA
交银金融租赁有限责任公司	AAA
昆仑金融租赁有限责任公司	AAA
民生金融租赁股份有限公司	AAA
浦银金融租赁股份有限公司	AAA
兴业金融租赁有限责任公司	AAA
招银金融租赁有限公司	AAA

数据来源：Wind 资讯。

（三）养老保障管理业务对接融资需求

2015 年 8 月，原保监会颁布《养老保障管理业务管理办法》（保监发〔2015〕73 号），专业养老保险公司通过养老保障管理业务①（类似公募理财产品），另辟蹊径，一方面发挥团体养老保障产品的创新优势，大力推广薪酬延付和员工持股计划服务；另一方面开始涉足个人业务，发售个人养老保障产品。在互联网平台销售、主动管理产品研发、类公募产品开发等方面取得突破。

受益于低利率的宏观环境、政策红利的不断释放及互联网等销售渠道的丰富，养老保障产品的制度优势日益凸显：一是投资标的范围广泛。② 养老保障基金的投资范围基本涵盖了市场上所有可投资的标的资产，这为丰富养老保障产品投资组合打下了坚实的基础。二是委托人门槛较低。养老保险公司发行养老保障产品，初始投资金额不低于1 000元，在所有机构理财产品中具备几乎最低的门槛。三是业务开展相对灵活。养老保险公司开展养老保障委托管理业务，无需计提保险责任准备金，不纳入保

① 养老保障管理业务，是指养老保险公司作为管理人，接受政府机关、企事业单位及其他社会组织等团体委托人和个人委托人的委托，为其提供养老保障以及与养老保障相关的资金管理服务，包括方案设计、受托管理、账户管理、投资管理、待遇支付、薪酬递延、福利计划、人才激励等服务事项。

② 养老保障管理基金投资账户的资产配置范围包括流动性资产、固定收益类资产、上市权益类资产、基础设施投资计划、不动产相关金融产品、其他金融资产。流动性资产、固定收益类资产、上市权益类资产、基础设施投资计划、不动产相关金融产品、其他金融资产的分类和定义遵照银保监会资金运用相关监管规定。

险公司偿付能力监管范围，养老保障产品的投资风险主要由委托人承担，①养老保险公司并无相关的刚兑义务。

因此，除保险资金配置外，专业养老保险公司可通过养老保障管理业务募集资金投资于上述的资产支持计划、定制型集合信托计划、券商专项资管计划等另类金融产品，②为融资租赁公司提供更加多元化的资金渠道。

四、结论及展望

近年来陆续出台了一系列保险资金运用新政，积极鼓励保险资管行业加快业务模式创新，依据专业化载体，建立新的运营体系和风控机制，尽快形成新的竞争优势，提高保险行业在国民经济中的影响力和渗透力。在此背景下，优化保险行业资产配置结构，以适当比例的保险资金投资于融资租赁资产，分散投资风险、提升资产整体收益率；同时，保险资金规模大、久期长的属性也较好地契合融资租赁行业发展的资金需求，形成双方之间良性互动，实现合作共赢，助力实体经济发展。

参考文献

[1]曾于瑾.对当前我国保险资金运用几个重要问题的思考[J]. 中国保险资产管理，2015(2).

[2]冯日欣，刘砚平.我国融资租赁业发展现状及策略研究[J]. 东岳论丛，2016(3).

[3]曹德云.稳步增加另类投资维护保险投资收益率持续稳定[J]. 清华金融评论，2016(9).

[4]华宝证券.低利率下的保险资产管理行业——2016 年保险资产管理行业报告[R]. 2017(3).

[5]智信资产管理研究院.中国资产管理行业发展报告(2017)[M]. 北京：社会科学文献出版社，2017.

(本文获"新华资产杯·IAMAC 2017—2018 年度征文"优秀奖)

① 养老保险公司应当向委托人提供投资风险提示函，充分揭示投资风险，包括市场风险、信用风险、流动性风险、操作风险及其他风险，以及上述风险的含义、特征、可能引起的后果，并要求委托人对投资风险提示函内容进行确认。

② 另类金融产品是指传统的存款、股票、债券、证券投资基金等以外的金融产品。

把握 PPP 资产证券化发展机遇，提升实体经济服务效率

张志栋*

一、PPP 项目资产证券化对于服务实体经济具有重要意义

我国目前 PPP 项目的融资大多以银行信贷为主，基金、信托、保险等其他金融工具的运用仍处于起步探索阶段。同时在银行不良贷款压力加大、不良贷款率持续上升的背景下，银行对 PPP 项目的审核标准、担保要求和放贷流程较为严格。考虑到 PPP 项目的权属不清、增信不足等问题，银行在参与时也是较为审慎，难以满足 PPP 项目的融资需求，亟待破解。

首先，PPP 项目资产证券化是以 PPP 项目未来所产生的现金流为基础资产，其作为一种新型的类固收产品，存在低风险、高回报特点。与一般资产证券化的区别在于，政策约束性强、基础资产广、保障力度大。优势在于能够拓宽融资渠道、降低融资成本、优化财务状况、丰富退出方式。

其次，通过资产证券化，盘活存量 PPP 项目资产，缓解 PPP 项目融资难题。PPP 项目中很大比重属于交通、保障房建设、片区开发等基础设施建设领域，建设期资金需求巨大，且项目资产往往具有较强的专用性，流动性相对较差。以项目经营权、收益权为基础，变成可投资的金融产品，通过上市交易和流通，盘活存量 PPP 项目资产，增强资金的流动性和安全性。对于银行而言，通过资产证券化可以进一步放大杠杆，在同等额度的准备金基础上操作更多的项目，提高资金使用效率和投资收益，更重要的是，能够借助资产证券化手段实现风险转移，有效管控风险。

再次，丰富资金退出方式，吸引更多社会资金参与提供公共服务。PPP 项目期限长，资金需求大，追求合理利润，而且法律政策层面没有对退出机制的明确保障，因此对社会资金的吸引力相对有限。通过 PPP 项目资产证券化，有利于建立社会资金在实现合理利润后的良性退出机制，对于社会资本而言，交易退出机制更为完善，既保障了社会资本投资的收益水平，提高了投资的安全性，又可以实现在不增加负债的情况

* 张志栋，太平资产管理有限公司战略发展部。

下提前回笼现金，增强了资本的流动性，提供了良好的退出思路，对社会资本的吸引力大幅提高。无论是金融机构还是建设单位，都可以通过资产证券化使项目产生更大的金融价值。

最后，提高 PPP 项目规范化运作程度，引导资金支持实体经济发展。资产证券化产品将在深交所以及上交所挂牌交易，有助于进一步提高 PPP 项目的透明化、规范化运作。目前，发改委和证监会主导的 PPP 项目资产证券化主要针对能源、交通运输、水利、环境保护、农业、林业以及重大市政工程等传统基础设施领域，稳定投资收益和良好社会效益的优质 PPP 项目是资产证券化的首选，通过资产证券化推动资金更好服务实体经济。

二、PPP 项目资产证券化的主要模式及特点

（一）资产支持专项计划

资产支持专项计划是指将特定的基础资产或资产组合通过结构化方式进行信用增级，以基础资产所产生的现金流为支持，发行资产证券化产品。由证监会负责监管资产支持专项计划业务，但在具体实施中不要求对具体产品进行审核，产品一般在上交所、深交所或机构间私募产品报价与服务系统挂牌审核，并由基金业协会负责事后备案管理。推行 PPP 项目资产证券化，有利于提高 PPP 项目的资产流动性，拓宽项目融资渠道，促进 PPP 项目规范发展，也为资产证券化市场提供了丰富的基础设施资产。PPP 项目如果以收益权为基础资产开展资产支持专项计划，其运作流程可归纳为：

（1）由券商或基金子公司等作为管理人设立资产支持专项计划，并作为销售机构向投资者发行资产支持证券募集资金；

（2）管理人以募集资金向 PPP 项目公司购买基础资产（收益权资产），PPP 项目公司负责收益权资产的后续管理；

（3）基础资产产生的现金流将定期归集到 PPP 项目公司开立的资金归集账户，并定期划转到专项计划账户；

（4）托管人按照管理人的划款指令进行本息分配，向投资者兑付产品本息。

（二）资产支持票据

根据 2016 年 12 月中国银行间市场交易商协会发布的《非金融企业资产支持票据（ABN）指引（修订稿）》，明确了资产支持票据是指非金融企业为实现融资目的，采用结构化方式，通过发行载体发行的，由基础资产所产生的现金流作为收益支持的，按约定以还本付息等方式支付收益的证券化融资工具。新规同时明确可以为实施资产支持票据引入特定目的载体（SPV），SPV 可以是特定目的信托、特定目的公司等其他载体，也可以是发起机构。引入特定目的载体，能够更好地实现资产证券化中的“资产隔

离”和“真实出售”核心理念，并使融资人实现表外融资的目的，满足了多样化融资需求。

当前资产支持票据的合格基础资产类型可以是企业应收账款、租赁债权、信托受益权等财产权利，以及基础设施、商业物业等不动产财产或相关财产权利。在实践中，ABN 的基础资产已涵盖租赁债权、应收账款、商业物业租金、基础设施及公用事业收费权、航空公司客票收入、信托受益权等多种基础资产类型。

PPP 项目中其操作流程如图 1 所示，主要环节包括：首先 PPP 项目公司向投资者发行资产支持票据；其次，PPP 项目公司将其基础资产产生的现金流定期归集到资金监管账户，PPP 项目公司对基础资产产生的现金流与资产支持票据应付本息差额部分承担补足义务；再次，监管银行将本期应付票据本息划转至上海清算所账户，然后上海清算所将本息及时分配给资产支持票据持有人。

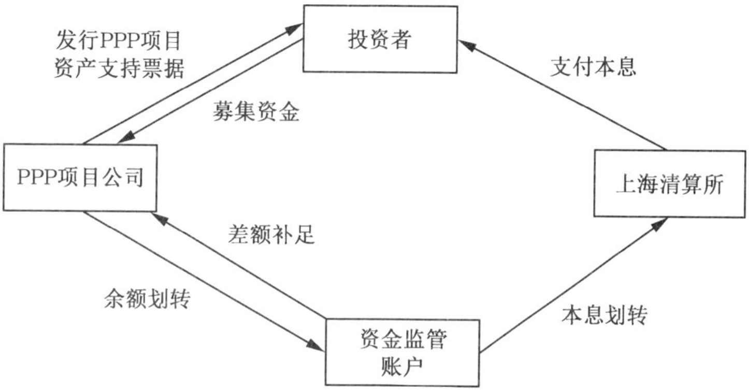

资料来源：笔者制作。

图 1　PPP 项目资产支持票据运作流程

（三）资产支持计划

资产支持计划是将基础资产托付给保险资管公司等专业管理机构，以基础资产所产生的现金流为支持，由受托机构作为发行人设立支持计划、合格投资者购买产品而获得再融资资金的业务活动。2015 年 8 月，原保监会正式发布了《资产支持计划业务管理暂行办法》，明确了资产支持计划的交易结构、规范操作行为、管理规范以及风险管控。这对于扩大保险资产管理产品创新空间、满足保险资金配置需求、促进保险资金直接对接存量资产、进一步支持实体经济发展等都具有重要意义。与资产支持专项计划相比，保险资管的资产证券化业务具有单笔规模较大、投资期限较长、收益率处于中等水平的特征。

PPP 项目以收益权为基础资产开展资产支持计划，其运作流程可概括为：设立资产支持计划;移交给资产支持计划;发行受益凭证;资金拨付;分配本金和收益等。

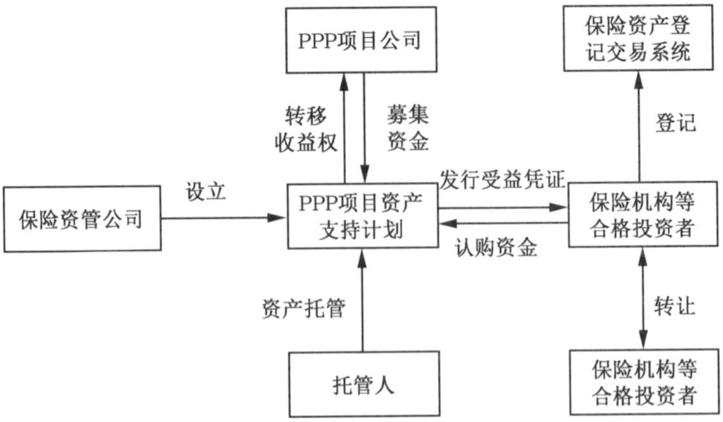

资料来源:笔者制作。

图 2　PPP 项目资产支持计划运作流程

三、我国 PPP 项目资产证券化面临发展机遇

(一)PPP 项目资产证券化政策支持力度持续增强

2017 年 6 月 19 日,财政部、中国人民银行、中国证监会联合发布《关于规范开展政府和社会资本合作项目资产证券化有关事宜的通知》(财金〔2017〕55 号,简称“55 号文”),这是继 2016 年 12 月国家发改委、证监会联合发布《中国证监会关于推进传统基础设施领域政府和社会资本合作(PPP)项目资产证券化相关工作的通知》(发改投资〔2016〕2698 号,简称“2698 号文”)之后,国务院部委第二次发布 PPP 资产证券化纲领性文件。“2698 号文”发布后,PPP-ABS 已为 PPP 项目证券化带来了破冰效应,“55 号文”将 ABN 产品纳入 PPP 项目资产证券化中,使得发行渠道包括了交易商协会监管下的 ABN,进一步拓宽了交易范围及交易场景。

(二)PPP 项目资产证券化业务获得创新发展

目前,资产证券化项目中基础资产为 PPP 项目的依然较少,但是在政策支持推动下,相关业务正面临着创新发展的新机遇,尤其是在 2017 年 8 月,华夏幸福固安新型城镇化 PPP 资产支持票据(ABN)成功发行,这是银行间市场首单 PPP 资产证券化项目,标志着 PPP 项目资产证券化正式进入 ABS 与 ABN 双线发展模式。2017 年以来,PPP+ABS 和 PPP+ABN 的相继落地,将有助于推动更多的 PPP 项目通过资产证券化手段盘活存量资金,吸引两个市场更多的专业化机构投资者和社会资金的参与,推动 PPP 和 PPP 资产证券化的市场化发展,提高保险资金等社会资金实体经济服务效率。

国内已有 6 单 PPP 资产证券化项目成功发行，包括证监会主管的 5 个项目以及交易商协会主管的 1 个资产支持票据项目，PPP 项目资产证券化产品发行场所分别涉及交易所、交易商协会以及机构件私募产品报价系统，随着资产证券化项目的日益正规化发展，证监会监管下的资产证券化项目将主要在交易所市场发行。

表 1　　PPP 项目资产证券化

序号	PPP 项目	项目发行总额（亿元）	发行场所
1	太平洋证券新水源污水处理服务收费收益权资产支持专项计划	8.4	机构间私募产品报价与服务系统
2	中信建投—网新建投庆春路隧道 PPP 项目资产支持专项计划	11.58	上交所
3	中信证券—首创股份污水处理 PPP 项目收费权资产支持专项计划	5.3	上交所
4	华夏幸福固安工业园区新型城镇化 PPP 项目供热收费收益权资产支持专项计划	7.06	上交所
5	广发恒进—广晟东江环保虎门绿源 PPP 项目资产支持专项计划	3.2	深交所
6	华夏幸福固安新型城镇化 PPP 资产支持票据	2	银行间市场

数据来源：Wind。

（三）PPP 资产证券化业务有助于提高实体经济服务效率

PPP 资产证券化能够提高保险资金等社会资金的使用效率，资金投向也以基础设施等实体经济为主，从目前已发行的 6 单 PPP 资产证券化项目看，项目在基础资产、增信方式以及存续期等方面体现出的优势，能够提高实体经济服务效率。

（1）PPP 资产证券化项目以现金流持续且相对稳定的污水处理、城市供热、公路交通和园区等基础设施建设项目为主，项目本身具备较好的现金流基础，但同时也是基础设施等融资能力较弱的领域。

（2）在增信方式上普遍采用了优先次级结构、现金流超额覆盖、差额支付承诺等方式，通过将资产支持证券分为优先档和次级档或更多级别，在还本付息、损失分配安排上，优先级证券享有优先权，通过次级证券为优先级进行增信。

（3）针对产品存续期间较长的问题，从落地项目的实际来看，普遍采用了票面利率调整权、发行人回购选择权及投资人回售选择权的条款设置，以及政府增信担保的方式，使项目存续期出现更多选择，在一定程度上解决了退出的问题。

（4）尽管目前发行利率水平普遍不高，但是项目具有一定的政策示范效应，而且产品绝对收益较同评级、同期限的其他融资工具相对较高，且由于有政府信誉背书，预期收益稳定，风险相对可控。

(5)尽管目前仅有 6 单项目落地，但从发行方式来看，PPP 项目资产证券化已在交易所、银行间市场、机构间私募产品报价与服务系统成功发行，这表明 PPP 项目作为可上市交易的证券化产品，PPP 项目主体市场化融资工具将进一步多样化，各类社会资金进入 PPP 市场条件逐步完善，而且随着 PPP 项目资产证券化业务的创新发展，各类投融资需求也将得到有效满足，实体经济服务效率进一步提高。

四、紧抓 PPP 资产证券化发展机遇，全力服务实体经济

PPP 项目资产证券化整体尚处于起步阶段，存在 PPP 及 PPP 证券化收益率不高、资产证券化期限与 PPP 项目难匹配、二级市场流动性不足等问题，PPP 资产证券化发展仍面临着诸多挑战。但是，随着资产证券化相关政策持续完善，政策对于资产证券化业务发展的支持力度将会不断增强，市场机制也在不断健全，不同监管主体不断完善项目发行、交易等环节的基础制度，将为资产证券化业务发展奠定坚实基础，预计相关业务也会迎来重要发展机遇，将 PPP 项目资产证券化成为推动保险资金提升实体经济服务能力的新路径。

(一)PPP 项目加速落地提升资产证券化需求

随着 PPP 项目的大范围落实，PPP 项目证券化需求也将持续上升。截至 2017 年 7 月末，按照财政部相关要求审核纳入项目库的项目即全国入库项目13 599个，总投资 16.5 万亿元，其中落地(即已签约进入执行阶段)项目2 134个，总投资 3.5 万亿元，PPP 资产证券化的发展空间还很大，尤其是在政策推动下，PPP 项目投资的流动性上升后也将进一步带动更多社会资金参与到 PPP 项目中，形成 PPP、PPP＋ABS 之间的循环推动效应。

(二)PPP 资产证券化有助于增强 PPP 项目吸引力

PPP 的核心理念思维是通过广泛的社会资本，利用其专业能力提供更高质量的公共服务产品。当前，设法从根本上提高社会资本投资积极性是持续推进 PPP 健康发展的关键，PPP 资产证券化可以成为一个有效的手段。政府推动 PPP 项目资产证券化业务发展，可以帮助参与项目初期建设融资的社会资本寻求更多的流动性变现渠道，进一步提高社会资本进入的意愿，一方面有利于化解前期财务成本，另一方面也有利于提高 PPP 项目的规范化程度。

(三)探索 PPP＋REITs 的融资模式创新

“2698 号文”明确指出下一步要推动不动产投资信托基金(REITs)发展，进一步支持传统基础设施项目建设。“55 号文”指出除以项目公司的收益权、债权为基础资产开展资产证券化以外，在项目建成运营 2 年后，项目公司的股东可以以能够带来现金流的股权作为基础资产，发行资产证券化产品，标志着未来基于 PPP 项目的 REITs

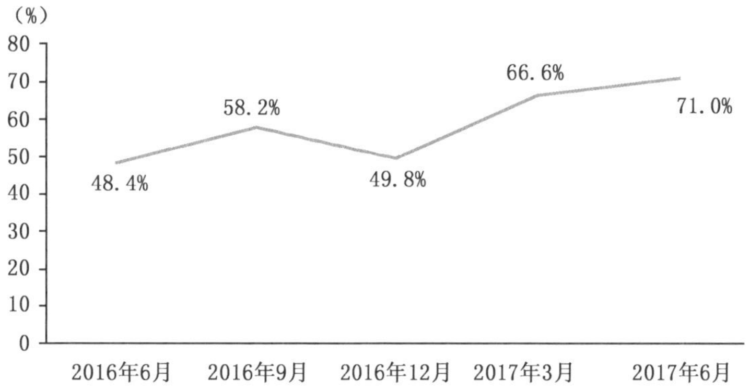

资料来源：笔者制作。

图 3　财政部 PPP 示范项目总体落地率变化趋势

产品发行可期。一方面，社会资本通过将股权转让给 REITs，在项目建成运营后可以实现更完全的退出；另一方面，REITs 相对于普通 ABS 产品可以更好地发挥自己的公募特性，能够拓宽资金的来源渠道，增加产品的流动性。

（四）积极参与 PPP 项目，挖掘 PPP＋ABS 投资价值

PPP 市场空间大，PPP＋ABS 将进一步推升资金参与意愿。PPP 是国家层面重点推进的地方政府基础设施和公共服务领域项目建设的新模式，财政部和发改委等国务院有关部门都在大力推进，也是各级地方政府发展的重要方向，受到多方面的政策支持，业务发展空间大。资产证券化与 PPP 的结合将有助于化解 PPP 项目周期长、利润低、流动性差的困境，吸引更多的社会资金参与，推动保险等各类资金更好地服务实体经济。

保险资金参与 PPP 的策略管理及路径探讨

马 勇*

2017 年 5 月，原保监会发布《关于保险资金投资政府和社会资本合作项目有关事项的通知》，以推动 PPP 项目融资方式创新，更好地支持实体经济发展，并针对 PPP 项目的投融资特点，给予充分的政策创新支持，以通过不断拓宽基础资产的投资范围增加保险业长期资产的有效供给，满足保险资金长期配置和再配置需求，应对新常态环境下资产荒带来的资产负债匹配压力。在"偿二代"新监管体系下，从大类资产配置角度来看，对基础设施股权投资计划、债权投资计划等设定的风险因子较低，降低了资本占用率，创造了更好的环境和制度框架，去推动整个保险行业更多地服务实体经济，从制度层面上鼓励保险资金加大基础设施方面资产的配置力度。同时，保险资金长期稳定的特点，也非常适合用投资规模大、盈利周期长、回报较稳定的 PPP 模式来优化保险资金基础设施投资组合，缓解资产负债匹配压力。与此同时，按照供给侧改革要求，保险资金作为长期资本，投向社会实体经济，可以降低整个社会杠杆率，也需要积极探索基础设施投融资 PPP 模式。本文运用策略性决策(strategic decisions)的思考与分析逻辑，探讨新常态环境下保险资金参与 PPP 所需应对的策略管理及路径选择。

一、保险资金参与 PPP 投融资的背景和机遇

2014 年底至 2017 年以来，央行连续 6 次降息、5 次降准，资本市场流动性极度充裕，企业债、公司债全面放开，债券市场收益率快速下行，股债双杀造成传统资产投资收益率与保险资金成本难以匹配。与此同时，国家大力引入社会资本、开发 PPP 项目，各项配套政策法规纷纷落地。我国保险行业保费收入高速增长，增量保费的快速增长和存量资产的到期给保险资金的再投资带来了较大压力。根据保险资金投资占比情况来看，2016 年上半年保险资金投资另类资产占比已达 34.22%，超过债券，成为第一大类配置资产。在新常态环境下，保险资金很难从债券市场上化解长期的资产负

* 马勇，太平资产管理有限公司战略发展部发展研究室高级经济师。

债匹配风险。在债券市场长周期投资品种并不多的情况下，通过 PPP 去配置做长周期的资产负债，则为险资提供了一种中长期的资产品种，会化解一部分资产负债匹配风险。其次，保险资金与 PPP 项目存在天然契合点，保险资金的社会资本属性及长期特性和 PPP 项目的要求有很大的匹配性。险资期限长、供应稳定、资金量大，以及收益要求合理，恰好对应 PPP 项目长周期、大规模、收益稳定等特征，如果在风险控制、交易结构设计、收益分配等方面做好平衡，保险资金将是 PPP 项目长期稳定的“黄金”资本和“绿色”资金来源，从而能在一定程度上缓解基础设施建设中资本缺乏的现状。作为重要的机构投资者，长期来看，保险资金参与 PPP 模式，进入国内基础设施投资市场和参与“一带一路”倡议潜力巨大。

目前，我国基础设施投融资方式正在发生重大变化，地方政府通过投融资平台融资的传统模式已不再是主流，降杠杆压力不断增加；建设主体方面，基础设施建设正由政府投资为主导逐步转向政府与各类社会资本合作、共建，建立风险共担、利益共享的 PPP 投融资机制方向转变，同时政府补贴方式的重心也由前期投资向后期采购转变。正因为上述背景的变化，保险资金参与 PPP 项目投融资变得可期。与此同时，近年来保险业保费收入平稳快速增长，保险资金运用规模的跨越式发展也给险资参与 PPP 提供了有力的资金保证。

对于未来基建投资领域的具体机会，保险资金可以参与以下几类 PPP 项目：一是参与 PPP 基金，在政府投融资平台上，作为出资人（LP）或管理人（GP）积极参与投资国家级、省部级基础设施领域 PPP 基金，如积极参与财政部 PPP 融资基金、国家丝路基金等。对国家有关棚户区改造的重点投资项目，可通过重点城市更新改造基金的形式加以支持。在政府平台模式下，回收投资是依赖于政府信用，依赖于外部信用增级，融资期限一般是 5 年左右，可获得更好的投资安全性。二是积极参与收益稳定且可靠的地方 PPP 项目融资。在项目融资模式下，以项目本身的经营收入作为第一还款来源，一般的融资期限是 10—30 年。目前，国内的金融机构更适合于以 3—5 年的中短期融资为主，还不适应长期融资的 PPP 项目融资需求，所以在监管政策方面、金融机构风险管理方面、互补性管理方面都需要进行全面的调整，才能适应 PPP 项目的需求。三是适度参与地方融资平台公司的转型和改制，保险机构可利用地方融资平台在存量债务清理过程中的合作机会来挖掘优质投资项目，也可参与具有良好基础资产和管理能力的融资平台的股权投资。

二、保险资金需要产融结合的合作策略

保险资金作为机构投资者拥有多年成功的财务投资经验，能够提供长期稳定的资本支持、嫁接丰富的金融资源及渠道、输出市场化的公司治理机制，有优良的资管领域市场口碑，但缺乏实业领域独立投资能力，缺乏资产后续经营管理能力。而优秀产业

资本的优势体现在专业性上，拥有对行业的深刻理解，能够提供丰富多样的资产来源，能嫁接上下游国企民企实体，有很强的管理团队，能够输出资产运营管理经验，有优良的行业信誉，但缺乏期限长的权益性资本支持、缺乏资本市场灵敏度。在当前低利率加资产荒的投资环境下，对于体量已达十多万亿元的险资而言，作为金融资本，从资本角度寻找投资机会，以多种形式走向联手产业资本的产融结合，是一个重要方向。保险资金作为金融资本的投资回报率最终取决于产业资本的利润率，产业发展需要金融资本，最理想的情况是保险资本和产业资本产融双方相互结合，实现优势互补，而PPP正是合适的载体和产融结合的有效平台。保险资金投资PPP的第一要务就是寻找到各领域中的优质产业合作伙伴，发挥产融双方各自优势，共同投入PPP项目，实现各自目标。

基础设施建设产生的巨大融资需求，为保险资金投资基础设施提供难得的发展机遇。在当前基础设施投融资体制变革的大背景下，保险资金投资基础设施必须发挥其长期性、稳定性、规模化等优势，不断完善投资计划，不断创新投资方式，进一步推进投资、优化投资，促进保险资金支持实体经济发展，增加基础设施供给。保险资金参与PPP的战略布局上应该有所侧重，选择细分领域，做到有所为有所不为。为应对今后低利率的挑战，险资必须拉长资产配置久期，加大另类资产配置力度，提高跨利率周期能力。因此，险资应该重点考虑久期长、适合保险资金投资特性的PPP项目。比如养老、医疗、公租房等基础建设和服务，这类项目有长期需求、风险不高、长期回报符合保险经营理念、保险资金偏好的特点，能较好地延伸保险产业链，并与保险业务产生良好互动和协同。为更好地发挥保险资金的长期性、稳健性作用，保险业还可投资能够产生较好的长期、稳定现金流的PPP项目，其资产具备产品化或证券化的条件，将有利于吸引其他资金配置保险资产管理产品，提高保险业在泛资产管理行业中的投资能力和供给侧结构性改革中的地位。

具体来看，保险机构可以采用下列多种合作模式参与PPP投资。一是作为有限合伙人（LP）设立PPP基金，根据保险资金的风险收益分配机制，可分为名股实债和股权投资两种；二是作为财务投资者投资PPP项目，即保险资金通过债权、股权、股债结合等方式，间接为PPP项目提供融资，获取财务收益回报；三是作为风险管理者参与PPP项目，如通过推广建工险、企财险、责任险、意外险等险种的方式，降低PPP各方风险，提升项目信用等级，降低PPP项目的融资成本；四是与各类产业资本组成联合体，共同参与PPP项目，由保险机构负责项目融资，产业资本负责设计建设、运营维护等工作；五是未来在PPP项目中担当综合化的金融服务顾问机构，为PPP项目提供良好的金融资源，包括投资、投行、保险、资管等服务。

三、保险资金投资PPP风险管控策略

《保险资金投资股权暂行办法》对保险资金直接投资股权有明确限制，债权计划、

资产支持计划都是债务性资本，不能满足 PPP 项目对社会资本的要求。股权计划、私募基金（夹层基金）等间接方式，特别是私募基金（包括各种产业基金）将会成为保险资金进入 PPP 项目的主要通道。既然保险资金收取的主要是固定收益，其决策依据必然是股的形式、债的思维，即在满足 PPP 要求的同时，尽可能防范投资风险，私募基金则是这一模式的最适宜法律架构。一般情况是保险资金作为基金的优先级 LP，有实力的产业资本合作方作为劣后级 LP（或 GP，如上述案例），基金作为项目公司的控股股东，产业资本合作方享有主要的投资决策权并主导项目的建设、运营、管理等经营活动。根据风险由最适宜的一方承担的原则，产业资本承担 PPP 项目经营风险显然是合适的，产业资本对保险资金的收益保障可以通过项目公司 SPV 之上的制度安排，即劣后级 LP（或 GP）对优先级 LP 的保证来实现，这样保险资金的利益可以不受项目公司盈亏的影响，其主要风险是产业资本的这种保证能否实现。

基础设施资产具有存续期长、收益稳定等特征，这与保险资金可做到良好的匹配。但在不同经济环境之下，不同交易结构中，投资计划的收益始终会存在风险。保险资金投资的风险有市场风险、信用风险、操作风险、流动性风险、合规风险等。采取措施有效地降低投资风险，提高风险管理的效率，增强保险公司的风险管理能力，完善保险公司资金运用风险管理体系，为保险资金运用 PPP 模式投资基础设施把好风控关。

项目取得信用增级是保险资金投资基础设施防范风险的核心措施，是项目得以开展投资的关键因素，也是法律法规的要求。信用增级方式主要可分为外部增级和内部增级。内部信用增级措施有：设立现金储备（抵押）账户；将项目资产进行优先劣后级结构设计；超额抵押和利差账户等。外部信用增级措施有：备用信用证、他方担保、购买信用保险等。债权投资计划的增信方式可分为 A、B、C 三类；项目资产支持计划中，内、外部信用增级措施并无高下且往往杂糅使用，最大化防范风险。

总之，保险资金对于投资 PPP 项目的风险管控应当着眼于多个维度，实施全流程、全周期的风险管理。在事前控制上，对项目的筛选应当关注政府信用、项目经济强度、企业资信和项目的合法合规性等因素；事中控制上，应关注合同条款设计，提前介入谈判，约定专属权利，并在投后管理上强化现金流检测、调控机制和退出机制。保险机构投资者判断 PPP 模式下的投资风险，有必要从政府财力、社会资本实力、项目收益等多个角度去判断。

四、保险资金投资 PPP 的长期资产配置策略

目前，保险资金在间接投资 PPP 项目时主要有四种形式，包括以债权计划投资施工方、投资企业专项基金、参与政府融资基金、跟投其他金融机构等。以最后一种跟投的形式为例，保险资金可以选择与第三方的金融机构合作。一是跟投大型银行，通过资产证券化和项目资产支持计划等创新融资工具，险资可借助风险承受能力较强的银

行信用,加强项目增信;对于银行而言,引入投资期限较长的保险资金作为优先级资金,可降低错配风险。二是与信托机构合作,替换信托资金,以二次融资方式介入项目。三是与产业基金合作,投资其筛选的大型项目,以节约项目筛选成本、降低投资风险。四是跟投证券公司,可以通过提供 IPO 保荐、并购融资等投行业务及资产证券化、资管计划、另类投资等方式介入,为 PPP 项目提供多渠道的融资路径和退出路径。利用产业基金、信托等通道对接 PPP 项目的融资需求,还可以尝试主要靠收费权、合同预期收益、保险权益转让及直接介入权等综合增信担保措施,根据融资项目风险实现差异化定价。

另外,在对 PPP 项目的直接投资方面,直接投资 PPP 项目主要是轨道交通,市政供水、供气、供暖,污水处理,保障房,医疗设施及养老服务设施等。这些项目都是具有长期稳定需求的项目,并且长期合同关系明确、投资规模需求大,市场化程度高。保险资金目前较优的选项是以财务投资人身份介入 PPP,采用"股+债"的混合模式,以夹层基金方式,通过资本市场和上海保交所等交易平台,实现保险资金的安全退出。

新的《保险资金间接投资基础设施项目管理办法》增加了政府和社会资本合作(PPP)等可行投资模式,并将其与债权、股权等方式并列。但是,从对 PPP 项目的投资来看,也需要体现为债权、股权、物权等方式,因此,PPP 实际上并非独立于上述方式之外的单独投资方式。总之,保险资金投资 PPP 能有效解决保险资金通过投资计划间接投资基础设施中大项目对接难、逆周期投资动力不足、缺少专业平台、沟通协调难度大等问题;能适应国家供给侧改革宏观政策的需要,较好地契合"去杠杆"政策实施而产生的资金逆周期需求;也是保险资金配置多元化,分散保险投资风险,提高并稳定险资收益率的重要探索。

参考文献

[1]余文恭主编.政府与社会资本合作(PPP)模式政策及法律文件汇编[M]. 北京:中国建筑工业出版社,2015.

[2]曹珊著.政府和社会资本合作(PPP)项目法律实务[M]. 北京:法律出版社,2016.

[3]马勇.PPP 产业基金设计及资管公司参与 PPP 模式探讨//上海金融业联合会编.2015 年上海金融业改革发展优秀研究成果汇编《上海金融改革理论与实践》(证券期货类)[M]. 上海:上海交通大学出版社,2016.

[4]赵威.保险资金参与 PPP 项目投融资的实践与探索[J]. 中国保险资产管理,2016(5).

保险资金服务实体经济中 PE 投资的创新模式——夹层基金

马　勇[*]

夹层基金属于私募股权投资基金的一种，通常为杠杆收购、管理层收购、资本重组等提供融资，用于填补企业在考虑了股权和债权融资之后还存在的资金缺口，为融资方提供介于高级债权（银行信贷）和股权之间的夹层资本。夹层基金通常所运用的工具是包含转股权的次级债务、可赎回优先股、可转换债券等及其组合。

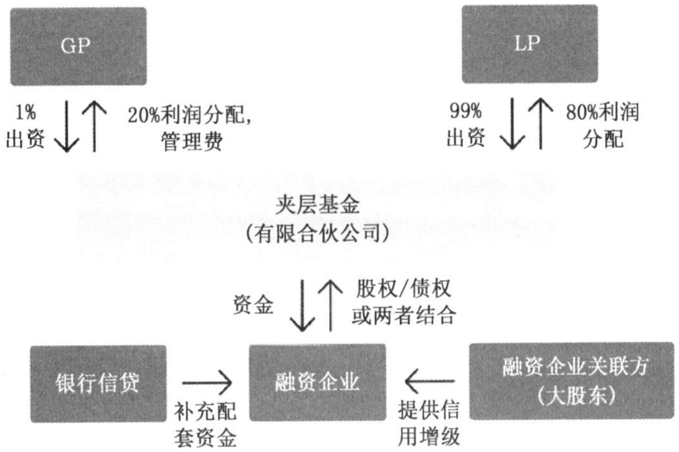

注：GP 系保险资金自行设立私募基金；LP 则以有限合伙人身份参与其他基金。

图 1　夹层基金的基本结构

一、夹层基金是国际金融市场的重要组成部分

20 世纪 80 年代，夹层投资基金在国际市场上兴起，分为并购基金、夹层基金等多

* 马勇，太平资产管理有限公司战略发展部发展研究室高级经济师。

种类型，主要用于支持企业新建扩张升级、横纵向并购发展及运用于杠杆收购等。自1986年至2014年6月，夹层基金规模由3亿美元增长至3 728亿美元，年复合增长率达29%，夹层基金在一级市场另类投资基金中占比达13%，仅次于私募股权投资(PE)和风险资本投资(VC)。目前，全球共有超过400家私募股权管理机构从事夹层基金业务，包括黑石、凯雷、阿波罗、KKR等顶级国际投资机构，夹层基金在这些机构管理的总管理资产中已占到25%～50%的比重。其中，阿波罗的夹层与信用投资占比更是高达56%。夹层基金中累计募集金额最大的高盛，已达到217亿美元；其次为TCW GROUP和黑石，分别为90亿美元和41亿美元。自2003年以来，全球夹层基金总规模复合增长率为33%。

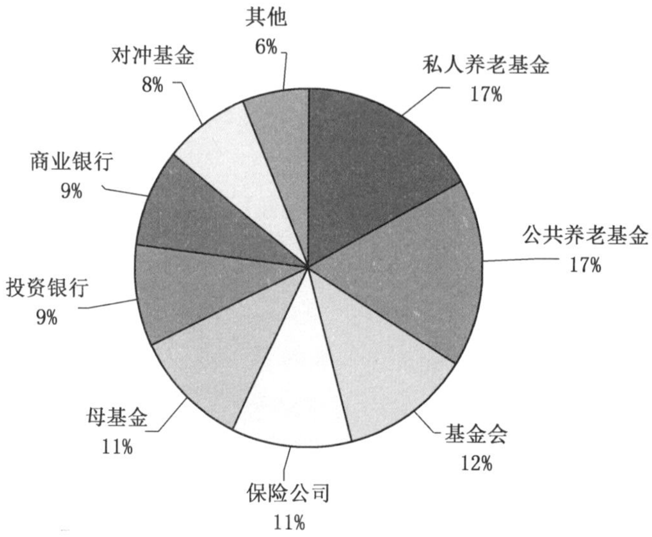

数据来源：公开资料，截至2013年12月31日。

图2 国际夹层基金的LP类别构成(2013年)

根据国外成熟经验，夹层投资对于保险公司、商业银行、FOFs等在内的对投资安全性要求较高的机构投资者吸引度较高。而国内由于政策限制，商业银行暂时还无法成为夹层基金投资者，保险公司虽然资产规模庞大，可配置PE投资的资金较多，但其与夹层基金的合作近几年才刚刚起步，并且由于大型保险公司渠道众多，投资业务相对也比较强，它们的资源优势和专业能力往往并不比主流PE机构差，因此，它们投资股权基金或者夹层基金的积极性并不强，目前在国内还没有针对夹层基金的专项鼓励扶持政策，这或许也是某些机构投资夹层基金的障碍。因此，现阶段有着深厚的资金背景或者强大募资能力的PE机构做夹层投资具有较大的优势。

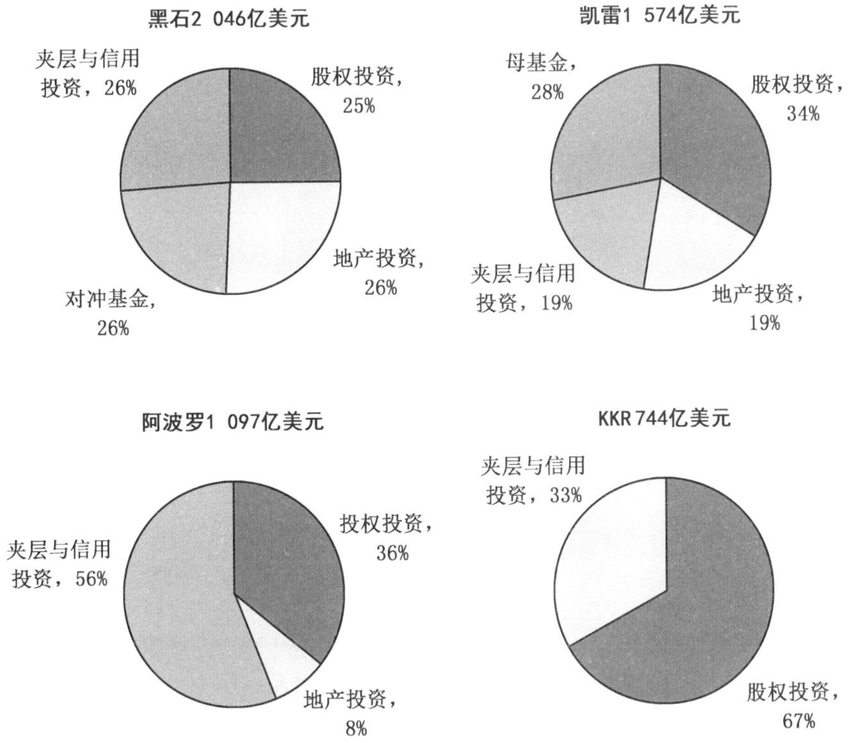

数据来源:公开资料,截至2014年12月31日。

图3　夹层基金在著名国际私募股权管理机构(GP)管理总资产中的占比(2014年)

二、我国夹层基金投资市场的政策法律环境

目前国内还没有专门针对夹层基金的相关政策,但夹层基金木质属于私募股权投资基金的一种,针对机构投资私募股权基金的法规政策主要有:《商业银行法》规定商业银行在中华人民共和国境内不得从事信托投资和证券经营业务,不得向非自用不动产投资或者向非银行金融机构和企业投资。2010年9月,原中国保监会印发《保险资金投资股权暂行办法》,首次放开保险资金投资私募基金的投资途径;2014年8月,国务院发布保险"新国十条",首次明确提出允许专业保险资产管理机构设立夹层基金,从高层政策层面给予明确导向;2015年9月,原保监会公布《关于设立保险私募基金有关事项的通知》,将"新国十条"相关规定落地实施。

在投资工具的使用上,国际上成熟的夹层投资基金普遍使用的投资工具包括可转债、优先股、转股权等。但由于我国金融法律制度尚不完善,在目前的法律框架下,优先股、可转债并未有完善的法律法规提供系统的支持,使我国可使用的投资工具品种

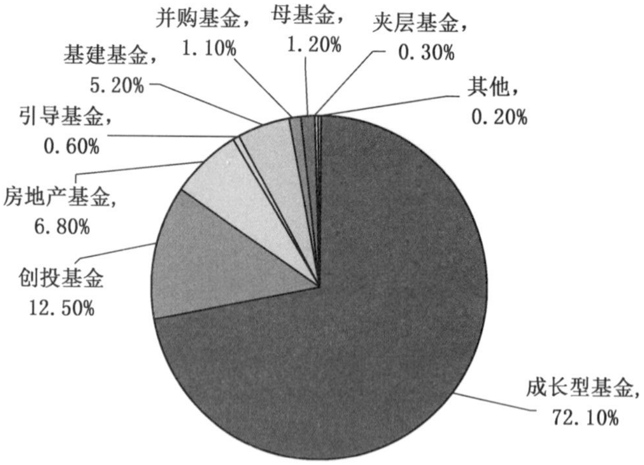

数据来源：公开资料，截至2013年12月31日。

图4　国际资本市场新募集PE基金类型分布（2013年）

相对比较匮乏。

夹层基金是金融创新的过程中从国外的成熟市场衍生而来，根据国内融资市场的需要而创新性地设立的投融资形式。一个制度创新或者引进，可能在国内市场最初是没有明确的监管规则的，但是在发展到某个阶段后，监管部门会将其纳入监管范围内。2014年8月，中国证监会公布《私募投资基金监督管理暂行办法》，私募股权投资基金经过长时间的发展终于纳入证监会监管范围内。自2015年初允许部分保险资产管理机构开展发起设立保险私募基金试点以来，保险投资私募基金的规模不断扩容。2017年7月，原保监会在行业内部下发《关于保险资金发起设立私募基金的监管口径》。之后可能还会出台一系列针对夹层基金等创新工具的监管措施和手段，发布系列性的监管规则和监管窗口指引。

另外，夹层投资灵活性很强，各个机构根据自身的优势、偏好以及项目源的特征，在债权与股权中间取一个相对最优化的切入点。随着国内金融体系的不断健全，夹层基金未来可采用可转债、可赎回优先股、认股权等，进行多样灵活的结构设计，更多地参与并购重组、危机投资等领域，这也对夹层基金管理人的产品设计能力、项目执行及管理能力提出了更高要求。只有加快完善我国国内相关法律法规建设，在监管可控范围内，加大政策扶持，放松夹层基金的灵活性，才能推动我国夹层基金的进一步发展。

三、“新常态”下我国夹层基金服务实体经济展望

目前，我国经济发展已进入“新常态”，经济增速逐步放缓，但仍将保持较高增速，需要以优质高效的金融服务推动经济保持中高速增长、迈向中高端水平，民营企业、金

融、科技行业等将受益。同时，我国面临着产业结构调整，结构转型将给私募股权投资市场、股权并购市场等带来大量的投资机会。夹层投资、夹层基金发挥作用的“舞台”必将越来越广阔。

（一）夹层基金可成为国内并购融资的重要资金渠道，在并购市场有着巨大的机遇

目前，国内的并购融资制度安排并不完善。国内银行并购贷款刚刚起步，对企业债的发债主体也有着严格的限制，因此企业并购就需要通过其他方式融资，夹层基金十分适合介入到这个融资过程。据证监会按全市场口径统计，2013年上市公司并购重组交易金额为8 892亿元，到2016年已增至2.39万亿元，年均增长率为41.14%，居全球第二，并购重组已成为资本市场支持实体经济发展的重要方式。夹层基金可成为国内并购融资的重要资金渠道。目前在国内，并购融资制度并不完善。国内银行并购贷款刚刚起步，政策非常不灵活，只为持有51%以上控制权收购提供贷款，对企业债的发债主体也有着严格的限制，因此企业并购就需要通过其他方式融资。夹层基金十分适合介入这个融资过程，从投资特点来说，并购主体一般实力都比较强，并购又具有协同效应，可以支付相对较高的融资成本。同时，并购交易可以进行股权质押，使未来的现金流可以测量，这就使得还本付息可以有效保障，明显提高了投资的安全性。

（二）夹层基金也是“去库存、降杠杆、严限购”的房地产政策下房地产业筹集资金的重要方式

房地产夹层投资在未来五到十年仍是一个安全性较高、快速增长的领域。2014年，我国的城市化率达到54.8%，距离发达国家70%的城市化率仍有较大的发展空间。随着人口的迁移和居民收入的提高，未来我国对住房的刚性需求、改善性需求及投资需求依然大量存在。夹层融资正是适合房地产融资的金融创新，项目处于开发阶段，不具备向银行和信托公司申请贷款时，夹层基金可以作为夹层融资进入，补充企业的资本金，为优先级债券和银行贷款进入提供条件。

（三）夹层基金为基础设施建设融资

我国在能源、电力、交通、水力和通信等基础设施方面的投资严重不足，因为政府在公共领域投资能力非常有限，目前政府积极鼓励私人资本通过PPP模式进入大型基础设施项目，作为对政府投资能力的补充和放大，夹层基金可成为基础设施领域建设融资的重要资金渠道。

（四）夹层基金为矿产能源等权属可登记的资源资产抵押行业融资

矿产能源行业投资规模大，资金需求量大，行业投资回报率较高，企业能承受较高的融资成本，同时企业可以深度抵押，使项目的投资安全性较好。夹层基金可在企业获得采矿证之前、无法从银行获得抵押贷款时投资于前期开发建设。

（五）夹层基金在股权质押融资领域的机会

对于银行类金融机构，监管部门还没有制定直接规范股权质押贷款的制度，股权

价值难以准确评估,银行内部审批手续非常严格。在这种情况下,股权质押融资需求异常旺盛,而夹层基金能够准确评估股权价值,根据不同的融资需求,设计出灵活的产品结构;同时,资金需求方可以支付较高的融资成本,未来现金流也可测量,还本付息有保障,能够有较好的投资安全性,符合夹层基金的投资特点。

(六)夹层基金将成为解决中小企业融资难的一剂良方

银行目前面临流动性偏紧、头寸短缺的问题,因此国有企业仍将是银行这类保守型的金融机构首选的贷款对象。其次,各地小额贷款公司普遍规模偏小、利率较高,单笔贷款额度有限,借款时间短,难以满足大多数民营企业对资金的需求。

四、我国保险资金 PE 投资中夹层基金的机遇

我国的夹层基金从 2005 年开始萌芽,经过短短 10 多年的发展,已经形成了外资投资机构运作的专业夹层基金、全球性投资银行参与的夹层资本、国内银行参与的夹层资本以及国内专业机构运作的夹层基金共同活跃在市场上的局面。

我国首只夹层基金——汇发基金一期于 2005 年成立。2010 年,国家开发银行利用其下属公司国开金融开展夹层投资业务。2011 年,中信产业设立了中信夹层投资基金一期。随后,国内主要私募股权机构如鼎晖、弘毅投资等均开始涉足夹层业务。尤其是鼎晖,从 2011 年成立鼎晖夹层投资一期至今,已募集了四期,其第一期已顺利退出,内部收益超过 15%,其第三期获得两家保险机构 5.5 亿元的投资,第四期首轮募集的 5 名 LP 中包括了三家保险机构。

目前,国内主要私募股权机构如鼎晖、中信产业基金、国开金融、弘毅投资等均已设立了自己的人民币夹层基金或已涉足夹层业务。其中,中信产业基金是第一家真正做起夹层基金的机构,夹层基金规模达 50 亿元。

除私募股权投资机构外,一些大型信托公司也已经开展夹层投资业务,如平安信托、中信信托、中融信托等。一些大型金融投资机构如新沃资本和信业基金,虽然并未独立发起夹层基金,但其偏债的投资业务和大部分为房地产的投资标的,实际上采取的是夹层基金的投资策略,均是构成国内夹层投资市场的主体。

公开披露的数据显示,截至 2015 年年底,保险资金投资私募股权基金的规模达 1 980多亿元。险资早已成为国内重要的机构 LP,有 70 余只基金获得险资投资,包括弘毅、中信产业基金、红杉、九鼎、TPG、KKR 等人民币和美元 PE 以及一些市场化 VC、夹层基金。尽管如此,对于夹层基金,国内尚缺乏足够多的机构投资者,目前国内夹层基金主要资金来源是金融机构自有资金,部分私人高端客户、企业资金等。但自 2013 年开始,越来越多的机构投资者开始逐步向夹层基金注资,如已有保险机构参与投资了鼎晖投资旗下的夹层投资基金,这一合作方向为 PE 与保险资金的合作提供了有益参照。另外,鼎晖夹层基金的机构投资者中不乏大学捐赠基金以及 FOFs。同

时，保险资金和社保资金还大量参与明股实债形式的股权投资基金或不动产投资基金。

2010 年 8 月、2014 年 12 月，原保监会分别通过《保险资金运用管理暂行办法》、《关于保险资金投资创业投资基金有关事项的通知》，对险资涉足私募股权领域的范围逐步明确和扩大。2015 年 9 月，原保监会发布《关于设立保险私募基金有关事项的通知》，结合保险资金期限长、规模大、负债稳定等特点，对设立保险私募基金进行具体规范。

而保险私募基金政策开闸后，国寿、平安、太平、华泰、泰康等一些大中型保险公司也纷纷参与其中。不仅如此，保险系资产管理公司也以直接投资股权项目或以 LP(有限合伙人)身份参与其他基金的方式，成为保险体系内的类 PE 机构。在原保监会 2014 年、2015 年陆续发布《关于保险资金投资创业投资基金有关事项的通知》《关于设立保险私募基金有关事项的通知》后，保险资金作为 GP 自行设立私募基金也已陆续出现，如光大永明资管、阳光保险和泰康保险等。

目前险资参与 PE 市场主要的三种方式包括保险资管直投、以 LP 身份参与基金和保险系 PE 基金直投。对于不同的主体，投资方向上所受的限制不同，但对资金安全和收益稳健的要求却高度一致。监管部门在对保险资金运用的金融工具准入方面，体现了逐渐向实体经济导向的趋势。从现状来看，目前保险机构在参与相对成熟的股权投资基金时，一般是多家保险机构作为有限合伙人，投资范围包括新三板市场相关企业股权、含未挂牌企业股权投资、挂牌企业的协议转让、定向增资和做市交易等。在保险资金运用的渠道方面，其配置的热点随着金融市场的形势不断变化，尤其是监管新政后非保险类的另类资产配置比例逐步提高，而私募股权投资平均年化收益率在 15%～30%，是保险资金的重要配置方向，在固定收益类资产收益率下行、股票市场持续低迷的背景下，股权类资产更成为保险机构获取超额收益的重要渠道。从发展趋势上来看，保险资金股权投资的领域正在从传统的银行等战略性股权投资扩展到互联网等新兴行业。由此可知，加大对创业创新基金支持力度已经成为未来趋势，预计未来保险资金 PE 投资规模将进一步扩大。研究数据显示，目前保险资金股权投资增速较快，但占保险业总资产的比重和占 PE 行业总资产的比重都相对偏低，未来进一步增长的空间巨大。保险资金投资私募基金的发展方向将主要落脚于主动管理型基金和专项基金两个方面。前者将主要看好新兴市场、有投资潜力的行业以及代表未来消费模式和方向的新经济行业；后者则可能主攻国企混改、重组并购等风险容易识别的项目以及与不动产、优先股、PPP 相关的夹层基金。

五、保险资金投资夹层基金的重要意义

夹层基金兼具股、债特性，其灵活的投资模式可以满足保险资金对于安全性、收益性以及期限匹配的要求，是保险资金服务实体经济发展的重要途径。

（一）夹层基金能够较好地匹配保险资金投资要求

本质上看，夹层基金虽然是无担保的次级债权资本，但通常包含一些约束性条款，例如一定条件下可以较低的价格将债权转化为相应的公司股权，大股东提供增信或者回购承诺等，且投资标的主要是现金流稳定、盈利模式较为清晰的偏成熟企业，因而总体来看风险较低，符合保险资金安全稳健的要求。与此同时，夹层基金的固定收益部分本身就处于中上水平，而股权部分产生的资本溢价和分红有望创造超额收益，提升总体投资收益水平。此外，夹层基金属于中长期投资，投资期限通常在5—7年，能够较好地满足保险资金资产负债期限匹配的要求。

（二）夹层基金得到国家和监管政策有力支持

2014年4月，原保监会发布《保险业服务新兴城镇化发展的指导意见》，明确表示："创新保险资金运用形式，探索夹层基金等新型投资工具和方式，以满足基础设施建设多元化的融资需求。"2014年8月，国务院在《关于加快发展现代保险服务业的若干意见》中明确指出："允许专业保险资产管理机构设立夹层基金、并购基金、不动产基金等私募基金。"2015年9月，原保监会在《关于设立保险私募基金有关事项的通知》中明确："保险资金可以设立私募基金的范围包括成长基金、并购基金、新兴战略产业基金、夹层基金、不动产基金、创业投资基金和以上述基金为主要投资对象的母基金。"由此看出，保险资金投资夹层基金已经得到国家和行业的各方面政策支持。

（三）夹层基金是保险资金服务实体经济的重要途径

经过多年发展，基础设施债权投资计划已经成为保险资金参与实体经济投资的重要渠道。据统计，保险资金另类投资70%以上的资金均集中在基础设施项目领域，且多数通过债权投资计划的形式进行。由于该业务较为成熟，因此市场竞争较为激烈，且产品同质化较为严重，在资产荒背景下，项目收益率也缺乏吸引力。夹层基金凭借其业务模式的灵活性，在基础设施、城镇化建设等民生工程和重大工程投资领域有望成为基础设施债权投资计划之外的新渠道。此外，在科技型企业、小微企业、战略性新兴产业等领域，夹层基金通过兼具股、债双性的投资方式，同时实现了融资企业降低成本和保险资金平衡好安全和收益的愿景。

（四）夹层基金有助于保险资管机构提升私募股权投资能力

私募股权投资已经成为保险资管机构未来专业化发展的重要方向之一，但目前来看投资能力仍旧较为缺乏。通过投资夹层基金的方式有助于保险资管机构加快积累股权投资和项目运作经验，以便适时地全面推进PE业务发展。此外，夹层基金目前在国内仍旧处于发展初期，保险资管机构和其他私募股权机构在这个领域几乎站在同一起跑线上，但凭借保险资金的规模优势和保险资管积累的股债投资、信用评估、产品开发等能力，保险资金投资夹层基金前景广阔。

六、保险资金投资夹层基金的政策建议

2014 年 8 月，国务院发布“新国十条”，强调要拓展保险服务功能，促进保险市场与货币市场、资本市场协调发展。新的定位和目标为保险资金运用进一步打开了发展空间。其中，“新国十条”首次提出：鼓励设立不动产、基础设施、养老等专业保险资产管理机构，允许专业保险资产管理机构设立夹层基金、并购基金、不动产基金等私募基金。2015 年 9 月，原保监会发布《中国保监会关于设立保险私募基金有关事项的通知》，全面放开设立保险私募基金。笔者认为，夹层基金可以成为保险资金服务实体经济、拓展私募股权投资业务的一种创新模式。

（一）在法规制度层面建议

一是改进完善夹层投资相关的法律法规，需要在现有法规中清理冲突条款、适时增加新的相关条款；二是完善优先股、可转债的等夹层投资工具的制度框架，丰富投资工具、降低夹层基金发行门槛，提高市场流动性；三是加快多层次资本市场体系建设，丰富夹层投资的退出渠道。

（二）在保险监管层面建议

一是进一步放开股权直接投资范围、放宽股权投资基金管理机构的政策限制；二是进一步明确保险资金参与夹层投资的监管规则，以及相关会计、税收和风险资本占用、偿付能力等方面的相关规定；三是探索实行机构功能监管和资产实质监管相结合，放松夹层投资的灵活性、提高监管效能。

（三）在保险资金投资主体层面建议

一是统筹、整合、提升保险资管机构内部投资能力，可以设立专业化的子平台开展夹层投资业务；二是进一步推进夹层类金融产品开发，从基础设施入手，逐步向产业投资过渡。重点投资国家重大民生工程和国企混改、兼并重组等融资项目，把握战略新兴产业和与保险业务具有协同效应的养老、医疗、健康等产业的夹层投资机遇；三是选择与国家经济结构转型升级的投资标的，以投资美元夹层基金为契机，战略性布局海外投资，建立健全基金管理人选择标准和评价机制，通过与国际顶尖夹层投资机构合作，适时发起设立符合保险资金特性的海外夹层基金；四是完善保险资金夹层投资管理流程和风险管理机制，加强对信用风险的控制、交易结构设计和投后管理。

丰富另类投资风险管理工具，促进实体经济融资

顾一帆*

引言

党的十九大以及第五届全国金融工作会议对中国特色社会主义新时代下的金融行业提出了“三位一体”的工作要求，即促进金融服务实体经济、防控金融风险、深化金融改革。服务实体经济被列为三项任务之首，要求金融机构在风险可控、机制革新下进一步深化实体经济造血功能。实体经济融资渠道一般有贷款、债券、IPO等，其中非标融资近年来成为金融机构服务实体经济的一个越来越重要的途径。但是金融机构对于非标投资的风险量化、风险控制手段较少，主要局限于风险五级分类、信用评级、投资限额等，本文将对债权类资产VaR模型进行研究，通过该模型金融机构可以更好地量化非标投资潜在风险和风险变化，从而更好地在控制风险的前提下通过非标融资来服务实体经济。

一、金融机构非标投资和管理工具现状

非标投资是金融机构服务实体的一大渠道，且持续快速增长。根据央行社会融资统计，实体经济融资渠道中信托贷款占比为5%。考虑央行统计口径中的“信托贷款”是狭义的信托机构向境内非金融性公司或个人发放的贷款，实际金融行业通过非标投资对于实体经济融资的贡献应大于5%。在非标融资的增速方面，2017年达到了平均27.8%，为新常态下中国经济稳增长、防风险贡献了力量。保险机构作为一大市场主体，通过债权计划、股权计划对实体经济累计投放了1.91万亿元资金。在非标融资不断壮大的同时，我们看到违约不断扩散、不良持续上升，如何更好地在风险可控的前提下选择优质的非标资产、投向最合适的实体产业是金融机构提升实体经济服务效率的一大课题。

目前，金融机构主要通过风险五级分类、信用评级、投资限额等工具对非标投资进行风险管理。风险五级分类即根据偿债主体的财务状况、增信措施、内部管理、现金流

* 顾一帆，太平资产管理有限公司风险管理及合规部。

等将投资资产分为正常、关注、次级、可疑、损失五类，以反映资产质量，但该指标是一个结果指标，预警性和前瞻性相对欠缺。信用评级可以识别和排序非标资产的偿债能力，但该指标无法量化潜在可能的信用损失。投资限额包括行业集中度、债务人集中度、信用评级集中度、禁限投等要求，一般由金融机构根据自身风险偏好限定阈值，但阈值的设置往往较为主观和粗放。

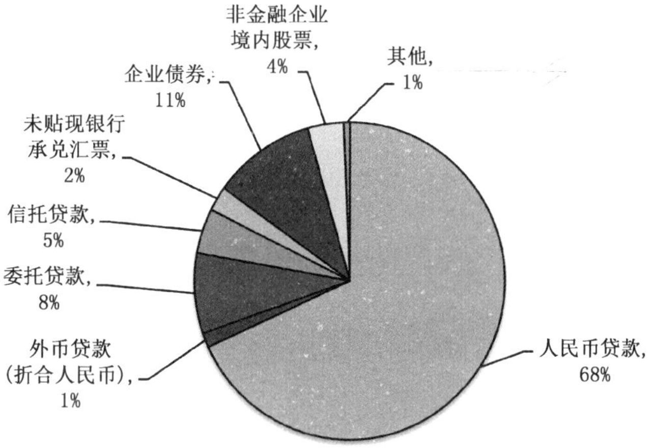

数据来源：中国人民银行社会融资规模统计（截至2017年8月）。

图1　社会融资规模存量构成

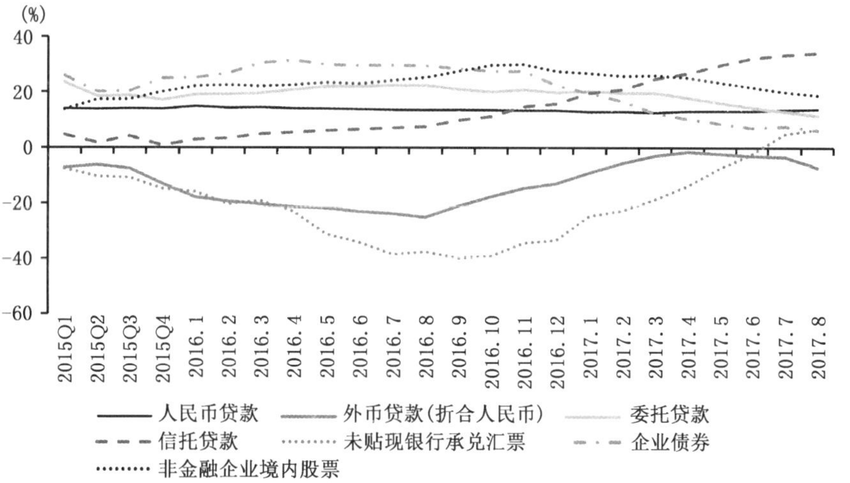

数据来源：中国人民银行社会融资规模统计。

图2　各社会融资渠道同比增速

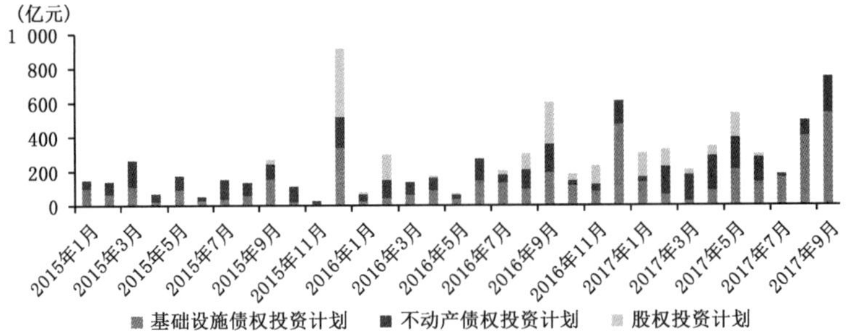

数据来源：中国保险资产管理业协会。

图 3　保险非标产品注册情况

二、金融机构非标债权投资风险量化模型

对于股票、证券投资基金、债券等交易价格连续或有明确连续公允估值的金融资产，金融机构通常运用在险价值 VaR 模型对投资风险（包括权益价格风险、利率风险、信用风险等）进行量化。VaR 是指在一定概率水平（置信度）下，金融资产或证券组合价值在未来特定时期内的最大可能损失。其中，传统的债券信用风险 VaR 模型为 CreditMetrics，其最先由 JP Morgan 于 20 世纪 80—90 年代发展起来，该模型着眼于违约风险和信用评级降级风险，分析判断债券发行人信用质量下降对于债券市值的可能不利影响。模型的重要变量是信用迁移矩阵，通过信用评级的变化测算信用品种价值的变化：如果信用品种发生违约，则只能获得违约回收率相对应的部分本息；如果信用品种发生不可预期的信用降级，则将推升其信用利差，进而降低其市值。为量化债权投资潜在信用风险损失，本文在 CreditMetrics 模型的基础上进行拓展，结合中国资本市场实际情况、非标资产特性，研究形成另类债权投资 VaR 模型。

（一）模型的基本框架

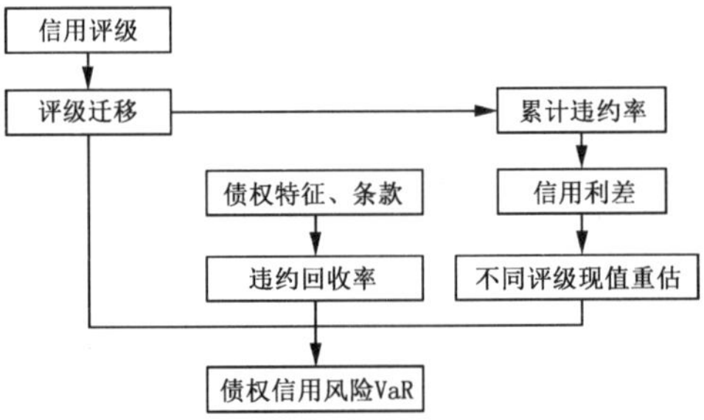

资料来源：笔者制作。

图 4　VaR 模型基本框架

（二）模型基本假设

（1）债权资产到期时的价值分布与评级迁移分布一致。

（2）债权类资产存在转让的可能，转让价格根据当时信用评级进行定价。

（3）未来年度的年内各时点违约率都相同。

（4）外部信用评级矩阵的评级转移、违约率数据能够代表公司投资资产的信用水平。

（5）历史的违约率、违约回收率数据可以用于预测未来的违约水平。

（6）免增信资产的违约回收率与有担保资产的违约回收率水平一致。

（三）模型计算方法

1. 使用7家国内信用评级公司2011—2016年评级数据，建立信用评级转移矩阵（见表1）。

表1　　信用评级转移矩阵　　单位：%

	AAA	AA+	AA	AA−	A+	A	A−	BBB+	BBB	BB	B	CCC	C
AAA	99.17	0.73	0.10	0.00	0.00	0.00	0.00	0.00	0.00	0.00	0.00	0.00	0.00
AA+	8.41	89.56	1.51	0.36	0.00	0.00	0.00	0.00	0.00	0.00	0.04	0.00	0.12
AA	0.00	7.64	90.86	1.21	0.08	0.02	0.00	0.02	0.04	0.04	0.02	0.00	0.08
AA−	0.00	0.05	18.36	79.07	1.61	0.21	0.05	0.05	0.11	0.11	0.00	0.00	0.38
A+	0.00	0.00	0.29	21.71	75.14	1.71	0.29	0.00	0.00	0.29	0.00	0.00	0.57
A	0.00	0.00	0.00	2.38	30.95	57.14	0.00	2.38	0.00	0.00	2.38	0.00	4.76
A−	0.00	0.00	0.00	0.00	12.50	6.25	56.25	6.25	6.25	0.00	6.25	0.00	6.25
BBB+	0.00	0.00	0.00	0.00	0.00	0.00	20.00	60.00	0.00	10.00	10.00	0.00	0.00
BBB	0.00	0.00	0.00	0.00	0.00	2.27	2.27	2.27	81.82	6.82	2.27	0.00	2.27
BB	0.00	0.00	0.00	0.00	0.00	0.00	0.00	0.00	5.88	64.71	17.65	5.88	5.88
B	0.00	0.00	0.00	0.00	0.00	0.00	0.00	0.00	0.00	0.00	0.00	66.67	33.33
CCC	0.00	0.00	0.00	0.00	0.00	0.00	0.00	0.00	0.00	0.00	0.00	0.00	100.00
C	0.00	0.00	0.00	0.00	0.00	0.00	0.00	0.00	0.00	0.00	0.00	0.00	100.00

注：7家公司为：大公国际资信评估有限公司、东方金诚国际信用评估有限公司、联合信用评级有限公司、联合资信评估有限公司、上海新世纪资信评估投资服务有限公司、中诚信国际信用评级有限责任公司、中诚信证券评估有限公司

资料来源：笔者制作。

2. 根据信用评级转移矩阵，迭代获得不同初始信用评级在未来各年限的累计违约率（见表2）

表 2　　未来各年后的累计违约率　　单位:%

	1	2	3	4	5	6	7	8	9	10	11	12	13	14	15
AAA	0.000	0.001	0.003	0.006	0.010	0.015	0.021	0.028	0.036	0.044	0.053	0.063	0.074	0.085	0.097
AA+	0.120	0.242	0.382	0.510	0.628	0.738	0.840	0.936	1.026	1.112	1.192	1.269	1.342	1.412	1.478
AA	0.077	0.172	0.293	0.433	0.585	0.746	0.913	1.082	1.253	1.422	1.591	1.756	1.919	2.077	2.232
AA−	0.376	0.719	1.051	1.398	1.747	2.094	2.433	2.763	3.081	3.387	3.680	3.960	4.228	4.483	4.726
A+	0.571	1.199	1.871	2.605	3.340	4.047	4.714	5.335	5.912	6.446	6.939	7.396	7.819	8.211	8.576
A	4.762	3.462	12.490	15.306	17.423	19.097	20.464	21.605	22.571	23.400	24.118	24.746	25.299	25.790	26.229
A−	6.250	12.360	20.801	27.020	31.917	35.925	39.274	42.099	44.493	46.523	48.261	49.741	51.006	52.092	53.027
BBB+	0.00	5.172	17.734	29.171	38.741	46.499	52.555	57.367	61.166	64.182	66.595	68.543	70.131	71.436	72.519
BBB	4.000	5.541	11.142	17.801	24.713	31.418	37.671	43.360	48.450	52.953	56.905	60.354	63.352	65.950	68.197
BB	2.357	21.587	43.706	58.347	68.213	75.003	79.791	83.257	85.835	37.602	89.340	90.567	91.564	92.386	93.070
B	33.333	100.000	100.000	100.000	100.000	100.000	100.000	100.000	100.000	100.000	100.000	100.000	100.000	100.000	100.000
CCC	50.000	100.000	100.000	100.000	100.000	100.000	100.000	100.000	100.000	100.000	100.000	100.000	100.000	100.000	100.000
C	100.000	100.000	100.000	100.000	100.000	100.000	100.000	100.000	100.000	100.000	100.000	100.000	100.000	100.000	100.000

资料来源:笔者制作。

3. 根据各年限累计违约率,通过以下公式得到各关键年限内的违约强度

(1)条件违约概率:

$$
\begin{aligned}
PD^{Q}(t;T_1,T_2)&=\frac{Pr^{Q}[T_1<\tau<T_2 \mid \Im_t]}{Pr^{Q}[\tau>T_1 \mid \Im_t]}\\
&=\frac{Pr^{Q}[\tau>T_1 \mid \Im_t]-Pr^{Q}[\tau>T_2 \mid \Im_t]}{Pr^{Q}[\tau>T_1 \mid \Im_t]}\\
&=1-\frac{Pr^{Q}[\tau>T_2 \mid \Im_t]}{Pr^{Q}[\tau>T_1 \mid \Im_t]}=1-S^{Q}(t;T_1,T_2)
\end{aligned}
$$

其中,$S^{Q}(t;T_1,T_2)$是风险中性概率测度 Q 下,在 t 时点,在$[t,T_1]$存活的条件下,在$[T_1,T_2]$存活的条件存活率;$S^{Q}(t,T)=Pr^{Q}[\tau>T \mid \Im_t]$是在目前时点 t 之下,违约时点 τ 大于 T 的概率,即$[t,T]$的存活率。

(2)违约强度:

$$
\begin{aligned}
h(t,T)&=\lim_{\triangle t\to 0}\frac{1}{\triangle t}PD^{Q}(t;T+\triangle t)\\
&=\lim_{\triangle t\to 0}\frac{1}{\triangle t}[1-S^{Q}(t;T+\triangle t)]=\lim_{\triangle t\to 0}\frac{1}{\triangle t}\left[\frac{(S^{Q}(t,T)-S^{Q}(t,T+\triangle t)}{S^{Q}(t,T)}\right]\\
&=\frac{1}{S^{Q}(t,T)}\lim_{\triangle t\to 0}\frac{S^{Q}(t,T)-S^{Q}(t,T+\triangle t)}{\triangle t}=\frac{1}{S^{Q}(t,T)}\times\left(-\frac{\partial S^{Q}(t,T)}{\partial T}\right)\\
&=-\frac{\partial \ln S^{Q}(t,T)}{\partial T}
\end{aligned}
$$

则条件存活率与违约强度的关系为:

$$-\int_{T_1}^{T_2} h(t,u)\mathrm{d}u = \ln\frac{S^Q(t,T_2)}{S^Q(t,T_1)} \Rightarrow \frac{S^Q(t,T_2)}{(S^Q(t,T_1)} = e^{-\int_{T_1}^{T_2} h(t,u)\mathrm{d}u}$$

$$\Rightarrow S^Q(t;T_1,T_2) = e^{-\int_{T_1}^{T_2} h(t,u)\mathrm{d}u}$$

$$\therefore PD^Q(t;T_1,T_2) = 1 - S^Q(t;T_1,T_2) = 1 - e^{-\int_{T_1}^{T_2} h(t,u)\mathrm{d}u}$$

$$\Rightarrow \text{一期违约强度：} h_1 = \frac{\ln(1-PD_1)}{\triangle t_1}$$

$$\Rightarrow \text{多期违约强度：} h_n = \frac{\ln(1-PD_n) - \sum_{j=1}^{n-1}(h_j \times \triangle t_j)}{\triangle t_n}$$

4. 根据各关键年限内的违约强度，通过以下公式计算和建立远期信用利差曲线

根据 Taylor 级数，$PD^Q(t;T,T+\triangle t) \cong 1-(1-\int_T^{T+\triangle t} h(t,u)\mathrm{d}u) = \int_T^{T+\triangle t} h(t,u)\mathrm{d}u \cong h(t,T) \times \triangle t$，由此可知站在时点 t，于$[T,T+\triangle t]$短时间内的条件违约率约为 $h(t,T)\times\triangle t$。

那么，债权的价值 $V_t = e^{-r_t \times t_1}[PD^Q(t;t,t+\triangle t_1)(1-L)E^Q[V_{t+1}]+(1-PD^Q(t;t,t+\triangle t_1))\ E^Q[V_{t+1}]]$

$$\Rightarrow e^{-R_t \times t_1} E^Q[V_{t+1}] = e^{-r_t \times t_1}[h_1 \times \triangle t_1(1-L)+(1-h_1\times\triangle t_1)]E^Q[V_{t+1}]$$

其中，$E^Q[V_{t+1}]$是债权资产期望价值，L 是违约损失率，$PD^Q(t;t,t+\triangle t_1)=h_1\times\triangle t_1$ 是条件违约概率，r_t 是风险中性概率测度下无风险折现率，R_t 是债权到期收益率。

$$e^{-R_t \times t_1} = e^{-r_t \times t_1}[h_1\times\triangle t_1(1-L)+(1-h_1\times\triangle t_1)]$$

$$\begin{aligned}\Rightarrow R_t \times t_1 &= r_t \times t_1 - \ln[h_1\times\triangle t_1(1-L)+(1-h_1\times\triangle t_1)]\\ &= r_t\times t_1 - \ln[1-h_1 L\times\triangle t_1]\end{aligned}$$

$$\Rightarrow Spread_1 \times t_1 = -\ln[1-h_1 L\times\triangle t_1]$$

$$\Rightarrow \text{一期信用利差 } Spread_1 = -\frac{\ln[1-h_1\times\triangle t_1\times(1-RR)]}{t_1}$$

$$\Rightarrow \text{多期信用利差 } Spread_n = -\frac{\ln\lfloor 1-\lfloor h_n\times\triangle t_n+\sum_{j=1}^{n-1}(h_j\times\triangle t_j)(1-RR)\rfloor}{t_n}$$

表 3　　远期信用利差　　单位：%

年	1	2	3	4	5	6	7	8	9	10	11	12	13	14	15
AAA	0.001	0.001	0.001	0.002	0.002	0.002	0.002	0.003	0.003	0.003	0.003	0.004	0.004	0.004	0.004
AA+	0.074	0.079	0.078	0.077	0.075	0.073	0.071	0.069	0.067	0.065	0.063	0.062	0.060	0.059	0.058
AA	0.057	0.065	0.071	0.077	0.081	0.084	0.087	0.089	0.091	0.092	0.093	0.094	0.094	0.094	0.094
AA-	0.207	0.205	0.207	0.209	0.210	0.210	0.210	0.208	0.207	0.205	0.202	0.200	0.197	0.194	0.191
A+	0.381	0.397	0.416	0.428	0.432	0.432	0.423	0.422	0.414	0.406	0.397	0.383	0.379	0.370	0.361
A	2.407	2.621	2.450	2.252	2.074	1.919	1.785	1.668	1.565	1.474	1.393	1.320	1.254	1.195	1.141
A-	4.128	5.420	5.528	5.429	5.284	5.127	4.968	4.809	4.650	4.492	4.337	4.185	4.037	3.894	3.755
BBB	3.238	6.400	7.998	9.045	9.787	10.326	10.716	10.993	11.182	11.303	11.369	11.392	11.380	11.342	11.282
BB	0.976	2.404	3.312	4.017	4.606	5.119	5.378	5.997	6.387	6.753	7.100	7.433	7.755	8.067	8.372

续表

年	1	2	3	4	5	6	7	8	9	10	11	12	13	14	15
B	13.756	21.061	25.743	31.047	39.901	106.703	default	default	default	default	default	default	default	default	default
CCC	default	default	default	default	default	default	default	default	default	default	default	default	default	default	default

资料来源：笔者制作。

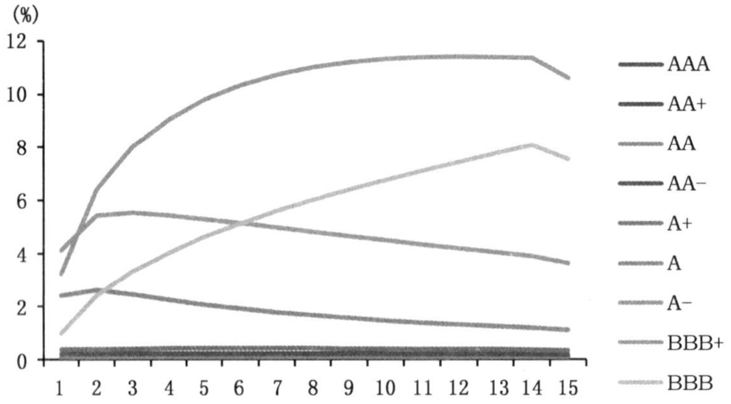

资料来源：笔者制作。

图 5　债券资产信用利差期限结构

5. 通过国债远期收益率加上远期信用利差，得到各评级远期到期收益率曲线

表 4　各评级远期到期收益率　单位：%

	1	2	3	4	5	6	7	8	9	10	11	12	13	14	15
AAA	3.595	3.582	3.601	3.618	3.685	3.723	3.700	3.672	3.663	3.718	3.822	3.939	4.037	4.032	4.087
AA+	3.668	3.660	3.678	3.693	3.758	3.793	3.768	3.738	3.727	3.780	3.882	3.997	4.094	4.137	4.138
AA	3.651	3.647	3.671	3.693	3.764	3.805	3.785	3.759	3.751	3.807	3.911	4.029	4.127	4.172	4.171
AA−	3.801	3.786	3.807	3.825	3.893	3.931	3.907	3.878	3.867	3.919	4.020	4.135	4.230	4.272	4.265
A+	3.975	3.978	4.016	4.044	4.116	4.153	4.126	4.091	4.074	4.121	4.215	4.323	4.412	4.447	4.428
A	6.001	6.203	6.050	5.868	5.757	5.640	5.483	5.338	5.26	5.139	5.211	5.256	5.233	5.273	5.199
A−	7.722	9.002	9.127	9.045	8.967	8.848	8.666	8.478	8.310	8.207	8.155	8.121	8.070	7.971	7.718
BBB	6.832	9.982	11.598	12.661	13.471	14.047	14.414	14.663	14.843	15.018	15.187	15.327	15.414	15.420	14.671
BB	4.570	5.986	6.912	7.633	8.290	8.840	9.276	9.667	10.047	10.467	10.919	11.369	11.788	12.145	11.614
B	17.350	24.642	29.343	34.663	43.584	110.429	default	default	default	default	default	default	default	default	default
CCC	default	default	default	default	default	default	default	default	default	default	default	default	default	default	default

资料来源：笔者制作。

6. 根据债权投资初始评级、信用评级转移矩阵、远期到期收益率，计算该债权资产 1 年后转移到不同评级的价值

单个债权资产未来的信用评级可分为两类：一类是违约，在此情况下需要违约回收率（即确认信用品种发生违约时，本金和利息收回的比例）来判断该品种的价值；另一类是评级升/降级，在此情况下需要使用变动后评级所对应的远期到期收益率（即贴

现率）来对该资产的预期现金流进行折现，由此计算得到该品种的价值。

违约回收率需建立在大量历史数据统计的基础上，目前除了商业银行内部有相关数据积累外，国内暂缺乏类似公开数据，故需要时间和数据积累去建立。表 5 是穆迪评级公司统计的全球违约率数据（1983—2014 年），可以作为模型初始参数，在实际运用中还可以进一步根据债权资产的特性、契约条款来细化违约回收率。

表 5　　　　违约回收率

	有担保	无担保
违约回收率 RR	57.71％	45.04％
违约损失率 L	42.29％	54.96％

转移至不同评级后，由于利率曲线关键年限不同于债权资产剩余年限，故需要使用线性插值法将利率曲线关键年限利率转化为债权资产剩余年限所对应的利率，由此得到债权现金流的贴现利率，进而可得到转移至不同评级后的债权资产远期现值。

将债权资产转移到不同评级的概率与对应评级的远期现值相乘后加总，即可得到债权资产 1 年后的估值期望，即 Σ(转移到不同评级的概率×每个评级对应的债权价值)。

7. 选取一定的置信度，根据信用评级转移矩阵，计算的在该置信度下债权资产的最大可能损失

示例：99.5％置信度对应的最低可能估值为 PV_{AA+}，即在该置信度下的最大可能损失为 PV_{AA+}减去债券资产一年后的期望估值。

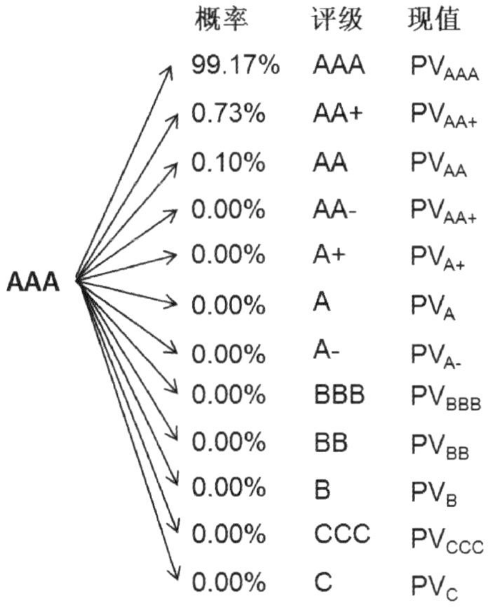

三、非标债权投资 VaR 模型实证分析

假设债权资产基本情况如下,以 2017 年 7 月 31 日为基准日,测算 1 年后各资产的信用风险在险价值。

表 6　　1 年后各资产的信用风险在险价值

债权资产名称	融资主体	增信措施	偿债主体外部评级	年利率	投资规模(万元)	付息方式	到期日
债权资产 1	企业 1	无担保	AAA	6.00%	1 000	年付 1 次	2022—7—31
债权资产 2	企业 2	无担保	AAA	6.00%	1 000	年付 1 次	2027—7—31
债权资产 3	企业 3	无担保	AAA	6.00%	1 000	年付 1 次	2019—7—31
债权资产 4	企业 4	无担保	AA+	6.00%	1 000	年付 1 次	2022—7—31
债权资产 5	企业 5	无担保	AA	6.00%	1 000	年付 1 次	2022—7—31
债权资产 6	企业 6	有担保	AAA	6.00%	1 000	年付 1 次	2022—7—31
债权资产 7	企业 7	无担保	AAA	4.00%	1 000	年付 1 次	2022—7—31
债权资产 8	企业 8	无担保	AAA	8.00%	1 000	年付 1 次	2022—7—31
债权资产 9	企业 9	无担保	AAA	6.00%	1 000	年付 2 次	2022—7—31
债权资产 10	企业 10	无担保	AAA	6.00%	1 000	年付 4 次	2022—7—31
债权资产 11	企业 11	无担保	A+	6.00%	1 000	年付 1 次	2022—7—31
债权资产 12	企业 12	有担保	A+	6.00%	1 000	年付 1 次	2022—7—31

资料来源:笔者制作。

根据信用评级转移矩阵,上述债务人信用评级 1 年后转移到各评级的概率如表 7 所示,不同初始信用评级转移后的评级分布不同。

表 7　　债务人信用评级 1 年后转移到各评级的概率　　单位:%

融资主体	AAA	AA+	AA	AA−	A+	A	A−	BBB+	BBB	BB	B	CCC	C
企业 1	99.17	0.73	0.10	0.00	0.00	0.00	0.00	0.00	0.00	0.00	0.00	0.00	0.00
企业 2	99.17	0.73	0.10	0.00	0.00	0.00	0.00	0.00	0.00	0.00	0.00	0.00	0.00
企业 3	99.17	0.73	0.10	0.00	0.00	0.00	0.00	0.00	0.00	0.00	0.00	0.00	0.00
企业 4	8.41	89.56	1.51	0.36	0.00	0.00	0.00	0.00	0.00	0.00	0.04	0.00	0.12
企业 5	0.00	7.64	90.86	1.21	0.08	0.02	0.00	0.02	0.04	0.04	0.02	0.00	0.08
企业 6	99.17	0.73	0.10	0.00	0.00	0.00	0.00	0.00	0.00	0.00	0.00	0.00	0.00
企业 7	99.17	0.73	0.10	0.00	0.00	0.00	0.00	0.00	0.00	0.00	0.00	0.00	0.00
企业 8	99.17	0.73	0.10	0.00	0.00	0.00	0.00	0.00	0.00	0.00	0.00	0.00	0.00

续表

融资主体	AAA	AA+	AA	AA−	A+	A	A−	BBB+	BBB	BB	B	CCC	C
企业 9	99.17	0.73	0.10	0.00	0.00	0.00	0.00	0.00	0.00	0.00	0.00	0.00	0.00
企业 10	99.17	0.73	0.10	0.00	0.00	0.00	0.00	0.00	0.00	0.00	0.00	0.00	0.00
企业 11	0.00	0.00	0.29	21.71	75.14	1.71	0.29	0.00	0.00	0.29	0.00	0.00	0.57
企业 12	0.00	0.00	0.29	21.71	75.14	1.71	0.29	0.00	0.00	0.29	0.00	0.00	0.57

资料来源:同表 6。

根据不同评级远期利率曲线,得到未来估值的贴现率,不同剩余期限贴现率不同(见表 8)。

表 8　　未来估值的贴现率　　单位:%

融资主体	剩余年限	AAA	AA+	AA	AA−	A+	A	A−	BBB+	BBB	BB	B	CCC	C
企业 1	5.0	3.618	3.693	3.693	3.825	4.044	5.868	9.045	12.663	7.635	34.688	default	default	default
企业 2	10.0	3.663	3.727	3.751	3.867	4.075	5.225	8.309	14.844	10.049	default	default	default	default
企业 3	2.0	3.595	3.668	3.651	3.801	3.975	6.001	7.722	6.832	4.570	17.350	default	default	default
企业 4	5.0	3.618	3.693	3.693	3.825	4.044	5.868	9.045	12.663	7.635	34.688	default	default	default
企业 5	5.0	3.618	3.693	3.693	3.825	4.044	5.868	9.045	12.663	7.635	34.668	default	default	default
企业 6	5.0	3.618	3.693	3.693	3.825	4.044	5.868	9.045	12.663	7.635	34.668	default	default	default
企业 7	5.0	3.618	3.693	3.693	3.825	4.044	5.868	9.045	12.663	7.635	34.668	default	default	default
企业 8	5.0	3.618	3.693	3.693	3.825	4.044	5.868	9.045	12.663	7.635	34.668	default	default	default
企业 9	5.0	3.618	3.693	3.693	3.825	4.044	5.868	9.045	12.663	7.635	34.668	default	default	default
企业 10	5.0	3.618	3.693	3.693	3.825	4.044	5.868	9.045	12.663	7.635	34.668	default	default	default
企业 11	5.0	3.618	3.693	3.693	3.825	4.044	5.868	9.045	12.663	7.635	34.668	default	default	default
企业 12	5.0	3.618	3.693	3.693	3.825	4.044	5.868	9.045	12.663	7.635	34.668	default	default	default

资料来源:同表 6。

1 年后转移到不同信用评级后的资产估值如表 9 所示:

表 9　　1 年后转移到不同信用评级后的资产估值

融资主体	AAA	AA+	AA	AA−	A+	A	A−	BBB+	BBB	BB	B	CCC	C
企业 1	1 147	1 144	1 144	1 139	1 131	1 064	961	860	1 005	484	586	586	586
企业 2	1 236	1 231	1 229	1 219	1 203	1 114	917	635	827	721	721	721	721
企业 3	1 083	1 082	1 083	1 081	1 079	1 060	1 044	1 052	1 074	963	504	504	504
企业 4	1 147	1 144	1 144	1 139	1 131	1 064	961	860	1 005	484	586	586	586
企业 5	1 147	1 144	1 144	1 139	1 131	1 064	961	860	1 005	484	586	586	586
企业 6	1 147	1 144	1 144	1 139	1 131	1 064	961	860	1 005	484	750	750	750
企业 7	1 054	1 051	1 051	1 046	1 038	975	877	780	918	424	540	540	540
企业 8	1 240	1 237	1 237	1 232	1 223	1 154	1 046	940	1 092	544	631	631	631
企业 9	1 119	1 116	1 116	1 111	1 103	1 038	936	836	979	464	572	572	572
企业 10	1 105	1 102	1 102	1 097	1 089	1 024	923	824	966	454	565	565	565

续表

融资主体	AAA	AA+	AA	AA−	A+	A	A−	BBB+	BBB	BB	B	CCC	C
企业 11	1 147	1 144	1 144	1 139	1 131	1 064	961	860	1 005	484	586	586	586
企业 12	1 145	1 144	1 144	1 139	1 131	1 064	961	860	1 005	484	750	750	750

资料来源：同表 6。

根据转移到不同信用评级的概率和估值，加权计算得到 1 年后各债权资产的估值期望。选取一定的置信度，如 99.5%，可以得到在该概率下的最低可能评级和估值，进而计算得到一年后债权资产的在险价值。

表 10　　1 年后债权资产的在险价值

融资主体	远值估值	99.5%置信度最低评级	99.%置信度最低估值	99.5%置信度 VaR	99.5%置信度 VaR%
资产 1	1 147	AA+	1 144	2.88	0.25%
资产 2	1 236	AA+	1 231	5.28	0.43%
资产 3	1 083	AA+	1 082	0.72	0.07%
资产 4	1 144	AA−	1 139	4.42	0.39%
资产 5	1 143	AA−	1 139	4.10	0.36%
资产 6	1 147	AA+	1 144	2.88	0.25%
资产 7	1 054	AA+	1 051	2.75	0.26%
资产 8	1 240	AA+	1 237	3.01	0.24%
资产 9	1 119	AA+	1 116	2.84	0.25%
资产 10	1 105	AA+	1 102	2.82	0.26%
资产 11	1 126	C	586	540.57	48.00%
资产 12	1 127	C	750	376.80	33.43%

资料来源：同表 6。

从表 10 可以发现：

（1）相同评级、利率、付息方式、增信措施的债权资产，剩余期限越长，在险价值越高；

（2）相同利率、付息方式、增信措施、剩余期限的债权资产，初始评级越高在险价值一般越低；

（3）就高评级债务人的资产，有无担保对于在险价值影响不大；就低评级债权资产，有担保将较大幅度降低在险价值；

（4）付息方式对于在险价值影响程度较低。

四、非标债权投资 VaR 模型应用

在中国经济 L 型筑底大环境中，金融机构在风险可控、机制革新下更好地开展各类投融资业务，尤其是另类投资业务这一实体经济造血重要增量渠道，对于深化实体经济服务效能十分重要。风险可控要求一方面严格控制潜在违约率和损失水平，保护好投资者资产，另一方面要求资金有效流向国家重点战略、新兴朝阳等领域，协同促进产业行业发展和竞争力。如何做到风险可控，金融机构需要不断丰富强化风险识别和管控能力、多元化风险管理工具。债权 VaR 模型作为一个评估和量化另类投资信用风险水平的另类投资风险管理工具，可以协助金融机构更好地主动管理、识别、预警另类投资信用风险，切实保护国民金融资产、高效服务实体经济。

（一）债权 VaR 可以作为投前、投中、投后的一项决策依据

投前，债权 VaR 值可以与预期收益一起，结合衡量另类资产风险收益水平，进行项目可行性评估。同时，可以进一步完善资产组合管理模型实践，更好地得到最优配置方案并予以实施。投中，可以根据公司风险偏好对该指标预设限额，以便进行投中评审和审批。投后，通过定期、不定期测算债权资产 VaR，可以对存量已投项目进行风险排序、量化，及时识别风险值最大的债权资产以及各资产的风险值变动，以便第一时间进行风险处置预警和决策。

（二）债权 VaR 可以提供金融企业风险准备金计提参考

风险准备金是金融企业防范金融风险、增强企业风险抵御能力的一大“护城河”。根据《金融企业准备金计提管理办法》，金融企业可以采用内部模型法或标准法计提一般准备。债权 VaR 模型作为内部模型参考可以提升资产管理公司动态、前瞻调节和计提风险准备金，从而精细化提升自身风险抵御能力。

（三）债权 VaR 可以丰富投资绩效考核体系

目前，金融机构对于另类项目经理的考核指标体系较为简单、风险维度相对较弱且往往以事后指标为主。债权 VaR 作为投资绩效考核指标之一，是一个事中指标，可以动态评价项目经理绩效。同时，可以更好地督促项目经理在风险可控的前提下选择并开展另类投资、强化风险管理意识、规避道德风险、加强投后项目管理。

（四）债权 VaR 可以作为保险公司“偿二代”最低资本内部模型法技术基础

银保监会“偿二代”监管鼓励保险机构根据自身业务模式、风险偏好，开发使用多种资本管理工具，辅助评估资本充足状况，采用的是原则导向与规则导向相结合的监管方法，为保险公司科学合理运用内部模型法提供了较多管理空间和弹性。如何更有效地运用内部模型法管控另类投资风险，成为保险机构提升市场竞争力的一大关键手段，债权 VaR 模型可以作为“偿二代”最低资本内部模型法技术基础，协助保险机构更高效地进行资本管理。

（五）债权 VaR 可以作为 IFRS9 会计准则中风险减值计量技术基础

IFRS9 国际会计准则于 2014 年 7 月由国际会计准则理事会（IASB）发布，该准则将金融工具的分类和计量、金融资产减值和套期保值会计全盘纳入，并将在 2018 年 1 月 1 日起生效。与 IAS39 采用“已发生损失模式”进行金融资产减值不同，IFRS9 采用了前瞻性的“预期损失模式”，要求确认预期信用损失并在报告日更新预期损失金额，以反映信用风险变化。以上会计处理变化，要求企业有信用风险预期损失计量技术基础。本量化模型可以作为 IFRS 会计准则中风险减值计量计算技术基础，为会计准则切换做好准备。

（本文获“新华资产杯·IAMAC 2017—2018 年度征文”优秀奖）

后 记

统计数据显示，截至2018年6月末，保险业总资产17.64万亿元，较年初增长5.35%；保险资金运用余额15.69万亿元，较年初增长5.14%。近些年来，随着保险业资产总额的快速增长和保险资金投资渠道的拓宽，保险资金投资期限长、资金规模大等属性对实体经济发挥着重要作用。在此背景下，“新华资产杯·IAMAC2017－2018年度征文”活动主题确定为“服务大局，推进保险资金支持实体经济”，旨在引导业内外积极关注与思考保险资金助力实体经济的方式和途径，提升保险业服务实体经济的质量和效率。

本次征文活动由中保险资产管理业协会主办、新华资产管理股份有限公司协办。征文活动得到了保险资管行业及社会各界的积极参与，多篇论文及摘要刊登于《中国证券报》、“中国保险资产管理业协会”微信公众号等，取得了良好宣传效果和广泛社会影响。

征文活动成立了由中国保险资产管理业协会执行副会长兼秘书长曹德云、新华资产管理股份有限公司总经理李全、天津财经大学经济学院副院长（主持学院党政工作）李素梅、中国保险资产管理业协会副秘书长刘传葵、中央财经大学保险学院副院长徐晓华、新华资产管理股份有限公司副总经理杨帆（按姓氏拼音排序）组成的评审委员会。经过严格初审，共有近三十篇论文进入最终评审，经过评审委员会的严格匿名评审，共评选出优秀论文14篇，24篇文章入选论文集。

由于编印时间紧迫，《服务大局，推进保险资金支持实体经济——新华资产杯·IAMAC2017－2018年度征文》的编撰工作难免有疏漏之处，敬请业内同仁、广大读者提出宝贵意见和建议。

中国保险资产管理业协会

2018年9月